电子商务创新发展与应用研究

武胜良 陈霖 薛帅 著

哈尔滨出版社
HARBIN PUBLISHING HOUSE

图书在版编目（CIP）数据

电子商务创新发展与应用研究 / 武胜良, 陈霖, 薛帅著. -- 哈尔滨 : 哈尔滨出版社, 2025. 1. -- ISBN 978-7-5484-8025-9

Ⅰ. F713.36

中国国家版本馆CIP数据核字第20240FS049号

书　　名：电子商务创新发展与应用研究
DIANZI SHANGWU CHUANGXIN FAZHAN YU YINGYONG YANJIU

作　　者：武胜良　陈　霖　薛　帅　著
责任编辑：韩金华
封面设计：蓝博设计

出版发行：哈尔滨出版社（Harbin Publishing House）
社　　址：哈尔滨市香坊区泰山路82-9号　　邮编：150090
经　　销：全国新华书店
印　　刷：永清县晔盛亚胶印有限公司
网　　址：www.hrbcbs.com
E-mail：hrbcbs@yeah.net
编辑版权热线：（0451）87900271　87900272
销售热线：（0451）87900201　87900203

开　　本：710mm×1000mm　1/16　印张：16.75　字数：300千字
版　　次：2025年1月第1版
印　　次：2025年1月第1次印刷
书　　号：ISBN 978-7-5484-8025-9
定　　价：68.00元

凡购本社图书发现印装错误，请与本社印制部联系调换。
服务热线：（0451）87900279

前 言
PREFACE

在这个数字化时代,电子商务创新成为推动商业变革和经济发展的引擎之一。随着信息技术的迅猛发展,传统商业模式被颠覆,消费者行为方式发生深刻变化,企业面临前所未有的机遇和挑战。本书致力于深入研究电子商务创新的发展与应用,通过系统性探讨,帮助读者深刻理解电子商务创新的多维性。

电子商务作为商业活动的新范式,不仅是传统商业模式的数字化延伸,更是商业革命的催化剂。它涵盖了从线上购物和支付到供应链管理、用户体验设计、跨境贸易等方面,对商业生态产生了深远的影响。在这一浩瀚的海洋中,创新是推动电子商务蓬勃发展的原动力。

本书将通过对电子商务基础、创新理论与框架、关键驱动因素、成功案例、用户体验与设计创新、挑战及跨境电子商务与国际化创新的深入研究,揭示电子商务创新的全貌。我们将关注技术、管理、用户体验等多个维度,解析创新的根本力量,帮助读者更全面深刻地理解电子商务。

在这个充满机遇和竞争的时代,我们期望本书的研究内容为从业者、研究人员和政策制定者提供一份深入、全面、实用的指南,帮助他们在电子商务创新的征程中取得更大的成就。通过理论阐述和案例分析,我们将探讨电子商务创新的发展趋势,为未来的发展提供有力的支持。

正如电子商务的蓬勃发展所展示的,未来的商业舞台将更加广阔和复杂。我们期待读者通过阅读本书对电子商务创新有更为深入的了解,并能够在这个激动人心的领域展现出卓越的智慧和创造力。愿本书成为您在电子商务创新领域的得力助手,引领您探索商业的新天地。

目录 CONTENTS

第一章　导论 ·· 1
　　第一节　背景与动机 ·· 1
　　第二节　电子商务创新的重要性 ·· 4
　　第三节　本书内容及结构 ·· 7

第二章　电子商务基础 ·· 11
　　第一节　电子商务的演变 ··· 11
　　第二节　电子商务的技术基础 ·· 32

第三章　创新理论与框架 ·· 39
　　第一节　创新理论回顾 ··· 39
　　第二节　电子商务创新框架 ·· 53

第四章　电子商务创新的关键驱动因素 ······································ 66
　　第一节　技术驱动因素 ··· 66
　　第二节　管理与组织驱动因素 ·· 77

第五章　电子商务创新的成功案例 ·· 92
　　第一节　行业案例研究 ··· 92
　　第二节　创新企业实证分析 ··· 106

第六章　用户体验与设计创新 ··· 123
　　第一节　个性化与定制化 ·· 123

第二节　移动端与跨平台体验 ……………………………………147

第七章　电子商务创新的挑战 ………………………………………165
第一节　安全与隐私问题 …………………………………………165
第二节　法律与法规问题 …………………………………………175
第三节　数据安全挑战 ……………………………………………188
第四节　新兴技术应用挑战 ………………………………………200

第八章　跨境电子商务与国际化创新 ………………………………211
第一节　全球市场趋势 ……………………………………………211
第二节　国际化策略与挑战 ………………………………………216
第三节　跨文化营销策略 …………………………………………231
第四节　跨境支付与结算问题 ……………………………………244

参考文献 ………………………………………………………………256

附　录 …………………………………………………………………258
附录一　在线问卷调查模板 ………………………………………258
附录二　深度访谈指南 ……………………………………………259

第一章 导论

第一节 背景与动机

一、研究背景

在信息技术飞速发展和全球化浪潮的推动下,电子商务已经深刻地融入当代商业领域,成为不可或缺的一部分。电子商务的影响不仅仅局限于传统的零售业务,而是涉及供应链管理、支付系统、市场营销等多个方面,对商业模式、市场结构及消费者行为产生着深远的影响。在这场商业变革的背景下,对电子商务创新进行深入研究变得尤为迫切,我们可以更好地理解并应对不断变化的商业环境。

电子商务的定义已经超越了简单的在线购物,而是构建了一个包罗万象的商业生态系统。它涵盖了各种商业活动,包括但不限于在线购物平台、供应链数字化、电子支付系统、电子营销和社交媒体商务。这种多样性使得电子商务创新成为一个极具复杂性的研究领域,我们需要深入挖掘其在不同行业、不同市场条件下的发展状况。

随着电子商务的崛起,传统商业模式正面临巨大的挑战和机遇。企业需要适应新的数字化时代,重新思考和调整其商业策略。这也使得我们对电子商务创新的研究不仅仅是理论性的探讨,更是对实际商业运作的深刻洞察。在不同行业和市场条件下,电子商务的发展具有独特的特点,因此,研究电子商务创新的背景需要细致地考察不同情境下的商业模式、技术应用和市场需求。

二、研究动机

研究电子商务创新的动机在于解决当前和未来可能出现的挑战,促进电子商务更加可持续和具有竞争力。其中,以下几个方面是我们研究的关键动机:

（一）技术演进带来的挑战和机遇

随着人工智能、大数据、区块链等技术的迅猛发展，电子商务领域正面临着新的机遇和挑战。这一技术演进不仅改变了传统商业模式的基础，也为电子商务带来了全新的发展前景。

人工智能的崛起为电子商务注入了智能化的元素，通过机器学习和自然语言处理等技术，企业能够更好地理解用户行为和需求，实现个性化推荐和定制化服务，提升用户体验。然而，人工智能的广泛应用也带来了对数据隐私和安全性的日益严峻的挑战，需要寻找平衡点以确保创新与用户权益之间的良好关系。

大数据技术为电子商务提供了更为精准的市场分析和预测能力。通过对海量数据的挖掘，企业能够更好地理解市场趋势、用户行为和竞争对手，从而制定更具前瞻性的战略决策。然而，大数据的应用也面临着数据隐私和合规性的问题，我们需要建立更为健全的法律框架和规范。

区块链技术作为去中心化的分布式账本，为电子商务提供了更加安全和透明的交易环境。通过区块链，交易过程不仅能够更加迅速和高效，还能够有效防范欺诈和篡改。然而，区块链技术的广泛应用还面临着技术标准化、能耗问题及与传统金融体系的融合等方面的挑战，需要全行业的共同努力来解决。

在应对这些新技术带来的挑战的同时，电子商务领域也蕴藏着巨大的机遇。技术的不断演进为企业提供了更多创新的可能性，尤其是在提升用户体验、优化供应链、拓展营销渠道等方面。同时，技术的融合也催生了新的商业模式，如基于区块链的去中心化市场和人工智能驱动的智能零售等。

（二）消费者行为的变化

随着数字化体验的需求不断增加，消费者行为在电子商务环境中发生了深刻的变化，这对于研究电子商务创新具有重要意义。消费者作为市场的主体，其行为模式、购物习惯及对创新的期望直接影响着电子商务行业的发展方向和商业策略的制定。

消费者在数字时代更加注重个性化和定制化的体验。电子商务平台通过大数据分析和人工智能技术，能够深入挖掘消费者的个性化需求，从而提供更符合其偏好的商品推荐、定价策略和营销活动。消费者倾向于在这种个性化的体验中感到被重视和理解，从而提高其对电商平台的忠诚度。

此外，移动设备的普及也使得消费者的购物行为更加便捷。消费者可以随时随地通过手机或平板电脑进行商品浏览、比价和购买，而无须受时间和空间的限制。这种便捷性改变了传统的购物模式，推动了电子商务的快速发展。因此，电子商务创新需要着重考虑如何进一步提升移动端用户体验，以满足消费者在不同场景下的购物需求。

消费者对于安全和隐私的关切也成为影响其电子商务行为的重要因素。随着数据泄露和网络安全问题的频发，消费者更加注重其个人信息的安全性。电子商务平台需要采取有效的安全措施，建立可信赖的支付系统和隐私保护机制，以提升消费者的信任度，推动其在电子商务平台上的活跃度。

消费者对创新的期望也不断提高。新兴技术如虚拟现实（VR）和增强现实（AR）被逐渐引入电子商务领域，以提供更加沉浸式和趣味性的购物体验。消费者期待在电子商务平台上体验到创新的科技应用，从而获得更为丰富和有趣的购物体验。

（三）全球化背景下的挑战

在全球化的浪潮下，电子商务已经超越国内市场的限制，跨境电子商务正逐渐成为全球经济的不可或缺的一部分。这一趋势带来了一系列的挑战，我们需要深入研究全球市场趋势、国际化策略及在不同文化和法规环境下的创新挑战。

全球市场趋势的深入研究对于制定成功的国际化战略至关重要。随着全球市场的竞争日益激烈，电子商务企业需要洞悉不同国家和地区的消费者需求、市场规模、竞争格局等因素，以更好地定位自身在全球价值链中的位置。了解全球市场趋势有助于企业在全球范围内寻找新的增长点和商机，为其国际化提供坚实的战略基础。

制定有效的国际化策略是跨境电子商务成功的关键。不同国家和地区存在着差异化的文化、消费习惯、法规体系等因素，因此企业需要根据具体情况制定灵活且符合本地化要求的战略。这包括但不限于在市场推广、产品定价、物流运营等方面的差异化策略，以适应不同国际市场的特殊需求。

在不同文化和法规环境下经营，电子商务企业面临着诸多创新挑战。文化差异可能影响消费者对产品的偏好和购物行为，因此电子商务企业需要进行深入的跨文化研究，以更好地满足不同文化背景下的消费者需求。同时，不同国家和地区的法规环境也各异，包括但不限于税收政策、数据隐私法规等。企业需要积极适应和遵守当地法规，以避免法律风险和提高国际化经营的可持续性。此外，跨境电子商务还涉及支付体系、物流运营、售后服务等多个方面的问题。建立全球性的支付和物流体系，提供高效的售后服务，是企业在全球市场取得竞争优势的重要因素。

因此，全球化背景下的跨境电子商务既面临着巨大的机遇，也伴随着复杂多变的挑战。研究全球市场趋势、国际化策略及文化法规环境下的创新挑战，对于电子商务企业在全球舞台上取得长远成功具有重要的指导作用。

第二节 电子商务创新的重要性

一、电子商务在经济发展中的关键角色

电子商务作为现代经济的推动者，对于提高效率、降低交易成本、拓展市场具有重要的战略地位。研究电子商务在经济发展中的关键角色涉及对其在不同行业和层面的应用及效果进行深入剖析，为相关决策提供有力支持。

（一）供应链协同与优化

电子商务在信息技术的推动下，通过实时共享信息和智能化数据分析，为供应链的协同与优化提供了前所未有的机会。这一发展使得传统的供应链管理模式发生了深刻的变革，为企业提供了更高效、更灵活的供应链运营方式。因此，研究电子商务如何推动供应链协同与优化，以更好地应对全球化竞争带来的压力，成为当今商业领域的重要议题。

其一，电子商务通过信息的实时共享，打破了传统供应链中信息不对称的问题。供应链参与者可以通过电子平台实时获取到供应链各个环节的数据，从而更加迅速地响应市场变化。这种信息的透明性不仅有助于降低库存水平，提高供应链的敏捷性，同时也使得企业能够更加精准地预测需求，优化生产计划。

其二，电子商务的数据分析能力为供应链管理提供了强大的支持。通过大数据分析，企业可以更全面地了解市场趋势、消费者需求，从而进行更精准的库存管理和生产计划。智能化的数据分析还使得供应链能够更好地识别风险，并及时采取措施进行调整。这种数据驱动的优化手段有助于提高供应链的效益和灵活性，

为企业在竞争激烈的全球市场中保持竞争力提供了有力的支持。

其三，电子商务为供应链的协同提供了高效的工具和平台。通过云计算、物联网等技术，供应链的各个环节得以紧密连接，形成高度协同的网络。这种协同性使得供应链能够更好地应对市场变化，提高资源利用率，降低运营成本。同时，供应链参与者之间的信息流通更加迅速，有助于提升整个供应链的响应速度，从而更好地适应快速变化的市场需求。

其四，电子商务为供应链管理提供了优化的机会，使得传统的供应链模式得以更加灵活和高效。通过直接面向消费者的电商平台，企业可以更好地理解市场需求，进行精细化的供应链规划。同时，电商平台也提供了直接与消费者互动的渠道，使得企业能够更好地了解消费者反馈，从而进行及时的调整和改进。

（二）市场拓展与中小企业发展

电子商务的兴起为中小企业提供了独特的机遇，使其能够更加便捷地参与全球市场，同时降低了市场准入门槛，为企业发展创造了更为广阔的空间。这一趋势不仅对中小企业的发展产生深远影响，也引发了对电子商务在推动市场拓展和创新方面的研究需求。

其一，电子商务为中小企业提供了全球市场的无缝连接。通过在线平台，中小企业能够迅速建立全球化的销售渠道，突破地域限制，实现商品和服务的全球化流通。这使得原本受限于地理位置和资源的中小企业能够更加广泛地触及潜在客户，扩大市场份额，从而在全球市场中赢得竞争优势。

其二，电子商务为中小企业提供了直接面对消费者的机会。通过建立自己的电子商务平台，中小企业可以直接与消费者互动，了解市场需求，实时调整产品和服务策略。这种直接的沟通渠道不仅有助于中小企业更加准确地把握市场动态，还能够增强客户忠诚度，形成持续稳定的市场基础。

在电子商务的支持下，中小企业还能够更加灵活地运用创新手段推动市场拓展。通过采用新的商业模式、数字化营销和智能化服务，中小企业能够更好地满足消费者的个性化需求，从而在市场中脱颖而出。创新在产品设计、供应链管理、售后服务等方面的应用，为中小企业赋予了更强的竞争力，推动其在市场中取得更为持久的发展。

二、创新在推动电子商务发展中的作用

（一）商业模式的创新

电子商务领域的商业模式创新是推动行业发展和企业竞争力提升的核心动力之一。通过研究不同电子商务企业的商业模式创新，涉及新的收费模式、供应链模式及服务模式，我们能够深刻洞察行业变革的方向，为业界提供可借鉴的经验和成功案例。

其一，新的收费模式是电子商务企业商业模式创新的重要方面之一。传统的商品销售模式中，往往以一次性销售为主导，但一些电子商务企业通过引入订阅制度、会员制度等新的收费模式，成功地实现了持续性的收入。例如，一些电商平台推出的会员服务，通过提供会员专享折扣、快速物流等服务，吸引了大量忠实用户，形成了可持续的盈利模式。

其二，供应链模式的创新也是电子商务企业取得竞争优势的关键因素。一些企业通过建立高效的供应链网络，采用直采模式、仓储共享等策略，降低了存货成本，提高了物流效率。更进一步，一些电子商务平台还尝试通过区块链技术的应用，实现供应链的透明化和可追溯性，提高了整体供应链的可信度。

其三，服务模式创新同样是电子商务企业不断突破的领域。除了提供传统的商品购买服务外，一些企业通过引入增值服务，如在线咨询、定制服务、虚拟试衣间等，拓展了用户体验的边界。此外，社交电商模式的兴起，通过社交平台的整合，将社交与购物相结合，提供更为个性化和社交化的购物体验，成功吸引了大量用户。

在商业模式创新的过程中，一些电子商务企业还尝试了线上线下融合、平台生态建设等策略。通过线上线下的有机结合，提高了商品的触达率和服务的全方位性。同时，构建生态系统，将不同服务和产品整合在一个平台上，形成良性循环，了用户的黏性。

（二）技术创新的驱动

技术创新在电子商务领域发挥着不可忽视的推动作用，其中人工智能、大数据分析和区块链等新兴技术成为推动电子商务发展的关键驱动力。

第一，人工智能（AI）在电子商务中的应用呈现出多方面的影响。AI技术通过深度学习、机器学习等算法，使电商平台能够更准确地分析用户行为、预测

消费者需求，并提供个性化的推荐服务。智能客服系统通过自然语言处理和语音识别等技术，提高了客户服务的效率和质量。此外，虚拟购物助手、智能搜索等应用也通过 AI 技术实现了用户体验的升级，为电商平台创造了更具吸引力的交互方式。

第二，大数据分析在电子商务中的应用也愈发重要。电商平台通过收集、存储和分析海量数据，能够深入了解市场趋势、消费者行为和产品销售状况。这使得企业能够更精准地制定营销策略、优化供应链管理，并及时调整产品结构以满足市场需求。大数据分析不仅提高了企业的运营效率，同时也为商业决策提供了更为科学的依据，推动了电子商务领域的商业智能化发展。

第三，区块链技术的应用为电子商务领域带来了更高的信任度和透明度。区块链技术通过去中心化的分布式账本，确保了交易数据的不可篡改性和安全性，从而减少了恶意行为的可能性。这在跨境电子商务中尤为重要，因为区块链能够解决跨国支付、货物追溯等方面的信任问题。此外，智能合约的运用也为电商平台提供了更加高效、安全的合同执行机制，简化了交易流程，降低了成本。

第三节 本书内容及结构

一、各章节概览

本书的各章节旨在覆盖电子商务创新的不同方面，从历史演变到关键驱动因素，从成功案例到面临的挑战，力求构建一个全面而深入的知识体系。

第一章，导论。在导论中，我们将介绍整本书的背景、动机，电子商务创新的重要性，以及本书的结构。通过这一章，读者将对电子商务创新的全貌会有一个清晰的认识。

第二章，电子商务基础。这一章将追溯电子商务的演变历史，深入探讨其技术基础，为读者提供电子商务发展的基本背景。

第三章，创新理论与框架。本章将回顾传统创新理论，并探讨如何应用这些理论于电子商务领域，形成一个理论框架。

第四章，电子商务创新的关键驱动因素。通过对技术、管理与组织等方面的关键驱动因素进行深入分析，本章将揭示电子商务创新的内在推动力。

第五章，电子商务创新的成功案例。通过行业案例研究和创新企业实证分析，读者将深入了解电子商务创新的成功实践，为实际应用提供借鉴。

第六章，用户体验与设计创新。从个性化与定制化到移动端与跨平台体验，本章将聚焦于电子商务中用户体验与设计创新的关键方面。

第七章，电子商务创新的挑战。探讨电子商务创新所面临的安全、隐私、法律与法规等方面的挑战，帮助读者全面了解行业的风险。

第八章，跨境电子商务与国际化创新。通过对全球市场趋势和国际化策略与挑战的分析，本章将帮助读者了解电子商务在国际背景下的发展方向。

二、本书的逻辑框架

本书的逻辑框架建立在对电子商务创新各方面的深入研究的基础上，呈现出以下逻辑结构：

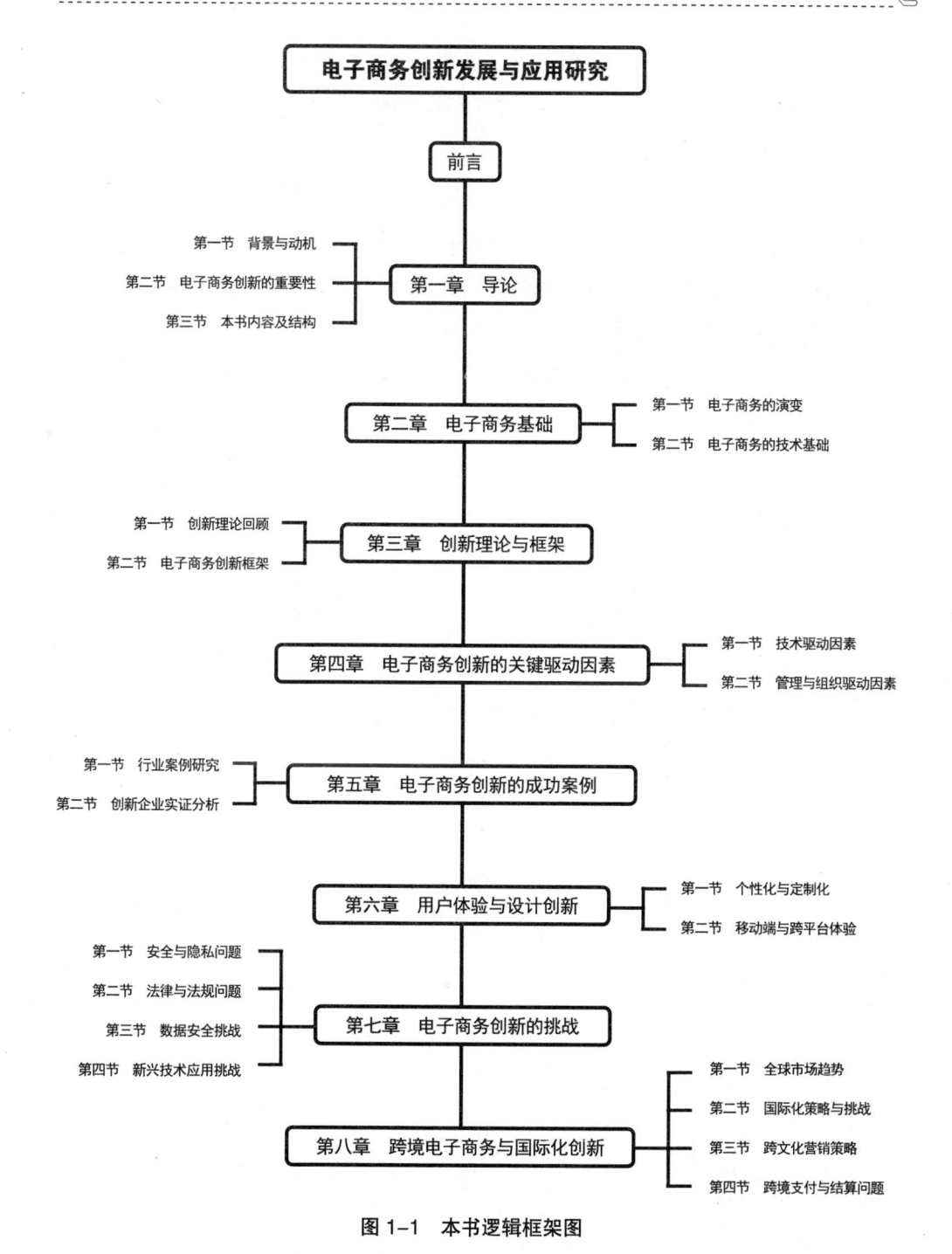

```
                    ┌─────────────────────────┐
                    │  电子商务创新发展与应用研究  │
                    └────────────┬────────────┘
                                 │
                            ┌────┴────┐
                            │  前言    │
                            └────┬────┘
                                 │
  第一节  背景与动机          ┌───┴──────┐
  第二节  电子商务创新的重要性 │ 第一章 导论│
  第三节  本书内容及结构       └──────────┘
```

图 1-1　本书逻辑框架图

（一）逻辑框架的构建

我们将首先介绍电子商务的基础知识，为后续章节的深入研究奠定基础。接着，通过创新理论与框架的梳理，为读者提供理论支持。关键驱动因素、成功案

9

例和用户体验与设计创新等方面的深入探讨，将进一步拓展读者对电子商务创新的认知。最后，通过挑战与国际化的分析，读者将获得对电子商务发展的全局认识。

（二）各章节之间的关联性

各章有机连接，前后呼应。例如，用户体验与设计创新的理论框架可以在成功案例中找到实际应用，同时也将影响到电子商务创新所面临的挑战。

通过对本书逻辑框架的详细解释，读者将更好地理解各章节之间的内在联系，有助于他们全面理解电子商务创新的复杂性和重要性。这一结构的设计旨在为读者提供一个深度学习的平台，使其对电子商务创新的认知能够达到更高的水平。

第二章　电子商务基础

第一节　电子商务的演变

一、电子商务的概念及发展

（一）电子商务的概念

自 1997 年 IBM 公司提出电子商务的概念以来，这一领域经历了二十多年的快速发展。电子商务从最初简单地在互联网上进行商业活动，逐渐演变为更为广泛的概念。目前，电子商务的理论通常分为广义和狭义两个概念。

1. 广义的电子商务概念

广义的电子商务是一种商务活动的全面电子化形式，其本质在于充分利用网络基础设施，使商业过程中的所有环节都得以数字化和电子化。这一概念不仅包括企业与外部客户相关的各项业务活动，如网络营销、在线支付和物流管理等，还涵盖了企业内部的多个关键流程。在企业内部，广义电子商务延伸至人力资源管理、计划和生产管理、供应链管理、财务管理及物料管理等方面。

其一，广义电子商务的电子化体现在商业活动的全过程中。从市场推广、产品销售，再到交易支付和售后服务，广义电子商务通过网络平台和信息技术的应用，使得这些活动可以在数字环境中高效进行。这样的电子化不仅提高了交易的效率，也为企业提供了更灵活、便捷的方式来满足市场需求。

其二，广义电子商务的范畴还包括了企业内部的多元流程。人力资源管理的电子化使得招聘、培训、绩效评估等流程更加智能化和数据化。计划和生产管理方面，通过数字化的生产计划和实时监控，企业能够更精确地响应市场需求，降低库存成本。供应链管理的电子化则使得物流、库存和供应链协同更加高效。财务管理和物料管理方面，数字化的财务系统和物料库存系统为企业提供了精确的财务数据和库存信息，支持企业的决策制定和经营规划。

2. 狭义的电子商务概念

狭义的电子商务是指商务活动中仅仅涉及电子化的交易，具体表现为通过互联网进行的各种商业活动。在这一概念中，电子商务通常被缩写为电商，其主要包括推广、交易、支付及客户服务等多个环节，所有这些活动都以电子化的方式进行。这一概念的狭义性质主要体现在其专注于商务交易的电子化过程，与广义电子商务相比，更为狭窄而专注。

第一，狭义电子商务注重的是商业活动中涉及的交易环节的电子化。推广阶段通过互联网平台进行广告宣传和市场推广，借助搜索引擎优化、社交媒体等手段吸引潜在客户。交易阶段则主要指商品或服务的在线购买和销售，通过电商平台的建设和运营，消费者可以方便地在互联网上完成购物过程。支付阶段则涉及通过电子支付方式进行资金结算，包括信用卡支付、支付宝、微信支付等。客户服务阶段则通过在线客服、售后服务平台等手段，实现与消费者的及时沟通和问题解决。

第二，狭义电子商务的核心在于这些商务活动的运作都是通过电子化手段完成的。推广通过网络广告、社交媒体宣传等方式进行，实现信息的即时传播。交易通过电商平台实现，顾客可以通过网页或APP完成购物流程。支付阶段则依赖于电子支付系统，确保安全、便捷的交易过程。客户服务则通过在线客服系统，使得企业与消费者之间的沟通更为便利。

（二）电子商务的发展历程

电子商务的发展经历了两个主要阶段，分别是以EDI为基础的电子商务和以互联网为基础的电子商务。

1. 以EDI为基础的电子商务

EDI（电子数据交换）作为电子商务的早期形式，起源于20世纪90年代。它是一种基于电子手段的数据传输方式，主要用于在不同企业之间实现信息的无纸化交流。在EDI的初期阶段，它主要通过专有网络来实现，为企业间的信息交换提供了高效便捷的方式，同时实现了信息传输的无纸化。

在EDI的运作中，企业通过电子手段将商业文档，如订单、发票、运输通知等，转化为标准化的电子数据格式。这些数据可以通过专门的网络通道直接传输到合作伙伴的系统中，实现实时、准确的信息交流。这一过程消除了传统纸质文档所带来的烦琐和时间延迟，极大提高了信息交换的效率。

然而，随着互联网的崛起，EDI 逐渐面临一些限制，如专有网络的昂贵成本、安全性的考虑等。这导致了电子商务的演变，使得更多的企业将业务转移到互联网上进行。互联网的普及使得信息传输更加开放和便捷，降低了成本，提高了安全性，促使电子商务迅速发展。

总体而言，EDI 作为电子商务的先驱，为企业间的信息交换奠定了基础。它的无纸化特性提高了信息传输的效率，为企业带来了便利。然而，随着技术的不断发展，EDI 逐渐被更先进、更开放的互联网技术所取代，引领了电子商务的新时代。这一演变不仅在技术层面上带来了革新，也对商业模式和合作关系产生了深远的影响，推动了全球商务的数字化和网络化发展。

2. 以互联网为基础的电子商务

自从 20 世纪 90 年代初互联网迅速普及，互联网逐渐成为全球大众传播的主要工具。这一趋势在 21 世纪初变得更为明显，随着计算机和通信技术的相互融合，互联网的应用不断拓展至商务领域。这标志着电子商务进入了一个新的时代，以互联网为基础的电子商务成为商业活动中不可或缺的组成部分。

电子商务在互联网时代迅速发展，交易额迅速攀升，呈现出爆发式的增长趋势。其发展贯穿商业活动的各个环节，从产品推广到最终的交付服务都在互联网的基础上得以实现。首先，网络营销成为推动商家产品曝光和品牌传播的有效手段，通过社交媒体、搜索引擎优化等手段，企业能够更广泛地触及潜在客户，实现全球范围内的市场覆盖。

其次，在线支付的出现和普及极大地简化了交易流程。消费者可以通过互联网实现便捷的支付，涵盖了信用卡支付、电子支付平台（如支付宝、微信支付）等多种方式。这不仅提高了支付的安全性，也为跨国交易提供了更加便利的支付手段。

再次，物流管理也在互联网的推动下得以全面优化。通过互联网技术，企业可以实现对物流链的实时监控和管理，提高了仓储和物流的效率，实现了从生产到交付的全程可追溯性。

3.我国电子商务的发展阶段

中国电子商务的发展历程可以划分为初期、增长和纵深发展三个关键阶段。在21世纪初的初期阶段，随着我国互联网应用逐渐普及到普通家庭，网民数量相对有限。这一时期，互联网的主要应用还集中在浏览门户网站和电子邮件的使用上。然而，正是这个时期为我国电子商务的蓬勃发展奠定了基础。

随着时间的推移，我国电子商务进入了增长阶段，主要集中在2003年到2006年。这一时期，我国电子商务经历了爆发性的增长，涌现出许多知名的电商平台，如当当、阿里巴巴、京东等。网民逐渐接受了通过互联网进行购物的新生活方式，中小企业也通过电子商务平台获得了更多的销售机会。同时，物流和在线支付系统也在这一时期迅速成熟，为电子商务的全面发展提供了基础保障。

自2007年以后，我国电子商务进入了纵深发展阶段。在这一时期，不仅有更多的互联网企业投身电子商务领域，传统企业也纷纷加入，这使得电子商务领域涌现出更为多元的参与者。这一阶段标志着电子商务不再是互联网企业的专属领域，而是吸引了大量传统企业和资金的涌入，这为我国电子商务注入了更加丰富的内涵。

总的来说，中国电子商务的发展经历了从初期的探索，到增长的蓬勃发展，再到纵深发展的多元化阶段。这一过程不仅改变了人们的购物方式和商业模式，也推动了整个社会经济结构的数字化转型。未来，我国电子商务将继续在创新和拓展中不断发展，为经济社会的可持续发展贡献更多的力量。

二、电子商务的特点

（一）数字化交易

1.在线购物体验

电子商务通过数字化技术的应用，实现了整个购物过程的线上化，从浏览产品信息到支付，所有环节都在互联网或移动设备上完成。这一创新性的发展为消费者带来了极大的便利，重新定义了购物体验的本质。在传统商业模式中，消费者通常需要亲自到实体店铺进行选购，并通过面对面的交流完成支付等步骤。然而，随着电子商务的崛起，这一传统模式逐渐被数字化的在线购物所取代。

其一，消费者在互联网或移动设备上浏览产品信息的过程变得更加灵活和便捷。通过电子商务平台，消费者可以轻松访问到丰富的商品信息，包括产品特性、规格、价格等方面的详细介绍。这使得消费者能够更全面地了解所购商品，从而作出更为明智的购买决策。与传统模式相比，消费者无须亲自前往实体店面，便能够在互联网上获取所需信息，节省了大量的时间和精力。

其二，在线支付的实现使得整个购物流程更加高效。在电子商务中，消费者可以通过各种数字支付手段，如支付宝、微信支付等，直接在互联网上完成支付过程。这消除了传统支付方式中的现金交易，不仅提高了支付的便捷性，还降低了交易的安全风险。此外，数字支付还为消费者提供了实时的支付记录，方便随时查阅和管理交易历史，增强了支付过程的可追溯性。

在整个购物体验中，互联网的全球化特性也为消费者带来了更为广泛的选择。电子商务不再受限于地理位置，商家和消费者可以在全球范围内进行交易。这打破了传统商务中的地域限制，为消费者提供了更多元的购物机会。消费者可以轻松购买国际品牌的产品，也能够参与来自世界各地的特色商品交流。这种全球范围内的购物选择丰富了消费者的购物体验，为他们提供了更多元的消费选择。

2.交易过程可追踪

数字化交易的崛起为整个购买流程注入了更高水平的透明度和可追踪性。在传统商务模式中，交易的过程往往被视为相对隐秘和不透明的，而数字化交易通过利用先进的技术手段，使得整个购物过程变得更加开放、清晰。这种变革为消费者提供了强大的工具，使其能够随时随地查询订单状态、交易记录等信息，从而加强了交易的可控性和安全性。

一方面，数字化交易通过在线平台为消费者提供了实时的交易信息。在电子商务环境下，购物者可以在任何时间、任何地点通过互联网或移动设备访问购物平台，查询订单状态、物流信息等关键数据。这种实时性的信息获取为消费者提供了即时的反馈，使其能够全程追踪商品的运输状况，从而更好地掌握交易进展。

另一方面，数字化交易的透明性强化了交易的可控性。通过电子商务平台，消费者能够获取到详细的商品信息，包括产品特性、价格、生产日期等，使其对所购商品有着更为全面的了解。这种透明度不仅增加了购物者对商品的信任度，也降低了信息不对称风险，使得交易更加公平和可靠。

在整个购物过程中，数字化交易通过建立完善的订单管理系统，记录了每一笔交易的细节。这使得消费者能够方便地查询交易历史、订单明细等信息，提高了交易的可追溯性。这种详细的记录不仅有助于购物者了解自己的消费习惯，也为商家提供了有效的数据支持，帮助其更好地了解市场需求和用户偏好。

最后，数字化交易的透明性和可追踪性还有助于解决交易中的争议和纠纷。如果出现商品质量问题或配送延误等情况，消费者和商家都能够通过订单记录和交易明细进行核实，为纠纷的解决提供了客观的依据。这种可追踪性不仅保护了消费者的合法权益，也提高了商家的交易信誉。

3. 电子支付便捷性

电子商务的崛起带来了数字支付的强调，各种在线支付手段的普及，如支付宝、微信支付等，显著提高了交易过程的便捷性和安全性，为支付方式的现代化带来了革命性的变革。

其一，电子商务强调数字支付的兴起消除了传统交易方式中现金使用的依赖。通过在线支付手段，购物者可以在购物过程中实现即时的支付，而无须携带大量现金。这不仅避免了因为现金交易而带来的安全隐患，也减轻了购物者的负担，提高了购物的便捷性。此外，数字支付还为商家提供了更高效的资金管理工具，减少了现金管理的成本，从而促进了整个支付生态系统的升级。

其二，数字支付的实现使得交易过程变得即时完成。通过支付宝、微信支付等在线支付平台，购物者可以在几秒内完成支付，而不必等待现金支付或传统银行交易的时间。这种即时性的支付体验大大提高了购物的效率，尤其是在面对高频小额交易时，其更加符合现代生活的快节奏。

其三，数字支付极大地提高了支付的安全性。传统的现金支付方式容易有盗窃或丢失的风险，而数字支付通过密码、指纹识别等多种身份验证手段，加强了支付的安全性，有效地防范了非法交易和盗刷行为。这种强化的安全性不仅为购物者提供了更加可靠的支付环境，也为商家和支付平台建立了更为稳健的支付体系。

其四，数字支付强调了支付过程的便捷性，特别是在移动互联网时代。通过手机等移动设备，购物者可以随时随地完成支付，无须受制于地点和时间的限制。这种灵活性极大地方便了购物者，使得购物不再受到实体店铺的局限，也为商家提供了更广泛的销售机会。

（二）交易全球化

1.无地域限制的交易

互联网的全球化为电子商务带来了无地域限制的交易模式，从而摆脱了传统商务中的地理位置限制。在这个数字时代，商家和消费者通过互联网可以轻松实现全球范围内的交易，拓展了市场边界，为企业提供了更广泛的商机。

第一，电子商务的全球化意味着商家不再受到地理位置的束缚。传统商务中，商家的交易范围通常受限于实体店铺的位置，面临着局限性和竞争的限制。然而，随着互联网的普及，企业可以通过在线平台在全球范围内开展业务，无论是大型企业还是小型创业公司，都能够实现全球市场的触及。这种无地域限制的交易模式为企业提供了更为广泛的商业机会，有助于拓展客户群体，提高销售额。

第二，无地域限制的交易使得消费者在全球范围内享有更多的购物选择。互联网连接了世界各地的商家和消费者，使得消费者可以轻松获取来自不同国家和地区的商品和服务。这种多元化的商品选择丰富了消费者的购物体验，使其能够更容易找到满足个性化需求的产品。例如，一个位于亚洲的消费者可以轻松购买到位于欧洲或北美洲的特色商品，极大地拓展了购物的可能性。

第三，无地域限制的交易促进了国际贸易和合作。电子商务平台为不同国家和地区的企业提供了共同的市场平台，使得跨境贸易更为便捷。企业可以通过在线渠道寻找国际合作伙伴，开展跨境业务，促进了国际贸易的发展。这种国际合作不仅有助于企业拓展市场，也为各国之间的商业交流提供了便利条件。

第四，无地域限制的交易推动了物流和供应链的全球化。为了满足全球范围内的订单，物流体系得到了进一步优化和发展。国际运输和物流合作变得更加高效，降低了商品运输的成本和时间，从而加速了商品从生产地到消费者手中的流通速度。这种全球物流的优化使得消费者能够更快速地获取所需商品，提高了整个供应链的效率。

2.国际物流与跨境贸易

电子商务的兴起催生了国际物流领域的蓬勃发展，为跨境贸易提供了高效而便捷的物流网络。这一趋势的背后是电商平台的普及，通过这些平台，消费者得以轻松购买来自世界各地的商品，推动了全球商品的快速流通，深刻改变了传统贸易和物流模式。

第一，电子商务的崛起加速了国际物流的创新和优化。传统贸易往往受制于复杂烦琐的手续和运输过程，而电子商务通过数字化的方式简化了交易和物流环节。在线购物平台为全球商家和消费者提供了实时连接，使得供应链更加透明、高效。通过互联网技术，物流公司能够更精准地掌握货物的运输情况，提高了运输效率，缩短了交货周期，为商品的快速跨境运输提供了可靠保障。

第二，电子商务的全球化使得商品供应链更为复杂和多元。电商平台为商家提供了全球市场，促使商品从生产地直接到达消费者手中，绕过传统的中间环节。这种直连的供应链模式减少了多重中间商的参与，提高了商品的交货效率。同时，通过数字化的供应链管理，商家能够更好地协调和优化全球供应链，确保及时、准确地满足不同地区的市场需求。

在电子商务的推动下，物流网络也日益全球化。国际运输和仓储服务得到了升级，各国之间建立了更为紧密的物流合作关系。多式联运和智能化仓储等先进技术的应用，使得商品能够更迅速地跨越国界，加速了货物的流通速度。这为消费者提供了更快速、便捷的购物体验，同时也促进了全球贸易的繁荣。

第三，电子商务所带来的数据化管理也为国际物流提供了更精准的决策依据。通过大数据分析，物流公司可以更好地预测和应对市场需求的波动，提前调整物流计划，降低了库存和运输成本。这种数据驱动的物流管理不仅提高了物流效率，还减少了资源浪费，实现了可持续发展。

3. 多语言多货币支持

电子商务平台的多语言和多货币支持成为促进全球范围内商务合作的关键因素。这一特性为用户提供了更加便利和无障碍的交易环境，不论其身在何处，都能够轻松进行跨境交易，推动了全球商业的多元化发展。

其一，电子商务平台的多语言支持为用户提供了更加个性化和本地化的购物体验。随着互联网的普及，商家不再局限于本地市场，而是面向全球消费者。为了满足不同地区和国家的语言需求，电商平台通常提供多语言界面，这使得用户能够以其熟悉和便利的语言进行浏览、购物和交流。这种语言的多元支持有助于打破语言壁垒，提高了用户的购物体验，为商家拓展全球市场提供了更为广泛的机会。

其二，多货币支持为跨境交易提供了更大的便利性。由于不同国家和地区使用不同的货币，电商平台通常支持多种货币支付方式，这使得用户可以直接以其本国货币进行购物。这种多货币支持消除了汇率转换和不同货币带来的不便，使得用户更加轻松地完成交易。同时，对商家而言，多货币支持有助于降低汇兑风险，提高了全球贸易的灵活性。

其三，多语言和多货币支持有助于建立全球商务合作的信任基础。通过提供多语言界面，平台为用户提供了更加友好和沟通畅通的环境，消除了语言障碍可能带来的不信任感。而多货币支持则减少了用户在支付过程中的疑虑，提高了支付的透明度和可预测性。这种信任基础不仅促进了用户对电商平台的信任，也为商家与全球客户建立起更为牢固的合作关系。

其四，多语言和多货币支持也有助于拓展企业的全球市场份额。通过提供多语言界面，企业能够更好地定位和满足不同文化和地区的消费者需求，进而提高其在全球市场上的竞争力。同时，多货币支持也为企业打开了更多国际市场的大门，降低了进入新市场的障碍，为企业实现全球化提供了有力支持。

（三）信息透明度高

1. 丰富的商品信息

电子商务的崛起为消费者提供了一个丰富的商品信息平台，通过详细的产品介绍、特性、规格及价格等方面的信息，消费者极大地增强了对商品的全面了解。这种信息的充实不仅是电商平台的一项重要特征，更为消费者在购物决策过程中提供了重要的参考和支持，有助于他们做出更为明智的购买决策。

第一，电子商务平台通过提供详细的商品信息满足了消费者对产品全貌的了解需求。传统实体店购物的局限性在于消费者仅能通过有限的展示空间获取有关产品的信息。而在电子商务平台上，商家能够充分利用数字空间，为每个商品提供更为详尽的介绍，包括产品特性、材质、用途等方面的信息。这使得消费者能够在屏幕前全方位地了解商品，提高了购物的透明度和决策的准确性。

第二，电子商务平台通过翔实的商品信息提供了更为客观和准确的产品比较基础。在传统零售中，消费者可能需要在不同的实体店之间进行比较，而电商平台上的详细产品描述和规格参数为消费者提供了直观的比较依据。这种比较基础不仅包括了价格，还包括了产品的功能、质量、品牌等多个方面，这使得消费者能够更全面地权衡不同商品之间的优劣，为购物决策提供了更为科学的支持。

第三，电子商务平台上的丰富商品信息有助于建立信任关系。通过翔实的产品介绍和用户评价，消费者能够更加全面地了解商品的真实情况，从而减少了购物时的信息不对称。用户评价和商品评分为消费者提供了其他消费者的真实反馈，帮助他们更好地评估商品的质量和性能。这种开放式的信息共享机制加强了消费者对产品的信任感，提高了他们在电子商务平台上购物的信心。

第四，电子商务平台上的丰富商品信息也为个性化购物提供了基础。通过大数据分析和推荐系统，电商平台能够根据消费者的历史购买记录、浏览行为等信息，为其推荐更符合个性化需求的商品。这种个性化的推荐服务不仅提高了用户的购物体验，也使得购物更加精准和高效。

2.用户评价和推荐系统

电商平台的用户评价和推荐系统为消费者提供了重要的信息参考，进一步强化了购物过程中的信任感和决策依据。这一特性在电子商务环境中充当了关键角色，通过其他用户的经验和反馈，消费者能够更全面地了解商品的优劣，从而提高了购物的信任度。

其一，用户评价为消费者提供了商品的真实反馈和客观评估。在传统实体店购物中，消费者可能无法直接获得其他买家的意见和经验。而电商平台上的用户评价系统为用户提供了一个开放的信息共享平台，让购物者能够阅读其他用户对商品的评价和使用体验。这种真实的用户反馈不仅包括商品的优点，还可能提及缺点和使用中的问题，这使得消费者能够更为客观地了解商品的实际情况。用户评价的开放性和透明性有助于建立消费者对商品的信任，为购物决策提供了更为可靠的信息基础。

其二，推荐系统通过分析用户的购物历史、浏览行为等数据，向用户推荐可能感兴趣的商品。这种个性化的推荐服务不仅提高了用户的购物体验，也使得购物更加符合用户的个性化需求。推荐系统通过大数据分析和机器学习技术，能够更好地理解用户的喜好和偏好，从而为其推荐更加精准的商品。这种个性化的推荐不仅有助于用户发现新品或独特商品，也提高了用户的满意度，进一步增加了用户对电商平台的信任感。

其三，用户评价和推荐系统的结合为消费者提供了更为全面和深入的购物决策参考。用户评价提供了商品的实际使用体验和各方面的评估，推荐系统则通过分析用户的偏好，为其推荐相关性更高的商品。这种综合的信息获取方式使得购物者能够在决策过程中更全面地权衡各种因素，从而做出更为符合个人需求的购物选择。这种全方位的购物体验加强了用户与电商平台之间的互动，提高了用户的忠诚度。

3. 实时更新的库存信息

电子商务平台所提供的实时更新库存信息的功能，为在线交易提供了关键性的支持和保障。这一特性不仅增强了购物者对商品的信任度，还有效预防了因库存不足而导致的交易纠纷，从而提升了整体交易的可靠性。

第一，实时更新的库存信息保障了购物者能够获取到最新的商品可用性状态。传统零售中，购物者在购物时难以获知商品的实际库存情况，这可能导致购物过程中的不确定性和风险。电商平台通过实时更新库存信息，使购物者能够准确了解商品的库存状况，从而有效规避了因库存不足而引发的交易纠纷。这种信息的透明度有助于建立购物者对平台的信任，提升了用户的购物体验。

第二，实时库存信息更新对于平台和商家而言，有助于其更精准地管理库存和供应链。通过及时更新库存信息，平台能够实现对商品销售和库存变动的实时监控，从而更灵活地调整采购计划和库存管理策略。这种高效的库存管理有助于降低过期商品的风险，提高商品周转率，同时也能够更好地满足消费者的需求，增强了平台的竞争力。

第三，实时更新的库存信息为购物者提供了及时的商品可购性信息。在购物者选择心仪商品时，其能够得知商品是否有货、库存充足与否，有助于其做出迅速而明智的购买决策。这种实时性的库存信息反馈，有效降低了购物者的等待时间，提升了购物的便捷性，也为平台创造了更好的用户体验。

第四，实时更新的库存信息还为促销和营销活动提供了有力支持。平台可以根据实时库存情况灵活调整促销策略，合理安排库存量，避免因销售活动而导致的库存紧张或积压。这种灵活的库存管理不仅有助于提高促销活动的效果，也为平台的销售和市场推广提供了更多策略选择。

（四）高效便捷

1. 时间和成本节省

电子商务相较于传统商务模式展现了明显的高效便捷特征，为消费者和企业带来了显著的时间和成本节省。这一优势主要体现在在线交易过程中，通过互联网平台进行的购物和销售活动，极大地简化了整个商务流程，为各方提供了更为便利的交易方式。

其一，电子商务通过在线交易实现了全程数字化，使得购物过程更加高效。相比传统商务，消费者在电子商务环境中无须亲自到实体店铺购物，而是可以通过互联网或移动设备轻松进行浏览商品信息、选择购买、完成支付等一系列操作。这种全程数字化的交易流程减少了购物者的时间成本，使得他们能够更加灵活地安排购物时间，无须受制于实体店的营业时间和地理位置限制。

其二，电子商务有效减少了中间环节，降低了整体商务活动的运营成本。传统商务中，商品需要通过多个中间环节，如分销商、批发商等，才能最终达到消费者手中，这些中间环节往往伴随着额外的费用和时间消耗。而在电子商务中，直接连接生产者和消费者的模式消除了大部分中间环节，商品能够更直接地由生产者提供给消费者，降低了商品的分销成本和流通成本。

其三，电子商务还减少了购物和销售活动中的烦琐流程，提升了整体效率。例如，无须排队支付是电子商务的一大便捷之处。传统实体店铺中，购物者在结账时需耐心等待排队，而电子商务通过在线支付方式，购物者可以迅速完成支付，省去了等待时间，提高了购物效率。这种简化流程的设计使得交易更加迅捷，为消费者提供了更为顺畅的购物体验。

2.实时交易处理

电商平台在实现实时交易处理方面展现了卓越的能力，这一特征极大地加速了订单处理的速度，满足了消费者对于快速交付的迫切需求，从而提升了购物的便捷性。

第一，实时交易处理使得订单的确认和支付能够在极短的时间内完成。相比传统商务模式，电商平台通过高度自动化的系统，能够实时记录、验证和处理用户提交的订单。这种实时性的订单处理不仅使得购物者能够立即获得订单确认，也为支付过程提供了即时的反馈。购物者无须长时间等待，便能够迅速完成交易流程，为快速的购物体验奠定了基础。

第二，实时交易处理有助于及时更新库存信息。当购物者完成订单支付后，电商平台能够即刻更新库存信息，将已售出的商品从库存中减去。这一实时的库存管理机制不仅有助于提高库存的准确性,也确保了购物者在下单时所见即所得,避免了因为库存不足而导致的交易纠纷。购物者能够更加信任平台的库存信息,提升了购物的可靠性。

第三,实时交易处理为物流和配送提供了更为高效的基础。一旦订单完成支付,平台能够立即通知仓库和物流系统,启动商品的拣选、打包和发货流程。这种实时的订单信息传递不仅缩短了整个配送链条的时间,也为快速的物流服务打下了基础。购物者因此能够更迅速地收到所购商品,满足了对于快速交付的现代消费需求。

最后,实时交易处理使得平台能够更灵活地应对市场变化和销售活动。通过实时记录和分析交易数据,电商平台能够迅速了解市场需求和用户行为,及时调整商品推荐、促销策略等。这种敏捷性有助于平台更好地适应市场变化,提升了购物体验的个性化和用户满意度。

3. 在线客服与售后服务

电商平台所提供的在线客服和售后服务是电子商务领域的一项重要特性,为消费者提供了随时随地获取帮助的便利。这一服务体系的建立不仅增强了购物的便捷性,也对提升用户体验起到了关键作用。

第一,在线客服为消费者提供了即时的购物咨询和支持。在传统的实体店购物中,消费者可以通过与店员交流来获取有关商品的信息,而在线客服通过文字、语音、视频等多种形式,实现了全天候的咨询服务。无论是关于商品特性、价格、促销活动,还是有关订单状态、支付问题等方面的疑问,消费者都可以通过在线客服获得及时、专业的解答,使其在购物过程中更为得心应手。

第二,售后服务的建立提高了购物者在交易后的满意度。电商平台通常通过提供售后保障,如商品退换、质量问题处理等服务,为购物者提供了更加完善的购物体验。在有问题或需求时,消费者可以直接与在线客服联系,获得及时的售后支持。这种便捷的售后服务机制不仅能够解决消费者在购物过程中遇到的问题,也为平台树立了良好的品牌形象,增强了用户对平台的信任感。

第三,在线客服和售后服务对于解决消费者的疑虑和不安提供了有效手段。在网购过程中,由于无法亲身感知商品,一些消费者可能会担心商品与描述不符、物流延误等问题。通过在线客服,消费者可以及时解决这些疑虑,了解实时的订单状态，获得对商品的更多信息，从而提高购物的信心。售后服务则在购物完成后继续提供支持，确保消费者在整个购物周期内都能感受到平台的关怀和关注。

第四，在线客服和售后服务也为电商平台提供了与用户互动的机会。通过消费者的咨询、建议和投诉，平台能够更好地了解用户需求和体验，从而改进服务、优化流程。这种实时的用户反馈机制有助于电商平台持续改进，提高其竞争力，形成用户满意度的良性循环。

（五）个性化服务

1. 大数据分析

大数据分析在电子商务领域的应用为业务提供了强大的数据支持，使电商平台能够深入了解用户的历史消费记录、兴趣偏好等关键信息，从而为个性化服务提供了坚实的数据基础。

电子商务通过大数据分析可以追踪和记录用户的历史消费记录。每一次用户在电商平台上的交易都被记录下来，形成了大量的交易数据。这些数据包括购买的商品、购物时间、支付方式等信息，通过对这些数据的分析，电商平台能够了解用户的消费习惯、购物频率及对不同商品的偏好。这种历史消费记录的分析有助于电商平台更好地理解用户的购物行为，为个性化推荐和定制服务提供基础。

此外，大数据分析还能够挖掘用户的兴趣偏好。通过分析用户在平台上的浏览、搜索、点击等行为，电商平台可以了解用户对不同类别、品牌、风格的商品的偏好。这种兴趣偏好的分析使得平台能够为用户提供更加精准的个性化推荐，提高用户对推荐商品的满意度。同时，电商平台还可以根据用户的兴趣偏好进行精准营销，提高广告的点击率和转化率。

大数据分析还为电商平台提供了用户行为预测的能力。通过分析大量用户数据，平台可以建立用户行为模型，预测用户可能的购物行为和偏好。这种预测性分析有助于电商平台提前做好库存管理、物流规划等工作，提高运营的效率。同时，预测性分析还可以为平台提供更精准的个性化服务，使得用户在浏览商品、参与促销活动等方面得到更贴近个人需求的体验。

2. 个性化推荐系统

电子商务平台通过大数据分析和人工智能技术实现的个性化推荐系统，为用户提供了定制化的商品推荐，极大地提高了用户体验和购物的针对性。这一系统利用先进的算法和深度学习模型，通过对用户行为和偏好的深入分析，能够准确预测用户的购物兴趣，为其推荐符合个性化需求的商品。

其一，个性化推荐系统通过对用户历史消费记录、浏览行为、搜索记录等大量数据进行分析，建立了用户画像。这个画像包括用户的兴趣、购物偏好、品类喜好等信息，形成了对用户行为的深刻理解。借助这些用户画像，电商平台能够更全面地了解每位用户，从而为其提供更为精准的个性化推荐服务。

其二，基于大数据分析的个性化推荐系统采用协同过滤、内容过滤等先进算法，通过对用户画像和商品信息的匹配，精准预测用户可能感兴趣的商品。协同过滤算法通过分析用户与其他用户的行为相似度，推荐那些与用户兴趣相近的商品；而内容过滤则通过分析商品的属性、标签等信息，为用户推荐具有相似特征的商品。这些算法的综合应用使得推荐系统能够更全面、准确地了解用户需求，提供更具个性化的商品推荐。

其三，个性化推荐系统还能够实时更新用户画像，不断优化推荐算法。通过对用户实时行为的监测，系统能够捕捉到用户兴趣的变化和新的购物需求。这使得推荐系统能够动态调整推荐策略，及时适应用户的变化，提供更具时效性的个性化推荐服务。

个性化推荐系统的实施为电子商务平台和用户之间建立了更为紧密的连接。用户通过个性化推荐更容易发现符合自身兴趣的商品，提高了购物的效率和满意度。对于电商平台而言，个性化推荐系统不仅增加了用户黏性，也促进了销售转化率，为商家提供了更有竞争力的市场地位。

3.定制化服务

电子商务平台的定制化服务为用户提供了参与产品设计和个性化定制的机会，这一趋势满足了现代消费者对于独特、个性化商品的不断增长的需求，同时也推动了商品和服务的定制化发展。

其一，电子商务平台通过在线平台为用户提供了参与产品设计和定制的便捷途径。用户可以在平台上通过简单的界面选择商品的各种参数，例如颜色、尺寸、材质等，甚至有些平台提供了更高层次的个性化选择，比如刺绣、印花等。通过这些定制选项，用户可以根据个人兴趣和需求塑造出独一无二的商品。这种参与度的提升不仅满足了用户对于自主定制的期望，也使消费者更加投入到产品的创造过程中。

其二，电子商务平台的定制化服务推动了商品和服务的定制化发展。在传统商业模式中，大规模生产的商品通常是标准化的，迎合大众需求，但难以满足个体消费者的独特需求。通过电子商务平台的定制化服务，商家能够更好地了解用户的个性化需求，提供更符合用户口味的产品。这促使了生产者从大批量生产转向小批量、个性化生产，推动了商品和服务的差异化和定制化发展。

其三，定制化服务也在一定程度上创造了共创的消费体验。通过与用户共同参与产品设计和定制，电商平台和用户之间建立了更加密切的互动关系。用户的个性化需求和反馈成为产品改进的重要依据，从而促进了共创模式的发展。这种合作关系不仅提高了产品的质量和符合度，同时也加强了用户对品牌的忠诚度。

三、电子商务的分类

电子商务由于基于网络和信息技术的应用来完成所有的业务流程，是不可视的交易方式。电子化的信息传递也降低了文件化处理的成本，避免了中间商的环节，因此交易效率高、成本低。电子商务比传统的业务也更加透明化，企业不再具有不对称的信息优势。按照交易的主体不同，电子商务可以进行如下分类：

（一）企业对消费者（B2C）

1. 概念和特点

企业对消费者（B2C）电子商务是一种交易模式，其主要特点是企业直接向最终消费者提供商品或服务，并通过互联网平台进行交流和交易。这一模式的核心在于通过在线渠道使企业能够直接接触到广大的消费者群体，为他们提供广泛的产品和服务选择。B2C电子商务在面向大众的基础上，还具有覆盖范围广和产品丰富多样的特点。这种商务形式的发展得益于互联网的迅猛普及和技术的不断进步，其使得消费者可以更便捷地浏览、选择和购买商品，而企业则能够通过更直接的渠道推广和销售其产品。

近年来，B2C电子商务经历了迅猛的发展，成为整个电子商务领域的主要驱动力之一。这种发展得益于多种因素，包括技术创新、支付体系的完善、物流网络的发展及消费者对便捷、多样化购物体验的需求。企业通过建立强大的在线平台，利用数据分析和个性化推荐技术，能够更好地理解和满足消费者的需求，提高购物体验的质量。

B2C 电子商务的兴起不仅改变了传统零售业务的格局，还促使了商业模式的创新和市场竞争的加剧。企业需要不断提升自身的数字化能力，建设完善的电子商务基础设施，以适应日益激烈的市场竞争。同时，随着消费者对于商品品质、服务质量和购物体验的要求不断提高，企业在 B2C 电子商务中也需要注重品牌建设、售后服务及社交化营销，以赢得消费者的信任和忠诚度。

2. 发展趋势

B2C 电子商务的发展趋势在当今社会主要体现在产品和服务的多元化上。随着科技的飞速进步和消费者需求的日益多样化，企业在 B2C 电子商务领域不仅仅提供了传统实体产品的在线购物体验，而且涵盖了各种创新性服务，包括但不限于在线教育、医疗服务等。这一趋势反映了企业逐渐从传统的商品销售模式转向服务和体验的提供，以满足消费者更为复杂和个性化的需求。

其中，B2C 电子商务的服务拓展远不仅限于传统商品销售，而是逐渐延伸至生活的方方面面。在线教育平台的兴起为消费者提供了更便捷、灵活的学习机会，医疗服务的数字化转型则使得患者可以更方便咨询医生、获取医疗建议，推动了医疗健康产业的升级。这种服务的多元化不仅为企业开辟了新的业务领域，同时也为消费者提供了更为综合和便捷的生活方式选择。

个性化推荐和定制服务成为 B2C 电子商务的发展亮点，推动了购物体验的升级。通过利用大数据和人工智能技术，企业能够更好地理解消费者的喜好和需求，为其提供个性化的商品推荐，提高购物的精准度和满意度。定制服务进一步满足了消费者对独特和个性化产品的需求，通过参与式的购物过程，增强了消费者与品牌之间的互动和忠诚度。

在未来，B2C 电子商务的发展趋势将继续受到技术创新和市场需求的驱动。随着 5G 技术的普及和物联网的发展，虚拟现实（VR）和增强现实（AR）等新技术有望进一步融入 B2C 电子商务领域，为消费者提供更沉浸式的购物体验。同时，可持续发展和环保意识的增强也将影响 B2C 电子商务的产品选择和服务提供，推动更多企业走向绿色和可持续的发展方向。

（二）企业对企业（B2B）

1. 概念和特点

企业对企业（B2B）电子商务是指企业之间通过网络平台进行的交易活动，

构建了一种数字化的商业生态系统。这种电子商务形式不仅局限于企业自身的网络平台，也可能在第三方电子商务平台上进行。其核心特征在于，B2B电子商务不仅包括了产品的买卖，更涵盖了核心业务流程和客户关系管理的电子化。

B2B电子商务的交易活动不同于传统的面对消费者的电子商务模式，而是通过在线平台将各类企业连接在一起，从而实现供应链、采购、销售等各个环节的数字化交流和合作。这一模式的优势在于提高了企业之间的交易效率，降低了交易成本，拓宽了市场边界，使得企业能够更迅速地响应市场需求，实现灵活的供应链管理。

关键的特点之一是B2B电子商务不仅仅是商品的简单买卖，而是涉及企业核心业务流程的电子化。通过数字化的方式，企业可以对采购、供应链管理、生产计划等关键流程进行更加精准、高效的管理。这种全面电子化的经营手段有助于提高企业内部的协同效率，推动整个供应链的数字化转型。

另外，B2B电子商务强调客户关系管理的电子化。企业可以通过在线平台更好地管理和维护与供应商、合作伙伴之间的关系。这包括在线协商、合同管理、支付等方面，使得交易更为透明、可追溯，减少了潜在的合作风险。这种电子化的客户关系管理有助于建立稳固的商业伙伴关系，提升企业的竞争力。

2.行业变革和创新

B2B电子商务的广泛应用带来了行业范畴内的深刻变革与创新。企业在这一趋势中逐步演变，从传统的网上门店向更智能化、数字化的服务提供者转变。这种演变不仅仅是技术手段的升级，更是对商业模式和经营理念的重新思考。

在B2B电子商务的发展过程中，电子化的客户关系管理成为关键驱动力之一。企业通过新兴技术的应用，如大数据分析、人工智能和云计算，能够更全面、精准地了解客户需求。这使得企业能够以更个性化、定制化的方式服务客户，建立更为深入的商业伙伴关系。同时，电子化的客户关系管理也为企业提供了更为高效的合作平台，促使上下游利益相关者之间更紧密地联系在一起，形成更加协同的价值链。

随着技术的不断创新，智能化的供应链管理成为B2B电子商务领域的新潮流。通过物联网、区块链等技术的应用，企业能够实现对供应链的实时监控和管理，提高供应链的透明度和可追溯性。这种智能化的供应链管理不仅有助于降低库存成本、提高交付效率，还能够更好地应对市场波动和客户需求的变化，实现供应链的灵活性和响应性。

在 B2B 电子商务的创新中，跨境贸易和全球化合作也成为重要的发展方向。通过电子商务平台，企业能够跨越地域限制，拓展国际市场，实现全球范围内的供应链协同和合作。这种全球化的合作不仅为企业提供了更广阔的市场空间，也促进了不同地区之间的资源共享和经济互补，推动了全球产业链的协同发展。

B2B 电子商务的广泛应用引发了行业范畴内的深刻变革和创新。通过电子化的客户关系管理、智能化的供应链管理及全球化合作，企业在数字化转型中实现了更高效的运营和更广泛的市场覆盖。这种变革不仅提高了企业的竞争力，也推动了整个产业链的升级，为全球商业环境的进一步演进奠定了基础。

（三）消费者对消费者（C2C）

1. 概念和特点

消费者对消费者（C2C）的电子商务模式是指个体消费者通过网络平台进行的个人交易。其中，拍卖作为 C2C 模式的主要形式之一，引领着这一电子商务领域的发展。这种模式的核心特征在于，个人消费者直接在在线平台上进行买卖，实现了点对点的交易形式。

C2C 电子商务模式的出现使得个人消费者能够更加灵活地进行二手物品的买卖，开创了一种全新的交易方式。通过在线平台，个人消费者能够自主发布商品信息，与其他个体进行直接的交流和协商。这为消费者提供了更为广泛的商品选择，并为二手物品的流通创造了便捷的渠道。拍卖作为一种交易形式，进一步激发了消费者的竞争心理，推动了商品价格的形成过程，实现了市场供需的动态平衡。

这一模式不仅促进了商品的再利用，也鼓励了资源的共享。通过 C2C 电子商务平台，个人可以将不再需要的物品转让给其他有需求的个体，从而延长了商品的生命周期，减少了资源浪费。这对于可持续发展和环境保护具有积极的意义，有助于推动社会朝着更为可持续的消费模式迈进。

此外，C2C 电子商务模式也推动了社交和信任的建立。在这一模式下，个人消费者之间的交流不仅仅局限于商品的交易，更包括了交流经验、评价和建立社交网络等。这种社交化的交易模式为消费者提供了更多信息，增强了对交易方的了解和信任，有助于减少信息不对称，提高交易的安全性和可靠性。

2. 网络拍卖和共享经济

网络拍卖作为C2C电子商务的代表，在引领着这一领域的发展同时，为消费者提供了一个广泛而便捷的交易市场。通过在线平台，个体消费者得以直接参与买卖活动，拥有更大的商品选择范围。网络拍卖的特点之一是其拓展了传统交易的地域限制，使得消费者可以跨越地域障碍进行交易，实现了全球范围内的交流和合作。这为消费者提供了更为多元化的购物选择，同时也促进了商品价格的市场化形成，推动了市场供需的动态平衡。

共享经济的兴起为C2C电子商务带来了新的发展机遇。共享经济强调资源的共享和更高效利用，与C2C电子商务的理念相契合。在这种模式下，个体消费者可以通过共享平台将自己的闲置物品或服务提供给其他有需求的个体，实现资源的互补和优势互补。这为C2C电子商务注入了更为社会化和协同的元素，从而促使个人消费者更好地参与资源共享，推动了社会经济的可持续发展。

网络拍卖和共享经济的结合，使得C2C电子商务模式更加丰富和创新。在网络拍卖平台上，消费者不仅能够购买全球各地的商品，还能够通过共享平台租赁、共享资源，实现了更广泛的社会互动。这种交叉融合的模式不仅满足了消费者日常生活和商业需求的多样性，也为C2C电子商务带来了更广阔的市场空间。

同时，共享经济的出现还推动了C2C电子商务平台信用体系的建立和完善。由于个体消费者之间的直接交易，信任和信用成为共享经济和网络拍卖成功运作的关键。因此，电子商务平台逐渐引入评价系统、信用评级等机制，帮助个体消费者建立良好的信用记录，降低信息不对称风险，提升整个平台的可信度。

（四）企业对政府（B2G）

1. 概念和应用

企业对政府（B2G）电子商务是指企业与政府机构之间基于网络平台等信息技术方式进行的商务活动。在这一模式中，政府通过在线平台进行采购、通过网络竞价进行招投标等一系列交易活动，实现了政府与企业之间的数字化合作。B2G电子商务的应用对政府行政事务产生了深远的影响，使得政府采购等过程更加高效、透明。

B2G电子商务的主要概念在于通过信息技术的应用，优化政府与企业之间的商务流程。政府作为购买大宗商品和服务的主体，通过在线平台进行采购和招投标，实现了对企业产品和服务的便捷获取。企业则通过在线平台提交投标、提供产品和服务，拥有了更广泛的商业机会。这一模式的出现，不仅提高了政府采购的效率，也促使企业更加公平地参与政府合同的竞争。

B2G 电子商务的应用使政府采购等行政事务更加高效。通过在线平台，政府机构能够更便捷地发布采购信息、进行招标，实现了流程的数字化和信息的即时传递。这消除了传统采购流程中的烦琐纸质文件，提高了信息的透明度，降低了交易成本。同时，政府通过在线竞价等方式，能够更灵活地选择合适的供应商，促进了市场竞争，推动了资源的有效配置。

此外，B2G 电子商务的应用也促进了政府与企业之间的合作关系更为紧密。政府通过在线平台能够更全面地了解市场情况、企业实力和创新能力，有利于政府更明智地做出决策。同时，企业通过参与政府采购等活动，不仅能够获取政府合同，还能够提高自身的业务水平，推动了产业升级和企业创新。

2. 数字化政府采购和招投标

数字化的政府采购和招投标过程是通过电子商务平台的应用，为政府与企业之间的商务合作带来了显著的改变。这一创新性的做法不仅大大提高了政府采购的效率和透明度，而且为公共资源的更加有效利用提供了便捷而可追溯的方式。

在数字化政府采购中，电子商务平台扮演了关键的角色。政府机构可以通过在线平台发布采购需求、招标信息，实现了信息的集中管理和即时传递。这取代了传统的纸质文件流转，极大地减少了时间成本和人力成本。同时，企业也能够通过这一平台更迅速地获取政府采购信息，了解市场需求，提高了商业机会的把握。

在数字化的招投标过程中，电子商务平台为政府提供了更灵活的选择机制。政府可以通过在线竞价等方式，更全面、更精准地评估投标方的实力和报价，提高了供应商的竞争力。这种数字化的招投标过程不仅实现了更为公平的竞争环境，也为政府选择更合适的供应商提供了科学依据，推动了市场的健康竞争。

数字化政府采购和招投标还强化了整个过程的透明度。通过在线平台，政府采购的各个环节都能够实现实时监控和记录，从采购需求的发布到招标结果的公示，每一步都得以清晰展现。这种透明度不仅增加了政府行政活动的公信力，还为企业提供了更为明确的参与规则，降低了信息不对称风险，提高了招投标的公正性。

此外，数字化政府采购和招投标过程也促进了信息的可追溯性。所有的交易信息、采购决策都能够被准确地记录和追踪。这为政府提供了有效的管理工具，可以随时审查和验证整个采购过程的合规性。这一可追溯性不仅有助于防范腐败和不当行为，也为政府对采购流程进行优化和改进提供了数据支持。

总体而言，数字化的政府采购和招投标过程通过电子商务平台的应用，提高了政府与企业之间商务合作的效率和透明度。这一创新性的做法不仅推动了公共资源的更加有效利用，也为政府行政活动注入了更为现代化和科技化的元素。

第二节 电子商务的技术基础

一、网络技术在电子商务中的应用

（一）互联网的兴起与电子商务的发展

1. 互联网技术的普及与商业模式创新

互联网技术的广泛普及标志着电子商务迎来了前所未有的发展机遇。互联网作为一种全球性的信息传递和交流平台，为企业提供了无限的可能性，突破了传统商务中的地域限制。这一趋势极大地推动了电子商务的兴起，并催生了一系列商业模式的创新。企业在互联网平台上不仅能够扩大市场覆盖范围，更能够实现与全球范围内潜在客户的即时沟通，从而促使了电子商务的蓬勃发展。

随着互联网技术的普及，传统商业模式面临着巨大的转变。企业纷纷加速采用线上销售和在线支付等电子商务模式，以适应消费者日益数字化的购物需求。这一变革不仅体现在产品的销售途径上，还涉及企业的整体经营策略。在电子商务模式的推动下，企业开始更加关注线上渠道的构建，加强了与消费者之间的直接互动。

在这一过程中，商业模式的创新成为企业迎接互联网时代挑战的关键。传统的零售业不再局限于实体店面，而是转向了线上线下结合的多渠道销售模式。同时，电商平台的兴起催生了各类电商生态系统，包括物流、支付、广告等一系列产业链的发展。企业通过深度整合互联网技术，构建全新的商业生态，提升了整体的市场竞争力。

另外，互联网的全球性特征也使得跨国贸易更加便利。企业在全球范围内寻找合作伙伴、拓展市场，形成了更为广泛的商业网络。这种全球性的商业合作推动了电子商务的国际化发展，促使企业更加注重跨文化交流和全球市场的战略布局。

2. 互联网的开放性与共享性

互联网的开放性和共享性为电子商务提供了强大的基础设施，成为推动商业模式创新和市场发展的关键因素。首先，互联网的开放性为企业创造了一个无边界的交流平台，使得合作伙伴、供应商和客户能够更加容易地进行信息共享和协作。这种开放性的特征打破了传统商务中的地域限制，为全球范围内的商业合作提供了便利。

在互联网的环境下，企业能够建立更加紧密的合作关系，通过在线平台实现即时沟通、共同开发产品或服务，推动了商业生态系统的构建。开放的互联网环境为企业提供了更多的机会，使得创新和协作成为推动电子商务不断发展的动力之一。

其次，共享经济的理念在互联网环境下得以实现，为电子商务市场注入了更多活力。共享平台的兴起，如共享单车、共享办公空间等，改变了传统商业模式，促使人们更加注重资源的共享和合理利用。这种共享经济的趋势不仅为企业降低成本提供了可能，也为消费者提供了更便捷、经济高效的服务选择。

共享资源的发展使得企业能够更好地利用社会资源，通过合作与共享实现互利共赢。在共享经济的推动下，电子商务平台的创新模式不断涌现，拓展了商业边界，促进了更广泛的市场互动。这也反映了互联网环境下共享理念对于商业活动产生的深远影响。

（二）网络安全技术的重要性

1. 电子商务的规模扩大与网络安全挑战

随着电子商务规模的不断扩大，网络安全问题逐渐成为业界关注的焦点，因为其与用户隐私信息和交易数据的安全密切相关。在这一背景下，加密算法的广泛应用成为确保网络安全的关键手段之一。这种算法通过对信息进行加密和解密，有效地保护了用户在电子商务平台上的敏感信息，如个人身份、信用卡号等，防范了潜在的信息泄露风险。

同时，防火墙和入侵检测系统等网络安全技术在电子商务领域得到了不断演进和应用。防火墙作为网络边界的防护工具，通过监控和过滤数据流，阻止潜在的恶意攻击。入侵检测系统则通过监控网络活动，及时发现和响应异常行为，提升了对网络威胁的识别和防范能力。这些安全技术的不断升级与完善，为电子商务平台构建了更为健全的网络安全防护体系，有效减少了网络攻击和数据泄露带来的潜在风险。

2. 用户信任建立与网络安全

网络安全技术的不断创新对于建立用户对电子商务平台的信任关系具有至关重要的作用。在进行在线交易时，用户对个人信息的保护尤为关切，而有效的网络安全措施能够为用户提供充分的信心，使其更愿意在电子商务平台上进行购物和交易。

一方面，网络安全技术的创新通过加密算法、防火墙、入侵检测系统等手段，有效地保障了用户的隐私信息和交易数据的安全性。这些安全措施不仅为用户提供了实质性的安全保障，同时也在心理上构建了用户对平台的信任。用户在感知到平台具备先进的网络安全技术时，更有可能选择在该平台上进行交易。

另一方面，用户信任的建立也需要电子商务平台采取透明和负责任的态度。平台应主动向用户提供关于网络安全措施的信息，使用户了解平台对其隐私和安全的关注程度。透明的信息披露能够增加用户对平台的信任感，使其更加愿意在平台上进行长期性的交易和消费。

维护用户对电子商务平台的信任关系不仅是个体企业生存与发展的关键因素，也涉及整个电子商务生态系统的健康运转。在竞争激烈的电商市场中，用户的信任往往成为企业核心竞争力的重要组成部分。

（三）移动互联网技术的崛起

1. 移动设备普及与电子商务便捷性

移动互联网技术的崛起在很大程度上提升了电子商务的便捷性，将购物和交易的方式带入了一个全新的时代。随着智能手机和平板电脑的普及，用户不再受到时间和地点的限制，可以随时随地通过移动设备访问电商平台，进行商品浏览、购物和支付等操作。

这种便捷性的提高极大地拓展了电子商务的使用场景。用户不再依赖传统的台式电脑或笔记本电脑，而是通过手持设备轻松实现在线购物。这种灵活性不仅使消费者更加方便地融入电子商务的生态系统，同时也提高了用户的互动性和参与度。

移动设备的普及使得电子商务行为具有了更大的时空弹性。用户可以在等待公交车、休息时间或旅途中随时打开电商应用，进行购物和交易。这种即时性的体验改变了传统购物的模式，为用户提供了更为灵活、便利的消费选择。

在电子商务的发展中，移动设备的便捷性既为用户提供了更加自由的消费体验，同时也对电商平台的技术和用户界面提出了更高的要求。电商企业需要不断优化移动应用程序，提升用户体验，以满足用户对便捷性和即时性的期望。

2. 移动应用与响应式设计的应用

移动应用和响应式设计等技术在电子商务中的广泛应用极大地促进了用户体验的提升，为用户提供了更加便捷、专业和一致的服务。

一方面，移动应用的普及为电子商务平台提供了更为专业化和个性化的服务。通过移动应用，电商企业可以为用户提供定制化的购物体验，根据用户的个人偏好和历史行为数据推送个性化的商品推荐，提高了购物的精准性和用户满意度。移动应用还通过推送通知、专属优惠等功能增强了用户的参与感和忠诚度，为电商平台创造了更多商业价值。

另一方面，响应式设计的应用使得电子商务平台能够适应不同终端设备的屏幕尺寸和分辨率，保证用户在不同设备上都能获得一致的良好体验。无论是在台式电脑、平板还是手机上，用户都能够流畅地访问电商平台，进行商品浏览、购物和支付等操作。这种一致性的用户体验有助于提高用户对电商平台的满意度，降低因设备差异而导致的使用障碍。

二、数据处理与存储技术的演进

（一）大数据技术的兴起

1. 数据量的急剧增长与大数据需求

随着电子商务平台规模的扩大，相关数据量呈现急剧增长的趋势，这包括交易记录、用户行为、产品信息等多维数据的爆炸性积累。这种现象既是电商平台面临的挑战，也是巨大的机遇。在这种背景下，大数据技术应运而生，为电商平台处理和分析庞大数据集提供了有效的技术支持。

其一，电子商务平台所涉及的交易数据、用户行为数据等呈现多样化和大规模化的特点。传统的数据处理方式已经难以满足对这些多维数据进行高效存储和快速分析的需求。大数据技术以其分布式、高性能的特点应运而生，能够有效处理这一海量数据，提高数据的处理效率和分析准确度。

其二，大数据技术的兴起为电子商务平台提供了深度挖掘数据的能力。通过大数据分析，电商平台能够更好地理解用户行为、洞察市场趋势，进而优化商品推荐、个性化营销等方面的运营策略。这不仅有助于提高用户体验，还为企业提供了更为精准的决策依据，推动了电商平台的可持续发展。

2.数据处理和分析的深度挖掘

大数据技术的崛起为电子商务平台提供了更为广泛和深刻的数据处理和分析能力。这种技术不仅能够高效处理结构化数据，更能有效应对非结构化数据的处理需求。通过深度挖掘这些数据，电商平台可以获取有关用户购物偏好、行为趋势等的深入洞察，为企业提供了更具前瞻性的运营策略。

首先，大数据技术的强大之处在于其能够处理包括文本、图像、音频等多种非结构化的数据形式。这使得电商平台能够更全面地了解用户的行为和喜好，从而更准确地进行个性化推荐和定制化服务。例如，通过分析用户在平台上的浏览历史、点击行为，大数据技术可以生成精准的商品推荐，提高用户的购物体验。

其次，大数据技术的数据挖掘和分析功能为企业提供了更具前瞻性的运营策略。通过深度学习、机器学习等算法，电商平台可以从海量数据中挖掘潜在的市场趋势、用户行为规律等信息。这种深度挖掘有助于企业制定更具针对性的营销计划、库存管理策略等，提高了整体运营效率。

（二）云计算技术的应用

1.电子商务平台规模扩大对传统存储方式的挑战

电子商务平台规模的急剧扩大对传统的数据存储和处理方式构成了严峻的挑战。传统的硬件设备往往受到性能瓶颈和空间限制的制约，无法满足电商平台高并发和大规模数据存储的需求。这使得云计算技术的应用成为解决这一问题的有效途径，为电商平台提供了弹性的计算和存储资源。

首先，电商平台的规模扩大使得传统存储方式面临性能瓶颈。传统硬件设备在处理大规模数据时容易出现性能不足的情况，导致数据处理速度变慢，影响业务的高效运行。云计算技术通过提供弹性的计算资源，能够根据实际需求灵活调整计算能力，从而有效应对电商平台业务高峰期的需求，保证了系统的稳定性和性能。

其次，大规模数据存储对传统硬件设备的空间限制提出了挑战。电商平台生成的海量交易记录、用户行为数据等需要庞大的存储容量，而传统存储方式受到硬件设备容量的限制，难以满足电商平台不断增长的数据存储需求。云计算技术的存储服务可以提供按需扩展的存储资源，这使得电商平台能够应对不断增长的数据量，确保数据的安全性和可靠性。

2.云计算技术的灵活性与成本效益

云计算技术的灵活性为电子商务平台带来了显著的优势，不仅实现了资源配置的动态调整，而且在成本控制方面取得了巨大的效益。这对于电商平台应对业务变化、提高运营效率和降低成本等方面具有重要的学术价值。

其一，云计算技术的灵活性体现在其能够实现资源的动态调整。传统的硬件设备往往需要提前投入大量的资金，并根据预测的业务需求进行硬件采购。这导致了过度投资或者因业务波动而出现资源不足的情况。而云计算技术允许电商平台根据实际业务需求动态调整计算和存储资源，实现弹性扩展和收缩，从而更好地适应业务的变化。

其二，云计算技术降低了运营成本。传统的硬件投资不仅包括硬件设备本身的购置费用，还包括硬件设备的维护和管理成本。而云计算技术服务商通常提供按需付费的模式，电商平台只需根据实际使用的资源量付费，避免了昂贵的硬件设备投资。此外，云计算技术服务商还负责硬件设备的管理和维护，减轻了企业的人力成本负担。

（三）区块链技术的探索

1.电子商务中的信息安全挑战

电子商务领域的信息安全问题日益凸显，尤其是在用户个人隐私和交易数据方面，对高度保护的需求逐渐成为业界共识。传统的中心化数据库存储方式存在着被攻击和篡改的潜在风险，因此，引入区块链技术成为一种创新性的解决方案。

区块链技术，作为一种去中心化的分布式账本系统，具有防篡改、透明、不可否认等特点，为解决电子商务中的信息安全挑战提供了新的思路。首先，区块链技术的去中心化本质意味着数据不再依赖于单一的中心节点存储，而是分布在网络的多个节点上。这种分布式结构使得单一节点被攻击或篡改难以影响整个系统，提高了数据的安全性。

其次，区块链中的区块采用哈希算法链接，形成了不可篡改的区块链。一旦数据被写入区块链，要修改其中的某一块，就需要修改该块及其后的所有区块，成本极高，几乎不可能完成。这种不可篡改性确保了电子商务平台中的交易记录和用户信息的安全性，有效防范了数据被篡改的风险。

再次，区块链技术也提供了更高级别的隐私保护。用户的个人信息和交易细节被加密存储在区块链上，只有持有相应私钥的用户才能访问和控制这些信息。这种加密机制有效防范了未经授权的访问，保障了用户的隐私权。

2.区块链的信任机制与安全性

区块链技术通过其独特的信任机制和强大的安全性，为电子商务平台提供了卓越的信息安全保障。其核心特点包括去中心化、分布式账本和共识算法，共同构建了一个可信、不可篡改的交易环境，从而提升了用户对电商平台的信任度。

其一，区块链的去中心化特性消除了传统中心化系统中的单点故障风险。在电商平台的运作中，信息存储和处理不再依赖于单一的中心节点，而是分布在网络的多个节点上。每个节点都具有相同的数据副本，确保了系统的高度可用性和稳定性。用户无须依赖中心化的第三方，降低了信任风险，增强了整个电商系统的安全性。

其二，区块链的分布式账本机制使得每一笔交易都被记录在所有节点上，形成了完整的交易历史。这个历史记录是通过先进的加密算法保护的，确保了数据的机密性。每一次交易都需要经过网络中多个节点的验证，只有在达成共识后，才能被写入区块链。这种不可篡改性保证了交易数据的完整性和可靠性，有效地防范了信息篡改的风险。

其三，区块链采用共识算法，如工作量证明或权益证明，通过节点之间的协作完成交易验证。这种共识机制确保了交易的透明性和公正性，防止了恶意行为的发生。用户可以对区块链上的交易历史进行验证，确保信息的真实性，从而建立对电商平台的信任。

第三章 创新理论与框架

第一节 创新理论回顾

一、传统创新理论的要点

在传统创新理论中,创新通常被认为是新思想、新方法或新技术的引入和应用。创新理论关注创新的来源、过程和影响因素,主要包括以下几个要点:

(一)创新的定义和类型

创新在传统理论中被界定为引入和应用新思想、新方法或新技术的过程。这一定义强调了创新的广泛性,不仅包括技术方面的创新,还包括思维和方法的创新。创新的类型主要分为产品创新、过程创新和营销创新:

1. 产品创新

产品创新在商业领域中占据着至关重要的地位,强调的是对新产品的开发和设计。这种创新可能涉及对产品功能、性能的改进,甚至可能引入完全革新性的产品。产品创新在电子商务领域尤为显著,是企业在市场竞争中脱颖而出的关键要素。

在电子商务的背景下,产品创新的概念已经超越了传统的实物商品,涵盖了数字产品、服务和用户体验等方面。企业通过推出新颖的产品,不仅能够满足市场对新鲜感和独特性的需求,同时也能够与竞争对手产生差异化,提高自身在行业中的竞争力。

产品创新的核心在于满足市场需求,通过不断引入新的元素和特性,以适应变化莫测的市场环境。企业需要关注消费者的反馈和趋势,深入了解市场的需求和竞争格局。从技术角度来看,产品创新可能包括新技术的应用、研发投入及不断优化的制造过程。

成功的产品创新不仅仅关乎产品本身的功能和性能，还需要考虑用户体验。在电子商务中，用户体验是至关重要的，因为用户在网上购物时更加注重方便、快捷和愉悦的购物体验。因此，产品创新需要与用户的期望和需求相契合，从而提升用户满意度。

同时，企业在进行产品创新时也需要考虑可持续性和社会责任。新产品的设计应当符合环保、可持续发展的原则，避免对环境造成负面影响。在电子商务中，社会责任感和企业形象的建设同样是产品创新的一部分，通过推出有益社会的产品，企业能够赢得更多消费者的认可和支持。

2. 过程创新

过程创新在电子商务中是一项关键而不可或缺的战略，其关注点主要集中在企业的生产和运营流程的改进上。通过引入新的生产方法、技术及先进的管理模式，企业有望提高内部运作效率、降低成本，并更灵活地适应快速变化的市场环境。

在电子商务背景下，过程创新的实施可能涉及供应链管理、订单处理、物流配送等多个环节。一方面，通过数字化技术的应用，企业能够优化物流和库存管理，实现快速响应客户需求的目标。另一方面，自动化技术、大数据分析等手段的引入有助于提升整体生产效率，减少人力成本。

关键的过程创新包括了对传统业务模式的重新思考和改造。企业需要不断挑战现有的操作流程，寻求更高效、更灵活的解决方案。例如，采用智能化的仓储系统，能够实现库存的实时监控和智能化管理，提高了库存周转率，减少了滞销风险。

另外，供应链的数字化和网络化也是过程创新的一个重要方向。通过建立连接各环节的数字化供应链，企业能够更好地协调各个环节的活动，降低库存积压，提高供应链的敏捷性和适应性。

过程创新不仅仅关注内部流程的提升，也与外部合作伙伴的协同密切相关。在电子商务中，与供应商、物流服务商的数字化协同可以加速订单处理、提高配送效率，为客户提供更快捷、可靠的服务。

3. 营销创新

营销创新在电子商务领域扮演着至关重要的角色，它涉及市场推广和销售策略的创新，旨在使企业在竞争激烈的市场中脱颖而出。在数字化时代，营销创新成为企业获取客户、提升品牌影响力的不可或缺的手段。

一方面,新型广告手段的应用是营销创新的重要方向。传统广告媒体如电视、广播逐渐受到数字化媒体的冲击,社交媒体、搜索引擎广告、内容营销等数字化广告手段崭露头角。通过精准的定向广告,企业能够更有效地接触到目标受众,提高广告投放的效益。

另一方面,销售渠道的创新也是营销创新的一个重要方面。电子商务平台的兴起为企业提供了直接面向消费者的销售渠道。通过建立线上商店、参与电商平台,企业能够实现商品的全球化销售,打破地域限制,拓展潜在客户群。

独特的品牌定位是营销创新中的另一关键因素。在竞争激烈的市场中,企业需要通过建立独特的品牌形象来吸引消费者的注意。这可能涉及品牌故事的讲述、社会责任的承担、个性化定制等方面,从而在消费者心中树立独特的品牌印象。

随着消费者对品牌故事和企业社会责任的关注不断增加,内容营销成为营销创新中的热门趋势。通过创作有深度和吸引力的内容,企业能够与消费者建立更紧密的关系,提升品牌忠诚度。

(二)创新的过程

创新过程是一个经过多个阶段的循环过程,从问题定义到最终的采纳阶段。每个阶段都有其独特的任务和挑战:

1. 问题定义

问题定义是创新过程中至关重要的一步,它为创新提供了明确的方向和目标。在面对市场的不断变化、竞争的压力及内部流程的问题时,企业需要通过明确定义问题来驱动创新的展开。

其一,市场需求是创新问题定义的一个重要方面。企业需要认真分析市场,了解消费者的需求和趋势。通过调研市场,企业能够发现潜在的机会和存在的问题,从而明确定义需要创新的方向。例如,市场上可能存在某一类产品或服务的需求缺口,企业可以通过创新填补这一缺口,提供更符合市场需求的解决方案。

其二,竞争压力也是驱动创新的关键。在激烈的市场竞争中,企业需要不断寻找差异化的竞争优势。通过明确定义竞争对手的优势和自身的劣势,企业可以找到创新的切入点。例如,如果竞争对手在某一领域具有强大的技术实力,企业可以通过创新技术或与其他企业合作,以提升自身的竞争力。

其三，内部流程的问题也可能成为创新的驱动因素。企业内部可能存在效率低下、沟通不畅或资源浪费等问题，这些问题可能通过创新的方式进行解决。通过对内部流程的全面审视，企业能够找到优化和改进的空间，从而提高整体运营效率。

2. 信息搜集

信息搜集是创新过程中至关重要的一环，它为企业提供了在问题定义基础上更为具体和全面的知识基础。在这个阶段，企业需要积极主动地收集各种与问题相关的信息，以便更好地理解市场、把握技术动向和进行竞争分析。

第一，市场调研是信息搜集的重要组成部分。通过深入了解目标市场的特征、规模、消费者行为及竞争格局，企业能够获取关于市场需求和趋势的宝贵信息。市场调研有助于揭示潜在的商机和挑战，为企业制定创新策略提供依据。例如，通过调查用户的购物习惯和偏好，企业可以更准确地把握市场的需求，为创新提供有针对性的方向。

第二，技术研究也是信息搜集的重要方面。企业需要关注相关领域的最新技术进展，了解新兴技术的应用场景和潜在影响。技术研究有助于企业了解在特定领域中的创新机会，并为技术创新提供前瞻性的支持。例如，在电子商务领域，企业可以通过关注支付、物流、大数据等方面的最新技术动向，寻找创新的可能性。

第三，竞争分析也是信息搜集的重要环节。通过深入了解竞争对手的产品、市场份额、营销策略等信息，企业能够更好地定位自身在市场中的位置，并发现与竞争对手差异化的创新点。竞争分析有助于企业更全面地了解市场格局，为创新提供有力支持。

3. 构思创意

构思创意是创新过程中的关键步骤，它基于对问题的明确定义和充分的信息搜集，通过激发团队的创造力和创新思维，以寻找解决问题的新方法和新理念。

在这个阶段，团队可以运用多种创意生成技术，其中包括但不限于头脑风暴、设计思维等方式。头脑风暴是一种集思广益的方法，通过团队成员自由发表各种想法，鼓励大胆独特的观点，以迅速产生大量的概念。设计思维则强调以用户为中心，通过深入了解用户需求、挑战问题定义，并进行反复的原型设计和测试，推动创新。

在构思创意的过程中，团队可以跨足多个领域，尝试将不同的概念和元素进行组合，以发现新的、独特的解决方案。集体智慧和跨学科的思考，可以促进创意的多样性和创新性。团队成员的多样性在这一过程中发挥关键作用，因为不同的视角和经验能够为创意的生成提供更为丰富的资源。

此外，构思创意的过程也强调在不拘泥于传统思维框架的前提下进行创新。鼓励打破常规、挑战传统观念，以及引入跨行业的灵感和元素，这有助于培养创新思维的开放性和灵活性。

4. 实验和试错

在创新的过程中，实验和试错是至关重要的步骤，有助于验证创意的可行性、有效性及用户接受程度。这一阶段旨在通过小规模试点项目、原型测试或实际实验，对创意进行实质性的检验，并根据实验结果进行调整和优化。

一方面，小规模试点项目是实验和试错的一种常见方式。企业可以选择在有限的范围内推出创新产品、服务或流程，以观察市场反应和用户体验。通过在有限的环境中进行试点，企业可以及时获得反馈信息，发现问题并进行调整，从而降低在全面推广之前的潜在风险。

另一方面，原型测试是创新实验的另一形式。通过制作产品或服务的初步原型，企业可以在实际使用环境中测试其功能和性能。原型测试不仅可以帮助识别设计和执行中的问题，还有助于收集用户意见，为后续改进提供指导。

在试验和实验的过程中，企业还应该注重用户反馈的收集和分析。用户体验的重要性日益凸显，通过关注用户的需求、期望和反馈，企业可以更好地了解市场的真实情况，为创新的优化提供有力支持。

5. 推广和采纳

成功的创新不仅仅在于其在实验和试错阶段的表现，更需要在推广和采纳阶段取得成功。推广和采纳是创新过程的最终目标，涉及产品、流程或市场策略等方面的全面应用和市场普及。

首先，推广是指将创新推向更广泛的市场或组织范围。这可能包括新产品的正式上市，新流程的全面应用，或者新的市场推广活动的实施。在推广阶段，企业需要考虑如何有效地传播创新的价值和优势，吸引更多的用户或客户参与。

其次，采纳是指市场或组织对创新的广泛接受和应用。成功的创新应当在市场中获得足够的认可和支持，以实现其预期的商业价值。企业需要制定有效的采纳策略，包括市场定位、品牌建设、宣传推广等方面的工作，以促使目标用户或客户积极采纳创新。

在推广和采纳的过程中，企业还需要关注市场反馈和用户体验。及时获取用户的意见和建议，根据市场变化调整推广策略，这是保证创新成功的关键。此外，建立有效的沟通渠道，使得企业能够更好地了解市场需求和用户期望，有助于提高创新的市场适应性。

（三）创新的驱动因素

创新的驱动因素是影响企业创新行为的关键因素：

1. 技术发展

技术的迅猛发展是创新的重要推动力，对企业而言，密切关注新技术的涌现并灵活应用，成为保持竞争力和推动创新的关键因素。以下是技术发展对企业创新的影响和应对策略：

其一，新技术的涌现为企业创新提供了丰富的可能性。随着人工智能、物联网、区块链等技术的快速发展，企业可以通过将这些新技术整合到产品、服务和业务流程中，实现产品性能的提升、服务的个性化及业务模式的创新。企业需要建立灵活的技术整合机制，将最新的技术应用于实际业务中。

其二，技术的不断进步使得企业能够更加高效地进行研发和生产。自动化、智能化等技术的引入可以提高生产效率、降低成本，为企业提供更灵活的生产和供应链管理方式。企业需要主动采用先进的生产技术，以提高整体效能，确保产品和服务的及时交付。

其三，技术的创新也直接影响着产品的差异化。通过整合前沿技术，企业可以开发出更具创新性、竞争力的产品，满足市场对高品质、高性能产品的需求。因此，企业需要不断进行技术研发，保持在技术领域的领先地位，从而在市场竞争中脱颖而出。

其四，技术的发展也对企业的组织结构和管理方式提出了挑战。新技术的引入可能需要企业进行组织架构的调整，培养具备相关技能的人才，构建创新文化和激励机制。企业需要注重人才的培养，使其具备适应新技术的能力，提高组织的整体创新水平。

2. 市场需求

市场需求作为创新的源泉之一，对企业的发展至关重要。深入了解和把握市场需求，有助于企业更好地满足消费者的期望，推动产品和服务的创新。以下是市场需求对企业创新的影响和相应应对策略：

第一，了解市场需求是企业创新的基础。通过市场调研和分析，企业可以获取有关消费者偏好、行为习惯、未满足需求等方面的信息。这些信息为企业提供了创新的方向，帮助企业抓住市场机会，规范消费者的期望。

第二，市场需求的不断变化推动了企业不断进行产品和服务的更新。消费者对产品性能、外观设计、使用体验等方面的需求都在不断演进，企业需要保持灵活性，及时调整产品和服务的特性，以适应市场的动态变化。这也促使企业不断改进生产工艺和技术，提高产品的竞争力。

第三，市场需求的多样性要求企业在产品和服务设计上具备创新意识。不同消费者群体有不同的需求和喜好，因此，企业需要通过创新来提供更加个性化、差异化的产品和服务。这可能涉及定制化生产、个性化推荐系统等方面的创新。

与此同时，企业需要通过有效的市场沟通机制获取及时的反馈。消费者的反馈可以帮助企业了解市场对产品和服务的满意度，发现潜在的问题和改进空间。建立有效的反馈渠道，积极回应市场的反馈，是企业持续创新的关键。

3. 竞争压力

竞争压力是企业创新的重要动力，促使企业寻找新的方式来提升业务，保持或取得竞争优势。竞争的激烈程度推动企业不断追求更高效率、更低成本、更优质产品和服务，从而推动产业的进步和创新。以下是竞争压力对企业创新的影响和相应策略：

一方面，竞争压力激发了企业的创新意识。在竞争激烈的市场环境中，企业面临被其他竞争对手超越的风险，因此迫切需要寻找新的发展机会。这种紧迫感促使企业建立起创新意识，主动寻求提升竞争力的途径，包括产品创新、流程创新、市场创新等方面。

另一方面，竞争压力推动了企业加强技术研发和创新投入。为了在竞争中取得优势地位，企业需要不断引入新技术、新方法，提升产品和服务的水平。这可能涉及研发团队的建设、技术创新的投资及与科研机构的合作，确保企业能够在技术上保持领先地位。

最后，竞争压力鼓励企业不断优化运营和管理流程。通过提高效率、降低成本，企业可以在竞争中获得更大的灵活性和竞争优势。这可能包括引入先进的生产技术、采用智能化的管理系统、优化供应链等方面的创新。

在竞争中脱颖而出还需要企业具备市场洞察力和灵活应变能力。对市场变化的及时捕捉和灵活调整战略，是企业成功应对竞争压力的关键。这可能涉及市场调研、消费者洞察、战略调整等方面的创新。

4. 法规变化

法规的变化是企业创新的重要驱动因素，尤其在合规性和社会责任方面，法规的调整可能激发企业采取新的商业模式或经营方式。以下是法规变化对企业创新的影响和相关策略：

第一，法规的变化可能为企业创造新的商机。随着社会对环保、安全、隐私等方面法规的日益严格，企业需要根据法规的要求进行调整，这可能促使一些企业开发符合法规标准的新产品或服务。例如，环保法规的升级可能推动企业开发更环保的生产工艺或产品，满足消费者对环保的需求。

第二，法规变化可能要求企业改变其原有的经营方式。对一些行业而言，法规的调整可能涉及商业模式的调整，包括市场准入要求、数据隐私规定等。企业需要对法规的变化进行及时的监测和评估，以确保其经营活动合规，同时也要寻找在新法规框架下的创新机会。

第三，法规的变化可能促使企业加强社会责任和可持续发展方面的创新。随着社会对企业的期望不断提升，法规可能越来越强调企业的社会责任。企业需要通过创新实践，推动社会责任的履行，包括建立可持续发展的业务模式、推动绿色供应链等方面。

在法规变化的背景下，企业需要建立灵活的管理机制，不仅能够适应法规的调整，还能够把握其中的创新机遇。同时，企业需要加强与政府、行业协会等相关方的沟通与合作，参与法规制定的过程，以更好地了解法规的发展趋势，预判可能的影响，并及时做好准备。

二、将创新理论应用于电子商务的挑战

将传统创新理论应用于电子商务面临一些挑战。电子商务的特殊性导致了创

新要考虑数字化技术、在线平台、大数据等因素。挑战包括：

（一）技术的快速变革

1.技术驱动的竞争压力

技术驱动的竞争压力是电子商务领域面临的重要挑战之一。随着新兴技术如人工智能、物联网等的崛起，电子商务行业不断迎来技术的快速变革，这对企业提出了迫切的要求，需要他们及时了解并应对新技术的发展趋势，以维持竞争力。

在这个快速变革的环境中，企业必须保持敏感性，紧密关注最新的科技进展。人工智能的应用、物联网技术的整合等都对电子商务行业产生深远的影响。人工智能技术的普及，例如智能推荐系统、语音搜索等，极大地提升了用户体验，同时也改变了消费者的购物行为。物联网技术的广泛应用使得供应链管理更加智能化，实现了更高效的物流和库存管理。

为了应对技术的快速更新，企业需要具备灵活性和创新能力。这涉及组织内部的机制调整，包括敏捷开发团队的建设、创新文化的培养等。企业需要建立与新技术对接的机制，通过技术创新来优化业务流程，提升效率。

另外，随着技术的不断演进，企业还需要注重人才培养。拥有一支具备前瞻性思维和跨学科技能的团队，能够理解和应用新技术，这是保持竞争力的重要因素之一。培养员工的技术敏感性，提升其适应新技术的能力，将有助于企业更好地迎接技术驱动的竞争压力。

在这个技术迭代飞速的时代，电子商务企业需要不断优化自身的技术基础设施，积极拥抱新技术，不仅提升业务的核心竞争力，更为用户提供创新性的、智能化的服务。通过对技术的灵活运用和创新实践，电子商务行业能够更好地适应市场的变化，实现可持续发展。

2.技术融合与整合挑战

电子商务的创新在面对不同技术的融合和整合时，面临着复杂的挑战。如何将人工智能、大数据分析、区块链等多种技术有机结合，形成更具竞争力和创新性的解决方案，成为企业在创新过程中需要深思熟虑的关键问题。

第一，人工智能（AI）技术的广泛应用在电子商务中涉及智能推荐、自然语言处理、图像识别等方面。将这些 AI 技术与其他技术有机融合，以提升用户体验和个性化服务，需要企业深入理解不同技术之间的相互关系，从而高效整合这些技术，使其共同发挥作用。

第二，大数据分析在电子商务中的应用已经成为业务决策的重要支持。然而，将大数据分析与其他技术整合，例如与人工智能结合实现更准确的数据分析和预测，面临着数据格式、标准及技术协同的挑战。企业需要建立强大的数据管理体系，确保各类数据能够无缝衔接，形成全面的业务洞察。

第三，区块链技术的引入为电子商务提供了更高水平的信息安全和可信度。然而，将区块链与其他技术有机整合，例如与大数据结合实现更可追溯的供应链管理，需要克服区块链系统的复杂性、性能问题及与现有系统的集成等方面的困难。

在面对技术融合与整合的挑战时，企业需要建立跨部门的协作机制。这包括强化不同技术团队之间的沟通与合作，确保技术整合的时效性和有效性。同时，企业需要注重人才培养，培养具备多领域知识的专业人才，激发团队的创新潜力，更好地应对技术融合带来的挑战。

3.面对数字化转型的挑战

数字化技术的迅速演进对电子商务企业提出了进行数字化转型的迫切要求。这一转型不仅包括了供应链数字化、智能物流应用、移动支付等方面的创新，更需要企业对现有的业务流程进行全面重新设计，以适应数字时代的潮流。然而，数字化转型也伴随着一系列组织文化变革和员工培训等挑战。

其一，数字化转型要求企业重新审视并重新设计其供应链。传统的供应链往往面临信息传递不畅、反应速度慢的问题，而数字化供应链的建立可以通过实时数据的共享和分析，提高供应链的透明度和灵活性。然而，要实现这一目标，企业需要投资于先进的信息技术基础设施，并确保各个环节的数字化系统能够高效协同工作。

其二，智能物流的应用是数字化转型中的另一个重要方面。通过物联网技术、大数据分析等手段，企业可以实现对物流链路的实时监控和优化，提高物流效率和降低成本。然而，这涉及传感器设备的部署、数据隐私与安全等问题，需要企业在技术和法律合规方面进行深入考虑。

移动支付作为数字化转型的关键环节，改变了传统的支付模式，提供了更加便捷和高效的支付体验。然而，企业在推动移动支付的同时，也需要应对支付安全、用户隐私保护等问题，确保数字支付系统的稳定性和安全性。

在数字化转型的过程中，企业还需面对组织文化的变革。传统的组织文化可能不适应数字时代的需求，因此需要建立开放、创新、灵活的文化氛围。领导层的理念和行为对文化变革起到关键作用，需要引领整个团队适应新的数字化工作方式。

其三，员工培训也是数字化转型中的一项重要任务。新的数字化工具和系统的引入需要员工具备相应的技能和知识。企业需要制订有效的培训计划，确保员工能够熟练使用新的数字化工具，并理解其在业务中的应用。

（二）用户体验和界面设计

1. 个性化体验的需求

在电子商务创新中，用户体验的重要性不可忽视，而个性化的用户体验设计已成为吸引和保留用户的关键。然而，如何深刻理解和满足不同用户群体的个性化需求，是一个需要深入研究和不断创新的问题。

第一，个性化体验的需求源于消费者对个性化定制的日益增长的期望。现代消费者更加注重个性化和定制化的产品和服务，他们期望通过电子商务平台获得与众不同的购物体验。这种需求反映了对个体差异的认可，用户渴望在购物过程中感受到对其个体特征和偏好的尊重。

第二，大数据和人工智能等先进技术的发展为个性化体验提供了强大的支持。通过分析用户的历史行为、偏好和反馈，电子商务平台可以生成个性化的推荐、定价策略和营销活动，从而更好地满足用户的个性化需求。这使得个性化不再仅仅是一种理念，更是可以通过技术手段实现的切实可能。

个性化体验的需求在电子商务创新中占据重要地位。企业需要通过先进技术的运用、对用户需求的深刻理解及不断创新的设计来实现个性化体验，以提升用户满意度，促进业务的可持续发展。

2. 多渠道的用户互动

随着移动互联网的不断发展，用户在进行互动时涉足多种渠道，包括电商平台、社交媒体、移动应用等。在这样多元化的用户互动环境中，创新的界面设计成为关键，需要综合考虑如何实现在不同渠道间的一致性，并确保在多渠道中提供流畅的用户体验。

首先，实现多渠道一致性是创新界面设计的核心挑战之一。用户可能通过不同的渠道与同一品牌或服务进行互动，因此，设计师需要确保用户在不同渠道间能够获得一致的品牌形象、信息呈现和操作逻辑。这涉及对品牌识别、用户界面元素、交互设计等方面的统一规划，以建立用户对品牌的整体一致感受。

其次，提供流畅的用户体验需要考虑用户在多渠道切换时的无缝过渡。用户可能在电商平台中浏览产品，然后通过社交媒体分享购物心得，最后使用移动应用完成支付。在这一过程中，设计需要注重用户体验的连贯性，使用户在不同渠道之间能够顺畅切换，不感到信息断裂或操作混乱。

多渠道用户互动的设计还要考虑不同渠道的特点和用户习惯。例如，电商平台可能更注重商品展示和购物流程，社交媒体则强调社交互动和信息传递，而移动应用可能侧重于简洁高效的操作体验。因此，创新的界面设计需要灵活适应不同渠道的特点，满足用户在各种环境下的期望和需求。

再次，技术的支持也是实现多渠道用户互动设计的重要因素。跨渠道的信息同步、数据传递和用户状态保持都需要先进的技术手段来支持，以确保用户在多渠道间的平滑切换和一致性体验。

3. 新兴设备和交互方式

新兴设备的普及，如虚拟现实（VR）、增强现实（AR）等，以及新的交互方式，如语音识别、手势控制等，对用户体验和界面设计提出了全新的挑战。创新在这一背景下需要深刻关注这些新技术的整合，以提供更先进、更便捷的用户体验。

其一，虚拟现实和增强现实等新兴设备为用户带来了沉浸式的体验，这要求界面设计能够更好地适应用户在虚拟环境中的交互需求。设计师需要思考如何利用这些设备的特性，创造更具吸引力和参与感的用户体验。例如，在虚拟商店中，用户可以通过虚拟现实技术亲临商店，进行更为直观的商品浏览和购物体验。

其二，新的交互方式，尤其是语音识别和手势控制，改变了用户与设备之间的交互模式。创新的界面设计需要更加注重对这些交互方式的支持，使用户能够更自然、更高效地与系统进行沟通。例如，通过语音识别技术，用户可以通过语音指令完成购物、查询等操作，而手势控制则为用户提供了更直观的界面操控方式。

新兴设备和交互方式的普及还提出了设备兼容性和用户适应性的问题。创新的界面设计需要考虑不同设备和交互方式的差异，以确保在各种场景下都能够提供一致和良好的用户体验。同时，设计应当关注用户适应性，使得用户能够轻松地适应新的设备和交互方式，提高用户的满意度和使用体验。

其三，创新的界面设计要迎合未来技术的发展趋势，随着新兴设备和交互方式的不断涌现，设计师需要保持敏锐的观察力，及时融入新技术，确保用户始终能够体验到最先进的界面设计。

（三）数据隐私和安全

1. 安全性挑战

电子商务的发展带来了大量用户个人信息的收集和处理，然而，这也使得数据隐私和安全问题成为创新过程中需要高度关注的重要方面。用户信息的安全挑战涉及多个层面，包括技术、法规合规和企业内部管理等，需要企业在创新中采取综合性的措施以确保用户信息的安全性。

首先，技术层面是保障用户信息安全的重要方面。在电子商务中，加密技术、安全传输协议等被广泛应用以防止用户信息在传输过程中被恶意攻击者窃取。创新的技术手段，如先进的身份验证、访问控制等，能够提高用户信息的安全水平。同时，不断更新和升级系统，修补潜在的漏洞，对于防范技术层面的风险至关重要。

其次，法规合规是确保用户信息安全的基石。电子商务平台需要遵循相关的数据隐私法规和法律法规，制定并实施隐私政策，明确用户信息的收集、存储、处理和共享方式。创新过程中，企业应当将合规性融入产品设计和服务提供中，以保护用户的合法权益。

再次，企业内部管理也是关键的一环。员工的安全意识培训、权限管理、信息访问追踪等内部控制措施，有助于减少内部人员对用户信息的滥用和泄露。创新需要伴随着对内部管理的不断完善，确保员工对于用户信息安全的责任意识和执行力。

在创新过程中，企业还应该考虑建立健全的数据保护机制。这包括定期的安全审计、数据备份与恢复计划、紧急事件响应等，以应对可能发生的用户信息安全事件。创新不仅仅是产品和服务的创新，也包括安全机制的不断创新与提升。

2. 防范网络攻击和数据泄露

随着电商平台规模的扩大，网络安全问题变得愈发突出，而在创新的过程中，企业必须面对网络攻击和数据泄露等风险。为了有效应对这些威胁，电子商务企业需要采取一系列措施，从技术、管理和法规等多个层面加强防范措施，确保创新活动的安全进行。

首先,技术层面的应对措施至关重要。电商平台应该加强防火墙的建设,通过对网络流量的监控和过滤,防止未经授权的访问。同时,采用先进的加密算法,对用户数据和敏感信息进行有效保护,降低数据泄露的风险。安全漏洞扫描和定期的安全审计也是技术层面的必备手段,以及时发现并修复潜在的风险点。

其次,建立完备的网络安全体系是保障创新安全的重要举措。这包括设立专门的网络安全团队,负责监测和应对潜在威胁,及时进行事件响应。企业应该建立起全员参与的安全意识,培训员工对于网络攻击和数据泄露的防范知识,降低人为因素导致的安全风险。此外,实施访问控制和身份认证机制,限制和监控用户的访问权限,从源头上防范潜在的风险。

在管理层面,电商企业应该建立健全的安全政策和流程。明确责任人,规范安全管理流程,制定应急预案,提高处理紧急情况的反应速度。定期进行安全演练,提升应对紧急情况的协同能力。与此同时,建立合规性审查机制,确保企业的网络安全措施符合相关法规和标准。

再次,法规合规也是保障创新安全的不可忽视的一环。企业需要了解并遵循相关的数据隐私法规,确保用户信息的合法、合规处理。同时,积极参与业界的网络安全标准制定和推广,共同维护整个电子商务生态系统的安全。

3.合规性挑战

电子商务作为全球性的商业活动,面临着不同地区、国家甚至洲际之间数据保护法规的多样性。在创新的过程中,企业必须审慎考虑全球合规性的问题,以确保其业务活动符合各地法规的要求,避免由于法规问题而引发的潜在风险。

第一,了解并遵守各地的数据保护法规是保障全球合规性的基础。不同国家和地区对于个人数据的收集、处理和存储都有各自的法规和标准。企业需要建立一支专业的法务团队,密切关注各地法规的变化,及时调整业务流程,确保与法规的一致性。例如,欧洲的《通用数据保护条例》(GDPR)对于欧盟内的数据处理提出了严格的规定,企业需要遵循其规定以保障用户数据的合法性和安全性。

第二,制定和执行全球性的数据管理政策是确保合规性的重要手段。企业需要明确数据的收集、存储、处理和删除等各个环节的规范,并在全球范围内推行一致的标准。通过建立全球性的数据管理框架,企业可以更好地应对各地法规的变化，降低在全球范围内运营所面临的合规性风险。

第三，积极参与国际标准的制定和推广也是确保全球合规性的一种途径。在国际标准化组织（ISO）等机构制定的标准中，往往包含了全球性的数据保护原则，企业可以通过积极参与标准的制定，推动业界朝着更加合规的方向发展。这有助于企业更好地适应全球范围内的法规环境，为合规性管理提供指导。

第四，建立健全的法律合规团队和合作伙伴网络是全球合规性的保障。法律专业人才的参与，可以提供对于不同法规的深刻理解和指导。同时，与专业的法务顾问、合规性咨询公司等建立紧密的合作关系，获取及时的法规更新和法务建议，对企业在全球范围内的法规遵循提供全方位的支持。

第二节 电子商务创新框架

一、构建适用于电子商务的创新框架

为了应对电子商务创新的复杂性，我们需要构建适用的创新框架。如图 3-1，这一框架应包含以下关键元素：

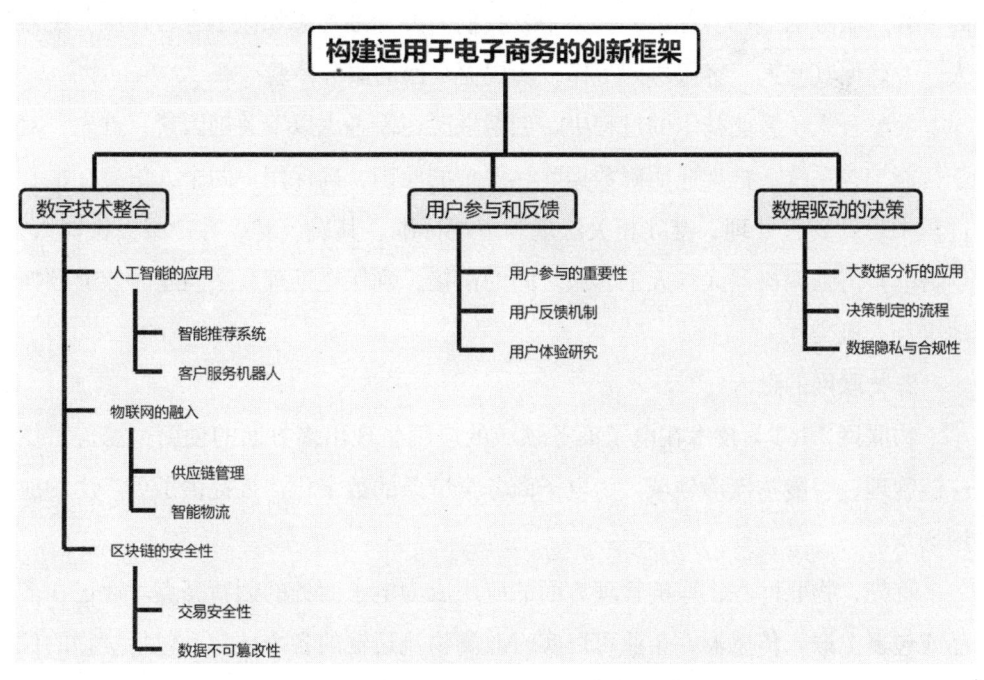

图 3-1 构建适用于电子商务的创新框架图

（一）数字技术整合

电子商务的独特性质要求创新框架充分考虑数字技术的整合，以适应行业的数字化转型。在这一方面，人工智能、物联网、区块链等先进技术将成为创新的关键驱动因素。

1.人工智能的应用

在电子商务领域，人工智能（AI）的广泛应用已成为推动创新的重要因素，尤其体现在智能推荐系统和客户服务机器人等方面。这一趋势对于提升用户体验和业务效率具有显著的影响。

首先，智能推荐系统作为人工智能的重要应用，通过分析用户的历史行为、偏好和购买记录，能够为用户提供个性化、精准的商品推荐。这不仅有助于提高用户满意度，还能够促进销售量的增长。创新框架中需要明确定义智能推荐系统的角色，强调其在电子商务中的战略地位。

其次，客户服务机器人是另一个人工智能在电子商务中的突出应用。机器人可以用于处理客户咨询、解答常见问题，甚至完成简单的购物流程。通过自然语言处理和机器学习技术，客户服务机器人能够提供即时、准确的服务，极大地提高了客户服务的效率。在创新框架中，我们需要详细考虑如何整合客户服务机器人，并确保其与人工客服协同工作，实现更全面的服务体验。

在整合人工智能技术的过程中，创新框架还需考虑以下关键因素。首先，对于智能推荐系统，框架应明确数据隐私保护的原则，确保用户的个人信息在推荐过程中得到妥善处理，遵守相关法规和道德标准。其次，对于客户服务机器人，创新框架需强调机器人与人工客服之间的衔接，确保在处理复杂问题时能够顺畅地进行人机交互。

2.物联网的融入

物联网（IoT）技术在电子商务领域的应用呈现出多方面的创新，涵盖了供应链管理、智能物流等领域，为电子商务全链条的数字化连接提供了更广泛的应用场景。

首先，物联网在供应链管理方面的应用成为电子商务的创新亮点。通过在产品或包裹上嵌入传感器，企业可以实时监测物流运输的各个环节，包括货物的位置、温湿度等环境信息。这种实时数据的获取有助于提高供应链的可见性，降低库存成本,优化物流运营效率。在创新框架中,我们应明确物联网在供应链管理中的角色,强调其对于电子商务供应链的数字化转型的推动作用。

其次,物联网技术为电子商务注入了智能物流的元素。通过物联网传感器与智能设备的协同工作,企业可以实现对仓库、运输工具等物流环节的实时监测与控制。这不仅提高了物流的运营效率,还能够更好地应对市场的波动和客户的需求变化。在创新框架中,我们需要详细考虑如何整合智能物流技术,以实现电子商务物流环节的数字化和智能化。

在整合物联网技术的过程中,创新框架还需考虑以下关键因素。首先,数据安全和隐私保护是使用物联网技术时必须重视的问题,框架应设立明确的数据安全标准和隐私保护机制。其次,物联网设备的互通性和标准化也是关键因素,确保不同设备能够协同工作,形成一个统一的数字化连接体系。

3.区块链的安全性

区块链技术以其去中心化、分布式账本和加密算法等特性,在保障交易安全性和数据不可篡改性方面具有独特的优势,成为电子商务平台提升数据安全水平的有力工具。

第一,区块链的去中心化特性有助于消除单点故障,提高了电子商务平台整体的安全性。传统的中心化数据库容易成为攻击目标,一旦遭受攻击,可能导致大量用户信息泄露。而区块链将数据分布在多个节点上,通过共识算法保证每个节点的一致性,有效防范了单点故障的风险。

第二,区块链的分布式账本机制确保了交易数据的透明性和不可篡改性。每一笔交易都被记录在区块中,并与前一区块通过哈希函数相连接,形成链式结构。这种连接机制使得任何一笔交易的篡改都会牵扯到整个链,因此要修改一个区块中的信息,需要同时修改后续所有区块,这在技术上几乎是不可行的,从而确保了数据的完整性和不可篡改性。

在创新框架中,应强调区块链技术在电子商务中的战略地位。框架需要明确区块链的应用范围,包括但不限于用户身份认证、交易信息记录等方面。此外,框架还需要考虑如何与现有系统集成,以实现平滑的过渡。重要的是,框架需要关注区块链的性能、可扩展性等方面的挑战,以确保在保障安全性的同时,不影响电子商务平台的正常运营。

（二）用户参与和反馈

1.用户参与的重要性

电子商务创新框架的核心应当以用户为中心，强调用户参与的重要性。用户参与不仅仅是理解用户需求，更包括在整个创新过程中积极参与和提供反馈。这一用户中心的设计理念将深刻影响电子商务平台的创新策略和实践。

其一，用户需求的理解是电子商务创新框架的基石。通过深入了解用户的行为、喜好、偏好和期望，企业能够更准确地把握市场需求，有针对性地进行创新。这可能包括用户调研、数据分析、用户体验测试等手段，以确保创新方向与用户期望相一致。

其二，用户在创新过程中的参与是促使创新成功的关键环节。引入用户参与，可以借助各种方法，如用户体验研究、用户访谈、焦点小组讨论等，主动收集用户的想法和建议。这种开放性的合作模式有助于发现潜在问题、挖掘新的创新点，并提高最终产品或服务的接受度。

其三，用户反馈是一个不可忽视的环节。通过持续获取用户对新功能、新体验的反馈，企业可以及时调整创新方向，修正可能存在的问题，确保产品或服务在上线后能够得到用户的认可。这可以通过建立反馈渠道、监测用户行为数据等方式实现。

在创新框架中，用户参与的具体方式和程度需要根据具体业务和创新目标进行灵活设计。框架应该强调用户在创新中的角色，同时提供相应的工具和平台，使用户参与变得便捷和愉悦。关注用户心理、行为和文化差异，将用户参与纳入创新流程的各个环节，将有助于形成更加符合实际需求的创新成果。

2.用户反馈机制

在电子商务的创新框架中，建立有效的用户反馈机制至关重要。这一机制不仅可以帮助企业更好地了解用户的实际需求和体验，还能够为创新方案的调整和优化提供有力支持。

其一，用户反馈机制应该具备及时性。及时获取用户的反馈意见，有助于企业在创新过程中迅速发现和解决问题。通过设立多样化的反馈渠道，如在线调查问卷、用户反馈表单、客户服务热线等，用户能够方便地提出意见和建议。同时，利用实时数据分析工具，对用户行为和反馈进行即时监测，帮助企业迅速捕捉用户的需求变化和不满意点。

其二，用户反馈机制需要具备全面性。涉及不同用户群体和使用场景，企业应该建立全面的反馈机制，确保获取的信息具有代表性。通过多元化的反馈形式，例如定期举办用户反馈会议、组织用户体验测试等，企业可以深入了解用户的多样化需求，为创新提供更为全面的参考依据。

其三，用户反馈机制还应注重可操作性。为了提高用户参与度，企业可以采用激励措施，如提供折扣券、积分奖励等，鼓励用户积极参与反馈过程。此外，通过建立友好的用户反馈平台，简化用户填写反馈的步骤，降低用户参与的门槛，使更多用户愿意分享他们的真实感受和建议。

其四，用户反馈机制需要具备闭环性。企业在收集用户反馈的同时，应建立反馈信息的处理和跟踪机制，及时回应用户提出的问题和建议。通过反馈的闭环，企业能够向用户传递关心和重视，增强用户的满意度和忠诚度。

3. 用户体验研究

在电子商务的创新框架中，系统性的用户体验研究是至关重要的一环。这一过程旨在深入了解用户在电子商务平台上的行为、习惯和喜好，通过科学的研究方法提炼用户体验的关键因素，为创新提供有力的指导。

第一，用户体验研究需要关注用户行为。通过对用户在电子商务平台上的实际操作进行观察和记录，企业可以获得关于用户浏览、搜索、购物和支付等方面的详细信息。这有助于理解用户在整个购物过程中的行为路径，从而发现可能存在的问题和改进的空间。

第二，用户体验研究应该深入挖掘用户习惯。通过对用户的购物历史、偏好和收藏等数据的分析，企业可以洞察用户的习惯和个性化需求。了解用户的习惯有助于为其提供更个性化的推荐服务，提高用户满意度和忠诚度。

第三，用户体验研究需要考察用户的喜好。通过用户调查、焦点小组讨论等方式，企业获取用户对于电子商务平台设计、功能、产品和服务的意见和建议。深入了解用户的喜好可以帮助企业更好地满足用户的期望，推动创新方案的优化和升级。

在进行用户体验研究时，科学的研究方法和工具至关重要。企业可以运用定量研究和定性研究相结合的方式，采用用户行为分析工具、问卷调查、用户访谈等手段，综合运用统计学和用户心理学的知识，以确保研究结果的科学性和可靠性。

第四，用户体验研究的成果将为电子商务创新提供有力的指导。通过深入了解用户的需求、行为和反馈，企业可以更加精准地调整创新策略，提升电子商务平台的用户体验，推动企业在市场中的竞争优势。

（三）数据驱动的决策

1. 大数据分析的应用

在创新框架中，大数据分析的应用是至关重要的，因为它在决策制定中扮演着核心的角色。大数据分析通过处理和解释庞大、复杂的数据集，为企业提供了深入的用户洞察、市场趋势和业务运营方面的信息，从而在决策制定中发挥关键作用。

首先，大数据分析对用户行为进行深入理解。通过对海量用户数据的分析，企业可以追踪用户在电子商务平台上的各种行为，包括浏览商品、搜索关键词、购物车行为及最终的购买决策。这些行为数据的深入分析可以揭示用户的偏好、需求和购物习惯，为企业提供定制化的产品和服务建议。

其次，大数据分析有助于揭示市场趋势。通过监测和分析市场中的大数据，企业可以了解到产品需求的变化、竞争对手的动态、价格波动等信息。这有助于企业更加敏锐地把握市场脉搏，及时调整战略，保持竞争力。

大数据分析还在决策制定中提供了科学支持。通过建立数据驱动的决策模型，企业可以更加客观地评估各种决策方案的风险和回报。这种模型的建立基于对历史数据的深入分析，通过算法和模型的运用，为企业提供了更准确的决策参考。

再次，大数据分析的应用将企业从以往基于经验和直觉的决策模式中解放出来，使决策更加科学、准确和可靠。通过对数据的深入挖掘，企业能够在竞争激烈的电子商务领域中更好地应对变化，推动创新发展。

2. 决策制定的流程

在创新框架中，数据驱动决策的流程是确保企业能够充分利用数据为决策提供全面、准确支持的关键环节。以下是该流程的主要步骤：

第一，数据收集是整个数据驱动决策流程的起点。企业需要采集各种来源的数据，包括用户行为数据、市场数据、竞争对手数据等。这些数据可以通过内部系统、外部数据提供商、社交媒体等渠道获取。在收集数据时，确保数据的准确性和完整性是至关重要的，因为基于不准确或不完整的数据做出的决策可能导致错误的结果。

第二，数据清洗是为了确保数据的质量和一致性。清洗包括去除重复数据、填补缺失值、解决异常值等处理，以确保数据集是可信的、可用的。清洗的过程需要借助数据清洗工具和算法，以提高数据的质量，为后续分析和建模提供可靠的基础。

接下来是数据分析，通过对收集到的数据进行统计和分析，发现其中的规律和趋势。数据分析阶段使用各种分析方法，例如描述性统计、数据可视化、相关性分析等，以深入了解数据的内在关系。这为企业提供了对用户行为、市场动态等方面的深刻理解，为后续决策制定提供了有效的信息支持。

在数据分析的基础上，建模成为关键的一步。建模通过使用统计学和机器学习等方法，将数据转化为可供理解和使用的模型。建模过程中，企业可以采用各种算法，例如回归分析、聚类分析、决策树等，以预测未来趋势或识别潜在模式。建模的结果将为企业提供更深入的洞察，并为制定决策提供量化的支持。

第三，基于数据分析和建模的结果，制定决策是整个流程的最终目标。决策制定需要结合业务目标、市场环境、竞争状况等因素，综合考虑各种因素的影响。此时，企业可以借助决策支持系统、专业团队的意见等，确保决策的科学性和合理性。

3.数据隐私与合规性

在创新框架中，考虑用户隐私和数据合规性是至关重要的，特别是在大数据分析的过程中。创新框架应该设立明确的数据使用和保护原则，以确保企业在充分利用数据的同时，能够有效保障用户的隐私权和遵守相关法规。

第一，创新框架需要建立严格的数据隐私保护原则。这包括规定在何种情况下可以收集用户数据，收集的数据范围是什么，以及如何使用和存储这些数据。企业需要透明地向用户说明数据收集的目的，并在明示同意的情况下进行数据采集，以确保用户的知情权和选择权。

第二，创新框架应该强调数据的匿名化和脱敏处理。采用有效的数据处理技术，如去标识化、脱敏等手段，可以在一定程度上降低用户数据的敏感性，从而减少潜在的隐私风险。这同时需要企业确保在数据处理过程中，不会破坏数据的有效性和应用性。

第三，创新框架需要设定明确的数据保留期限，并规定在何种情况下需要销毁或匿名化已收集的数据。合理的数据保留和处理周期有助于减少潜在的风险，并确保企业在数据管理方面符合法规要求。

在大数据分析的过程中，创新框架需要强调数据的最小化原则，即仅收集和使用必要的数据。这有助于降低数据泄露和滥用的潜在风险，同时减轻企业合规性方面的负担。

第四，创新框架应该明确企业的法规遵从责任。企业需要不断关注并遵守相关的数据隐私和合规法规，以确保创新过程中的所有数据处理活动都符合法规要求。这可能涉及与各地区不同的数据保护法规相适应的流程和措施。

二、以实例说明创新框架的应用

通过实际案例说明电子商务创新框架的应用，我们可以更好地理解框架的实际效用。

（一）案例一：数字化营销策略

一家电子商务公司利用人工智能技术对用户行为进行分析，制定个性化的营销策略，提高了用户点击率和转化率。

1. 客户的市场细分

在电子商务公司的数字化营销策略中，客户的市场细分被视为一项首要且至关重要的步骤。随着数字化市场的迅速发展，消费者对个性化体验的追求日益增加，这使得对客户进行更为精细化的市场细分成为一项不可或缺的任务。为了更好地满足消费者的个性化需求，营销人员采用了先进的人工智能技术对用户行为进行深度分析。

通过人工智能技术，营销人员得以将广大的客户群体细分为不同的类型和细分市场，超越传统的简单时间点聚合。这种微观市场细分方法具有独特的优势，能够更加准确地预测客户未来的行为趋势。相较于传统的市场细分方法，这一数字化的手段使得企业能够更深入地理解客户的个性化需求，为其提供更为精准的产品和服务。

数字化市场细分不再仅仅是对整体市场的划分，而是通过人工智能的技术手段，将每个客户个体的消费行为和喜好纳入考量，实现了市场细分的个性化和定制化。这种个性化的市场细分不仅为企业提供了更准确的客户画像，也为定向营销、精细化服务提供了有力支持。

通过对客户进行精细化的市场细分，电子商务公司能够更好地了解不同细分市场的消费者群体，把握市场的微妙变化。这种细分不仅限于静态的市场分析，更强调动态的、个性化的市场理解。随着人工智能技术的应用，市场细分的精准度和实时性得到了显著提升，使得企业能够更加灵活地应对市场的变化。

2. 提升准确性

人工智能技术的应用为数字化营销提供了卓越的准确性和深度洞察，彻底改变了过去由于缺乏高质量数据而面临的分析难题。这一革新使得营销人员能够更深入地了解目标受众，为其提供了有效的工具以优化营销活动。在数字化时代，高质量数据分析成为精准营销的关键。

过去，由于可用的数据主要受限于人口统计学等有限的信息来源，缺乏高质量数据的时代使得营销决策常常依赖于经验和猜测。然而，随着人工智能数据分析时代的来临，企业现在能够充分利用大规模数据集，通过先进的算法深入挖掘有关客户行为的宝贵信息。

人工智能技术通过分析大量客户行为模式，致力于实现最为准确的预测分析。这种准确性不仅体现在对当前市场趋势的敏感捕捉，更包括对未来客户行为的精准预测。通过对数据的深度挖掘，人工智能技术能够捕捉到隐藏在大数据背后的规律和趋势，为营销人员提供了更为精准和全面的客户洞察。

准确性的提升使得数字化营销活动能够更精细地定位目标受众，量身定制个性化的营销策略。营销人员可以借助人工智能的高度准确的数据预测，更有效地预测和理解消费者的需求和偏好。这种对客户需求的更深刻理解，使得企业能够在市场中更有针对性地推出产品和服务，提高满意度和忠诚度。

3. 简化营销工作

人工智能驱动的技术在数字化营销中发挥着日益重要的作用，特别是在简化营销工作方面。这一技术的应用，尤其是深度学习算法的引入，不仅改变了传统营销的方式，也为营销人员提供了更多的高质量数据，从而彻底改善了整个营销工作流程。

深度学习算法是人工智能领域中一种能够模仿人脑神经网络活动的技术。通过大规模、高质量的数据集进行反复试验，这些算法能够从中学习并不断优化模型。这种能够模仿人类大脑学习和处理信息的方式，使得营销人员能够更快速、更深入地理解、预测和分析市场和客户行为。

传统的营销工作往往依赖于经验和直觉，而深度学习的引入使得营销人员能够基于数据驱动的方式进行决策。这种方式的优势在于，它不受主观意见和经验局限，而是能够准确捕捉大量数据中的潜在规律，为决策提供更为科学的支持。

通过深度学习等人工智能技术，营销人员能够更迅速地理解市场趋势、预测客户需求、分析竞争对手的动向，并根据这些信息制定更为智能和精准的营销策略。这种技术的应用不仅提高了决策效率，还降低了人为因素的干扰，使得营销活动更趋向于科学化和智能化。

4. 改善客户互动

改善客户互动工作是满足个性化服务需求的关键，而人工智能聊天机器人的引入为品牌提供了一种有效的解决方案。这一技术的应用使得品牌能够以廉价、高效和一致的态度与客户进行互动，从而满足了现代消费者对个性化服务的日益增长的需求。以下是关于如何改善客户互动工作的重要方面：

首先，个性化服务的关键在于了解客户的需求和喜好。通过人工智能聊天机器人，品牌能够收集并分析大量的客户数据，从而深入了解客户的购物习惯、偏好和需求。这种深入的洞察力使得品牌能够为每位客户提供定制化的互动体验，增强了客户与品牌之间的连接。

其次，人工智能聊天机器人的全天候工作能力为客户提供了即时的问题解决和支持服务。不受时间和地点的限制，这些人工智能聊天机器人能够在客户需要的时候随时提供帮助，提升了客户服务的便利性和效率。客户在购物过程中遇到问题时，能够迅速得到解答和支持，增加了他们的满意度和忠诚度。

再次，人工智能聊天机器人通过模拟人类对话，能够更自然而亲切地与客户进行交流。这种互动方式使得客户感到更受关注和理解，从而建立了更加牢固的关系。人工智能聊天机器人能够适应不同客户的语言和口吻，使得互动更具个性化，进一步提高了客户的满意度。

最后，通过人工智能聊天机器人，品牌还能够积累更多有关客户偏好和市场趋势的数据。这些数据有助于品牌更好地了解市场动态，调整产品和服务策略，从而更好地满足客户的需求。

通过这一数字化营销策略的案例分析，我们可以看到人工智能技术在客户市场细分、准确性、简化营销工作和改善客户互动等方面的应用，为电子商务公司带来了显著的业绩提升和竞争优势。这证实了数字化时代营销的重要性，也凸显了人工智能在营销领域的巨大潜力。

（二）案例二：区块链在供应链管理中的应用

一家电商平台引入区块链技术优化供应链管理，实现了供应链信息的实时透明和防篡改，提高了供应链效率和可信度。

1. 区块链技术在电商供应链管理中的应用

（1）供应链实时透明度的提升

电商平台引入区块链技术的一个重要方面是提升供应链的实时透明度。传统的供应链管理中，信息流通受到时间和空间的限制，导致供应链的可视性较低。通过区块链的去中心化和分布式账本特性，供应链的各个环节的数据可以实时被记录和共享，这使得整个供应链的状态一目了然。每一笔交易、物流动向、库存变化都被记录在区块链上，参与方可以随时获取最新的供应链信息。这种实时透明度不仅帮助企业迅速发现问题和瓶颈，也提高了对整个供应链的管控能力，从而更灵活地应对市场变化和客户需求的波动。

（2）防篡改性的保障

区块链技术的不可篡改性是在供应链管理中尤为重要的优势之一。由于区块链每一个区块都包含前一个区块的哈希值，一旦数据被写入区块链，就很难篡改之前的信息。在电商供应链中，这意味着从生产商到最终消费者的每一个环节都能够确保数据的完整性和真实性。这对于保障产品质量、防范欺诈行为、确保合同履行等方面都具有重要的意义。企业和供应链的参与方可以更加信任区块链上的信息，降低了信息不对称和合作伙伴之间的信任成本，从而促进供应链的协同运作。

（3）提高供应链效率与可信度

引入区块链技术进一步提高了电商供应链的效率和可信度。通过智能合约的应用，各个合作方之间的交易和执行可以自动化，减少了人为因素引起的错误

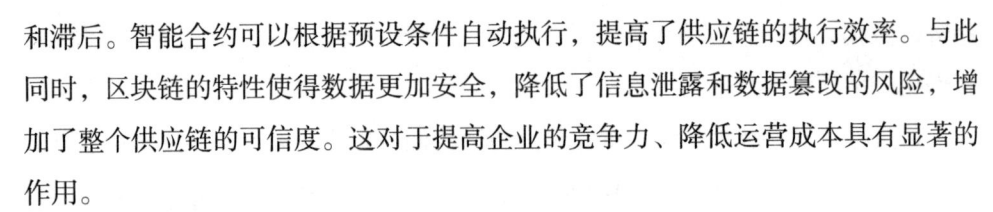

和滞后。智能合约可以根据预设条件自动执行，提高了供应链的执行效率。与此同时，区块链的特性使得数据更加安全，降低了信息泄露和数据篡改的风险，增加了整个供应链的可信度。这对于提高企业的竞争力、降低运营成本具有显著的作用。

2.区块链在电商供应链管理中的挑战与应对

（1）技术整合挑战

尽管区块链技术在提升供应链管理方面带来了许多优势，但与传统的信息系统整合仍然存在挑战。企业可能需要调整其现有的信息系统，以适应区块链的特性。这种技术整合不仅需要资金投入，还需要时间和资源的调配。此外，区块链技术的不断演进也意味着企业需要不断跟进新的技术标准和升级，这对企业的技术团队提出了更高的要求。

（2）法律与合规性难题

区块链技术的广泛应用可能涉及跨境合作和大量的数据传输，从而引发了法律与合规性的问题。不同国家对于区块链的法规尚不统一，尤其是涉及数字货币和智能合约的法律框架。企业需要在使用区块链技术时加强与法律专业团队的合作，确保其在全球范围内的运营符合各地的法规要求。建立清晰的合规框架，明确区块链技术在电商供应链中的合法性，是企业在推动创新过程中必须面对的重要挑战之一。

（3）数据隐私与安全问题

尽管区块链技术本身具有较高的安全性，但在实际应用中，企业仍然需要面对数据隐私与安全问题。供应链中涉及的信息往往涉及商业机密、交易细节等敏感信息，一旦被未授权方访问，可能导致严重的经济损失和声誉问题。因此，在电商供应链管理中使用区块链技术时，企业必须采取有效的加密措施、权限管理和身份验证等手段，以确保数据的隐私和安全。

（4）能源消耗问题

区块链技术的共识机制通常需要大量的计算能力和能源支持，这可能导致高昂的能源消耗。在电商供应链中，如果区块链技术的能源消耗过大，可能影响到企业的可持续发展目标，特别是在强调绿色供应链和社会责任的当下。因此，企业需要在推动区块链创新时权衡其带来的效益和能源成本，寻找更环保和高效的区块链技术应用方式。

（5）培训与教育需求

区块链技术的应用需要相关专业人才的支持，包括区块链开发人员、智能合约工程师等。由于这一技术相对较新，相关人才的培训和招聘可能面临一定的困难。企业在引入区块链技术时需要投入一定的资源用于培训现有员工或招聘具有相关技能的人才，以确保区块链系统的正常运行和维护。

总体而言，区块链技术在电商供应链管理中的应用具有广阔的发展前景。然而，企业在采用这一技术时需要认清挑战，灵活应对，并不断关注技术的创新和发展。未来，随着区块链技术与其他新兴技术的深度融合，以及行业数字化转型的推进，电商供应链管理有望迎来更加智能、高效和可持续的发展。

第四章　电子商务创新的关键驱动因素

第一节　技术驱动因素

一、先进技术对电子商务创新的推动作用

(一)物联网技术的应用

1.物联网与电商智能化

随着物联网技术的迅猛发展，电子商务在物联网的有力支持下，迎来了智能化的飞速进展。物联网作为一种广泛连接各种设备的技术框架，为电商平台注入了新的活力。该技术通过实现产品与消费者之间的实时互动，不仅限于简单的数据传输，更涵盖了对产品的远程监控和控制，为用户提供了更加智能的购物管理体验。

在物联网的支持下，电商平台得以实现与各类智能设备的无缝连接，构建起一个庞大而复杂的网络生态系统。通过连接商品、交通、支付等多个领域的智能设备，电商平台能够实时获取、分析各类数据，为用户提供个性化、精准的服务。例如，在智能家居领域，用户可以通过手机或其他智能设备实时监控家中的安全状况，远程控制家电设备，甚至通过智能冰箱实现自动商品补货。这种智能互动不仅提高了用户的购物体验，同时也使得电商平台能够更加精准地满足用户的个性化需求。

物联网在电子商务中的应用还涉及供应链和物流管理的智能化。通过在整个供应链上部署传感器和智能设备，电商企业可以实现对生产、运输、仓储等各个环节的实时监测。这使得企业能够更加高效地管理库存、预测需求，提高生产和供应链的灵活性。同时，智能物流系统通过实时跟踪货物的位置和状态，优化配送路线,降低物流成本,提高了配送的效率,进一步推动了电商行业的智能化升级。

在电商平台与物联网的深度融合中，用户不仅可以实现对购物环境的实时监控和控制，还能够享受到更加智能、个性化的服务。例如，电商平台可以通过对用户的购物行为和偏好进行分析，为其提供定制化的商品推荐，提高购物的满意度。同时，智能化的客户服务系统能够通过物联网实时获取用户的反馈，更快速地响应用户的需求，提升了客户服务的质量。

2. 实时监控与数据分析

在物联网技术的支持下，电子商务迎来了实时监控和数据分析的全新时代。物联网通过将各种传感器和设备联网，为电商平台提供了强大的实时监控能力。企业可以通过这一技术手段，实时获取产品的状态、库存情况等关键信息，为决策提供了更加准确和及时的数据支持。

实时监控的能力使得电商企业得以更加灵活地调整供应链和库存管理。通过联网的传感器，企业可以实时追踪产品的生产进度、运输状况及存储环境，从而及时发现并解决潜在问题。这种实时的监控机制不仅提高了对供应链各个环节的可见性，还为企业提供了更快速、更灵活地应对市场变化的能力。例如，电商平台可以根据实时的销售数据和库存信息，调整商品的生产计划，以满足市场需求的变化。

同时，物联网技术的实时监控为电商平台带来了更为精准的数据分析能力。通过对大量实时数据的分析，电商平台可以更深入地了解用户的行为模式和偏好。这种数据驱动的分析有助于构建用户画像，为个性化推荐提供更加准确的基础。电商企业可以通过算法分析用户的购物历史、浏览记录，从而为用户推荐更符合其兴趣和需求的商品，提高用户购物的满意度和忠诚度。

另外，实时监控和数据分析也为电商平台提供了优化运营的机会。通过对实时销售数据的深入分析，企业能够更好地了解产品的热销情况，合理安排商品上线和下线的时间，最大限度地提高库存周转率。这种数据驱动的运营管理不仅提高了企业的运营效率，还减少了库存积压的风险，进一步提升了企业的竞争力。

3. 线上线下一体化的智能购物体验

物联网技术的深度融合使得电子商务经历了一次革命性的演进，由传统的线上购物向线上线下一体化的智能购物体验发展。这一变革不仅改变了消费者的购物方式，也为电商平台提供了更广阔的发展空间。举例如下，通过智能家居设备的应用，用户得以在线上浏览商品，并通过物联网技术实现智能下单。这种智能下单的过程不再依赖于传统的网页或应用界面，而是通过与智能设备的直接交互完成，这使得购物体验更为直观和便捷。

这一体验的独特之处在于用户可以在线下门店体验到智能导购和支付。智能导购系统通过物联网技术连接各种商品和用户的设备，为用户提供实时的商品信息、推荐和导航服务。用户在实体店内，通过智能设备获取到详细的商品资讯，同时享受到个性化的推荐服务，使得购物过程更加智能化和个性化。而在支付环节，用户可以通过移动支付、无人收银等智能支付方式，完成整个购物流程。这种线上线下一体化的智能购物体验打破了传统购物模式的界限，为用户提供了更加全面、便捷和个性化的服务。

此外，智能购物体验还拓展了虚拟和现实的融合。通过增强现实（AR）技术，用户可以在实体店内通过智能设备看到虚拟的商品信息、用户评价等，实现了线上信息与线下场景的有机结合。这种虚拟与现实的融合为用户提供了更丰富的购物体验，增加了购物的趣味性和互动性。

这一智能购物体验的转变不仅提高了用户的购物便利性，也为电商平台带来了更多的商业机会。通过对用户行为和偏好的智能分析，电商平台能够更精准地进行个性化推荐，提高用户购物的满意度和体验感。同时，线上线下一体化也为电商企业提供了更多的营销和品牌传播的机会，促使企业在竞争激烈的市场中脱颖而出。

（二）人工智能在电商中的应用

1. 机器学习与个性化推荐

在电子商务领域，人工智能的应用焦点主要集中在机器学习和深度学习算法的运用。其中，机器学习的突出作用体现在对海量用户数据的深入分析，通过建立精准的用户画像，实现了个性化推荐的精准性和有效性。这一应用不仅提高了用户的购物便利性，也显著增加了用户对电商平台的黏性。

机器学习的核心在于通过对大量的用户行为数据进行学习和模型训练，从而预测和理解用户的个性化需求。电商平台通过收集和分析用户的购物历史、浏览记录、点击行为等数据，构建了细致入微的用户画像。这个画像涵盖了用户的兴趣、偏好、购物频次等方面的信息，形成了对用户行为的深刻洞察。通过机器学习的算法，电商平台能够快速而准确地理解用户的购物倾向，并为用户提供个性化的商品推荐。

个性化推荐的应用提高了用户的购物体验。通过机器学习算法，电商平台能够主动了解用户的购物喜好，提供符合用户兴趣和需求的商品推荐。这种个性化推荐不仅减少了用户在庞大商品库中的选择困难，同时也提高了购物的效率。用户在感受到个性化服务的同时，也更倾向于在同一平台进行购物，从而增加了用户对电商平台的黏性。

此外，个性化推荐的应用还对电商平台的销售业绩产生了积极的影响。满足用户个性化的需求，提高了用户的购物满意度，从而增加了用户的购物意愿。通过机器学习算法的不断优化，个性化推荐变得越来越精准，用户更容易发现并购买符合其偏好的商品。这种提高购物体验和销售转化率的良性循环，进一步增强了电商平台在市场中的竞争力。

2. 智能客服与用户体验

在电子商务领域，人工智能在客服领域的应用为用户提供了高效、便捷且个性化的服务体验。智能客服系统作为人工智能的一个重要应用方向，通过自然语言处理技术，能够理解用户的提问，并以即时、准确的方式作出相应的回应。这种高效的沟通方式不仅极大地提高了用户的体验感，还有效降低了企业在客服方面的人力成本。

智能客服系统的关键在于其对自然语言的处理能力。通过先进的自然语言处理算法，智能客服系统能够分析用户提出的问题，理解问题的含义，并根据事先设定的知识库或实时学习的数据，提供与用户期望相符的详细解答。这种处理方式不仅迅速，而且准确，使得用户在与智能客服系统进行交互时能够更为顺畅地获取所需信息，从而提高了用户的满意度。

个性化服务是智能客服系统的另一大优势。通过分析用户的历史数据和交互记录，智能客服系统能够建立起用户的个性化档案，更好地理解用户的偏好和需求。基于这些信息，系统能够提供定制化的解决方案和推荐服务，使得用户感受到更贴近个人需求的关怀。这种个性化服务不仅提高了用户的满意度，还增加了用户对电商平台的忠诚度，促进了用户的再次购物和长期合作。

除了提高用户体验外，智能客服系统还对企业运营产生积极的影响。首先，自动化的客服处理，减轻了人工客服人员的负担，使得人工客服能够更专注于复杂、高价值的问题解答，提升了整体服务水平。其次，智能客服系统能够实时分析用户的反馈和提问，为企业提供宝贵的市场信息，促使企业更及时地调整产品、服务或营销策略，满足用户的需求。

3. 安全防范与反欺诈

在电子商务领域，人工智能的运用在安全领域起到了重要的作用，特别是在安全防范和反欺诈方面。通过人工智能系统对用户行为模式的深度分析，电商平台能够及时识别出异常活动，有效防范欺诈行为的发生。这一智能的安全防范机制不仅为电商平台的交易提供了强有力的保障，同时也提升了用户对平台的信任度。

人工智能系统通过对大量的用户数据进行监测和学习，建立了用户正常行为模式的基准。当系统检测到与这一基准明显不符的行为时，就会触发警报，提示可能存在欺诈嫌疑。这种基于用户行为的异常检测机制，使得系统能够及时发现并阻止潜在的欺诈行为。例如，当系统检测到某一账户在短时间内多次变更交易行为，或者异地登录等异常情况，就可以启动相应的安全措施，如要求用户进行身份验证、冻结账户等，从而有效预防欺诈行为的发生。

除了对用户行为的监测，人工智能系统还可以通过对大量数据的实时分析，识别出潜在的欺诈模式。通过机器学习算法的训练，系统能够从历史欺诈案例中学到模式，并将这些模式应用到实时数据中，以识别新的欺诈行为。这种模式识别的方式使得系统在防范未知欺诈手段方面更具有预测性和适应性，提高了欺诈检测的准确性和效率。

智能的安全防范系统不仅提升了电商平台的整体安全水平，也对用户体验产生了积极的影响。用户在使用电商平台时，能够感受到更为安全和可靠的交易环境，增强了其信任感。这种信任感不仅使用户更愿意在平台进行交易，还有助于建立用户与平台之间的长期合作关系，促使用户成为平台的忠实用户。

（三）区块链技术的应用

1. 安全交易与去中心化特性

区块链技术的引入为电子商务带来了更为安全和透明的交易环境，其去中心化的特性在特定程度上解决了传统电商交易中存在的一系列问题。通过去中心化，区块链技术减少了中间环节的介入，从而降低了交易风险，使得电商交易更为安全可靠。

在传统电商中，交易通常需要经过多个中间环节，如银行、支付平台等，这些环节存在一定的信任问题。区块链技术的去中心化特性意味着交易可以直接在参与方之间进行，无须通过中间机构的干预。每一笔交易都被记录在区块链的区块中，并经过多个节点的验证，形成不可篡改的交易记录。这一特性有效地防止了信息篡改和欺诈行为，确保了交易的真实性和可信度。

区块链技术的去中心化也有助于解决信息不对称的问题。在传统交易中，买家和卖家之间存在信息的不对称，其中一方可能更容易获得关于商品、服务或交易方的信息，从而形成不公平的交易环境。区块链技术通过分布式账本的方式，使得交易的信息对于参与方都是公开透明的，任何一方都能够查看和验证交易的完整历史记录，增加了信息的平等性和透明度。

此外，区块链技术还为电商平台提供了更为高效的支付方式。通过智能合约等机制，交易可以在满足预定条件时自动执行，无须依赖第三方的介入，从而加速交易的处理过程。这种高效的支付方式不仅降低了交易的时间成本，也减少了支付过程中的不确定性，提高了整体交易效率。

2. 供应链管理与溯源体系

区块链技术在电子商务中的应用，尤其在供应链管理和产品溯源方面，为企业建立了更加可靠和透明的体系。供应链管理和产品溯源是电商企业面临的重要挑战之一，而区块链技术的引入有效解决了这些挑战，为企业提供了更高水平的安全性和可追溯性。

在供应链管理方面，区块链技术通过建立分布式账本，记录和存储产品的整个生命周期信息。从生产、运输到存储，每一个关键节点的信息都以区块的形式存储在区块链上，并经过多个节点的验证。这种去中心化的信息存储方式，有效减少了单一节点的风险，降低了信息篡改的可能性。企业可以通过区块链技术实时了解供应链上各个环节的情况，及时发现潜在问题，提高了供应链的可管理性和稳定性。

在产品溯源方面，区块链技术为每个产品赋予了唯一的标识码，并将产品的生产、加工、运输等环节的信息存储在区块链上。这样，消费者可以通过扫描产品上的标识码，追溯产品的全生命周期。这种透明的产品溯源体系不仅提高了消费者对产品质量和真实性的信任度，也使企业能够更迅速地回应潜在的产品质量问题，降低了风险。

区块链技术的应用在产品溯源中还有助于加强合规性和质量管理。通过智能合约等技术，系统可以实现对生产过程中的合规性标准的自动监控和执行。当某个生产环节不符合预定的合规标准时，系统可以自动发出警报或采取相应措施。这种自动合规性监控不仅提高了质量管理的效率，也降低了因合规问题而可能面临的法律风险。

3. 智能合约与交易效率

区块链技术的智能合约机制在电子商务中的应用为交易提供了更高效的解决方案。智能合约是一种自动执行的合约，其执行过程由程序代码控制，无须第三方的介入。这一机制的引入使得交易流程变得更加简化，减少了交易的时间和成本，从而显著提高了交易效率。

传统的电子商务交易中，由于涉及合同的签署、履行和执行等多个环节，需要借助中介机构，如银行、律师等，来保证交易的安全和可靠性。然而，这些中介机构的介入不仅增加了交易的时间和成本，还可能引发信任问题。区块链的智能合约机制通过将合同的执行过程编码成自动化的程序，实现了无须中介的自动合同执行。一旦事先设定的条件得到满足，合约便会自动执行，无须额外的人工干预，从而加速了交易的完成过程。

智能合约的自动执行带来了显著的交易效率提升。由于合约的执行是基于事先约定的条件和代码逻辑，交易双方可以更加迅速地完成交易流程，避免了烦琐的人工步骤。这种自动化执行的特性不仅缩短了交易周期，也减少了交易过程中可能发生的错误，提高了整体的交易效率。

此外，智能合约还具有高度透明性和不可篡改性的特点。合约的执行过程和结果都被记录在区块链的分布式账本上，任何交易参与方都可以查看和验证合约的执行情况。这种透明性保障了交易的公正性和真实性，减少了信息不对称的可能性。同时，由于区块链的不可篡改性，合约的记录不容易被篡改或删除，增加了交易的可信度。

二、技术演进对创新的影响

（一）移动互联网的普及

1. 移动购物的普及与电商平台的响应

随着移动互联网的普及，消费者购物行为经历了根本性的变革。移动设备的普及和便携性使得消费者能够随时随地进行购物，这引发了电子商务平台对移动端用户体验的深刻关注。电商企业意识到移动购物的普及对业务的重要性，因此纷纷加大了对移动应用的开发和优化力度，以提升移动购物的便捷性和用户体验。

其一，电商企业通过响应式设计的方式来适应不同移动设备的屏幕尺寸和分辨率，以确保用户在不同终端上都能够获得一致的良好体验。这种设计方式使得移动购物界面更加灵活，能够自适应不同的屏幕大小，确保用户无论使用手机、平板还是其他设备，都能够顺畅地浏览商品信息和完成购物流程。

其二，电商平台通过 App 性能优化来提升移动购物的流畅性和速度。为了提供更好的用户体验，电商企业不仅在应用程序界面设计上下足功夫，同时也注重应用程序的性能优化，确保应用的响应速度和加载速度达到最佳状态。通过技术手段的不断创新，电商平台致力于减少应用程序的加载时间，提高用户在移动设备上的购物效率。

除此之外，电商企业还通过引入新技术来丰富移动购物的体验。例如，采用增强现实（AR）技术，用户可以在移动设备上通过虚拟试衣等方式更直观地体验商品，提高了购物的趣味性和参与度。这种技术的运用为移动购物注入了创新元素，使得用户可以在虚拟空间中更全面地了解和感知商品，增强了购物的沉浸感和满足感。

随着移动互联网的普及，电商平台不仅加大了对移动应用的开发和优化力度，还通过响应式设计、App 性能优化及引入新技术等手段，全面提升了移动购物的便捷性和用户体验。这种积极响应移动购物趋势的策略不仅有助于电商企业在竞争中保持竞争力，也为用户提供了更为灵活、高效和愉悦的购物体验。

2. 支付和物流技术的升级

移动互联网的兴起催生了支付和物流领域的技术升级，为电子商务带来了全新的支付方式和物流模式，以满足消费者日益增长的需求。新兴支付技术和智能物流的广泛应用为用户提供了更便捷、安全、高效的购物体验，同时也推动了电商领域的不断创新。

在支付领域，移动支付和二维码支付等新技术的迅速发展在很大程度上改变了传统支付的方式。消费者可以通过手机轻松完成支付，无须携带实体卡片或现金。移动支付的便捷性提高了购物体验的无缝性，使得用户能够更加灵活地进行线上和线下的支付。此外，新兴支付技术还注重安全性，采用加密和身份验证等手段，有效防范了支付过程中的潜在风险，提升了用户的信任感。

物流方面，电商平台积极引入智能物流技术，以应对快速增长的订单量和提高配送效率。智能物流系统通过运用物联网、人工智能和大数据分析等技术，实现对整个物流过程的实时监控和优化。这使得配送变得更为精准、快速，大幅缩短了用户等待商品的时间。同时，物流信息的实时追踪也增加了用户对订单状态的可视性，提高了购物过程的透明度。

技术升级不仅仅关注支付和物流各自的领域，更在两者之间形成了有机的衔接。例如，在智能物流系统中，支付信息和订单信息可以实时传递，帮助物流系统更好地安排配送路径，提高配送效率。这种支付和物流的紧密结合为用户提供了更为一体化的购物体验，加强了整个购物流程的流畅性和效率。

3.商业模式的变革

移动互联网的广泛普及对传统商业模式产生了深远的影响，尤其是电子商务平台在移动端的发展引领了商业模式的变革。通过充分利用移动端用户数据进行深度分析，电商平台成功实施了精准营销和个性化推荐策略，从而极大地提升了用户的黏性和忠诚度。

第一，电商平台通过对移动端用户行为数据的精准分析，更全面地了解用户的购物习惯、兴趣和需求。这种数据驱动的方式使得电商企业能够制定更为精准的市场策略，向用户提供个性化的产品推荐和定制化的服务。通过智能算法和机器学习技术，电商平台能够在用户浏览历史、点击行为等方面进行深入挖掘，从而为用户提供更符合其喜好的商品和服务。这种个性化推荐不仅提高了用户的购物体验，还加强了用户与电商平台之间的紧密联系，提升了用户黏性。

第二，新型的社交电商模式充分发挥了移动互联网的社交属性，强化了用户与商家之间的互动。通过社交媒体平台、社交电商应用等工具，电商企业将用户聚集成社群，促使用户在购物过程中进行更加积极的互动和分享。用户可以通过社交平台分享购物心得、评价商品，还可以参与社交电商活动、拼团购物等形式，从而增加了用户参与度和忠诚度。这种社交电商模式不仅拉近了用户与商家之间的距离，也提高了用户对商品的信任感，促进了交易的完成。

整体而言，移动互联网的普及推动了电商平台商业模式的演进。数据驱动的个性化推荐和社交电商模式的兴起使得商业模式更加注重用户体验和参与度。电商企业通过更好地了解和满足用户需求，强化了与用户之间的连接，提高了用户忠诚度。

（二）5G技术的应用

1. 更高网络速度与低延迟的优势

5G技术的广泛应用为电子商务带来了显著的网络速度和延迟改善，从而在用户体验和电商平台发展方面提供了重要优势。

首先，5G技术为电商平台提供了更高的网络速度。相较于之前的网络技术，5G具有更大的带宽和更高的传输速率，使得用户在使用移动设备进行在线购物时能够享受更快速、更流畅的网络连接。商品页面的加载速度得到显著提升，用户能够更迅速地浏览商品信息，提高了购物效率。这种更高的网络速度为电商平台创造了更加高效的用户界面，提升了整体的购物体验。

其次，5G技术降低了网络延迟，使得用户能够在几乎实时的状态下完成交易流程。在电商交易中，低延迟对于实现即时响应至关重要。例如，在进行交易支付时，用户需要获得迅速的反馈以确保交易的准确性和安全性。5G的低延迟特性大大提高了交易的实时性，有效减少了用户等待的时间，增加了用户的满意度。这种即时性对于提高用户信任度和促使用户完成购物行为具有重要作用。

这种更高网络速度和低延迟的优势不仅直接改善了用户体验，也为电商平台带来了更大的发展空间。通过提供更为高效的服务，电商企业可以更好地吸引和留住用户，促使用户更频繁地使用其平台进行购物。同时，5G技术的应用也为电商平台拓展创新业务提供了支持，例如增强现实（AR）购物、虚拟试衣等高带宽和低延迟要求的新兴应用。

2. 虚拟现实和增强现实的发展

5G技术的广泛应用为虚拟现实（VR）和增强现实（AR）等新兴技术在电商领域的发展提供了丰富的可能性，为用户提供了更流畅、沉浸式的购物体验，进而推动了电商创新的新方向。

首先，5G 技术的高速和低延迟特性为虚拟现实技术提供了更高效的支持。在虚拟试衣等场景下，用户通过穿戴 VR 设备或使用 AR 功能，能够在虚拟环境中实时体验不同款式的服装，感受穿着效果，以更直观的方式进行购物决策。高速网络和低延迟的特性使得用户在虚拟环境中的交互更为实时和流畅，增加了购物的沉浸感和真实感。

其次，增强现实技术的发展也受益于 5G 技术的应用。通过手机或 AR 眼镜等设备，用户可以在真实环境中叠加虚拟信息，例如商品的详细信息、用户评价等，提升了用户在实际购物场景中获取信息的效率和便捷性。这种融合了虚拟和真实的体验丰富了购物过程，为用户提供了更多元化的购物选择和决策支持。

5G 技术的推动使得虚拟现实和增强现实在电商中的应用不再局限于技术性能上的限制，而能够更全面地满足用户对于购物体验的多样化需求。电商平台通过引入这些新技术，不仅提升了商品展示和购物体验的质量，还为用户提供了更个性化、直观的购物方式。

这种技术的应用不仅对用户购物体验产生了深远的影响，也为电商行业提供了创新的方向。虚拟现实和增强现实的发展为电商创新提供了新的空间，为商家和消费者之间建立了更紧密的互动关系。

3. 视频购物等高效应用场景的崛起

5G 技术的高速网络支持为高效应用场景的崛起创造了有利条件，其中视频购物作为一种新型的购物方式，在 5G 技术的推动下迅速崭露头角。这一新兴的购物方式通过更顺畅地传输高清视频，为消费者提供了更直观、生动的商品展示，极大地拓展了电商的形式，推动了消费者购物体验的创新。

第一，5G 技术的高速网络支持为视频购物提供了更加流畅的用户体验。传统的在线购物主要依赖于图文信息，而视频购物通过结合图像和声音，使得商品的展示更为生动和直观。在高速网络的支持下，消费者可以更快速地加载和观看高清视频，感受到更真实的商品外观、用途和特点。这种高效的传输为消费者提供了更全面的商品信息，有助于准确了解产品特性，提高购物决策的准确性。

第二，视频购物的崛起也加强了社交元素，通过主播或网红进行实时的产品展示和推荐。这种互动性质的购物方式增强了用户与商品之间的连接，使得购物不再是孤立的行为，而更具有社交性。消费者可以通过弹幕、评论等方式与主播互动，获取其他用户的使用体验，增加购物的信任感和乐趣。5G技术的高效传输使得这种实时互动更加流畅，为消费者提供了更为真实和直观的购物场景。

第三，视频购物的崛起推动了电商平台的业务模式创新。电商企业通过引入视频购物，提高了商品的曝光度和销售转化率。通过制作专业的购物直播或视频广告，电商平台能够更好地展示产品的优势，吸引用户的注意力，提高用户对商品的购买意愿。这种新型的业务模式不仅丰富了电商平台的内容，还为商家和消费者创造了更多的互动机会。

第二节　管理与组织驱动因素

一、组织架构对创新的影响

扁平化组织架构对电子商务创新产生了深远的影响，特别是在快速变化的市场环境中。这种组织结构的设计强调减少层级，提高信息传递效率，从而推动创新的发生和传播。

（一）扁平化组织架构的推动

扁平化组织架构在电子商务中的应用为企业创新提供了有力支持。

1.扁平化结构减少层级，提升信息传递效率

在电子商务领域，扁平化组织架构通过减少层级，缩短了信息传递的路径，从而为企业创新提供了有力支持。首先，传统的层级结构存在信息传递的滞后问题，当高层决策需要传达到基层执行时，时间会被耗费在各个层级的传递过程中，导致响应速度较慢。而扁平化的组织结构通过减少中间层级，使得信息能够更迅速地传达到执行层，提高了组织对市场变化的感知速度。

其次，电子商务行业的市场变化较为迅速，需要企业能够及时调整策略以适应新的挑战和机遇。扁平化组织结构降低了决策的层级，使得企业能够更加迅速地制定和执行创新战略。高效的信息传递路径使得决策者能够更及时地了解市场趋势和用户需求，进而迅速作出反应，推动企业更灵活地应对变化的市场环境。

在扁平化的组织结构中，管理层更加接近实际业务，更容易获取一手的市场信息。这种信息的即时性和准确性为企业制定战略提供了更可靠的基础。例如，

当电商企业面临新的竞争对手或市场趋势时，扁平化的组织结构能够快速传递这一信息给决策者，使得企业能够更迅速地调整战略，保持竞争力。

2. 强调灵活性和快速决策的需求

扁平化组织架构在电子商务中强调灵活性和快速决策，以适应市场竞争的激烈和技术的快速演进。首先，市场竞争的激烈性要求企业能够快速作出决策和调整战略。传统的层级结构可能存在决策层级过多、流程烦琐的问题，这使得决策变得缓慢而复杂。而扁平化的组织结构通过将决策权下放，使得决策更为分散，降低了决策的层级障碍，提高了企业对市场变化的应变能力。

其次，技术的快速演进要求企业能够快速调整战略以适应新技术的应用。在电子商务中，新的技术可能迅速改变市场格局和用户行为，企业需要能够快速作出相应调整。扁平化的组织结构使得决策更为灵活，能够更快速地响应技术的变革，推动企业更好地利用新技术进行创新。

扁平化组织架构的灵活性还有助于电子商务企业更好地把握市场机遇。当市场出现新的需求或趋势时，扁平化的组织结构使得企业能够更灵活地制定新的产品或服务，满足用户的新需求，推动创新的发生。

3. 激发员工的创造性和责任心

扁平化组织架构的实施激发了员工的创造性和责任心，为创新提供了更为广泛的动力和支持。首先，扁平化的组织结构使得员工更容易参与决策过程。在传统的层级结构中，决策通常由高层管理层做出，员工的参与较少。而在扁平化的组织中，决策更为分散，员工更容易被纳入决策过程，能够更充分地发挥个人的创造性和智慧。

其次，员工感受到自己对组织发展的影响，培养了员工的责任心。在传统层级结构中，员工可能感到自己的工作与组织的整体发展关系不大，缺乏对组织目标的强烈认同。而扁平化的组织结构强调每个员工的重要性，使得员工更容易形成对组织的责任感，推动创新的发生。

扁平化的组织结构也促使了员工更好地理解企业的战略和目标。当员工能够参与决策并感受到自己的工作直接影响企业的发展时，他们更容易对企业的战略目标产生共鸣，进而更积极地投入工作，推动企业创新的发生。

（二）跨部门协同的推动

在电子商务中，创新往往涉及多个部门之间的协同合作。跨部门协同成为推动创新的关键因素，能够促使企业更全面、多角度地考虑问题，加速创新的过程。

1. 跨部门协同对电子商务创新的促进

（1）打破信息壁垒，促进知识共享与交流

在电子商务领域，业务涉及众多环节，包括供应链、营销和技术开发等多个方面。跨部门协同的首要优势在于打破各部门之间的信息壁垒，实现全方位知识的共享与交流。通过这种协同方式，企业能够更有效地整合各个部门的专业知识，从而形成更全面的创新思路。例如，在新电商平台的开发中，技术、市场营销和供应链等多个部门的协同工作将有助于更好地满足用户需求，提高创新的成功率。

（2）促进创新推广与传播

跨部门协同不仅有助于创新的生成，还能加速创新的推广和传播。合作的多元性避免了单一部门的狭隘视角，使得创新的实施更为全面。以新的在线支付系统为例，其推出需要技术、财务和市场营销等多个部门的协同合作。跨部门协同让企业能够更迅速地将创新成果推向市场，从而提高竞争力。

（3）构建灵活多元的创新团队

跨部门协同有助于构建更加灵活、多元化的创新团队。各部门员工具有不同的专业背景和技能，通过协同工作，形成具有多样性的创新团队。这种团队结构使得企业在解决复杂问题时能够从不同角度出发，从而提高创新的质量和深度。

2. 电子商务创新的关键要素

（1）技术与市场的融合

电子商务的创新离不开技术和市场的有机融合。技术部门和市场营销部门的跨部门协同，使得技术创新更加贴近市场需求，推动新产品或服务的成功推出。例如，通过技术团队的理解和市场团队的反馈，电商平台能够更好地优化用户体验，提高产品的市场适应性。

（2）供应链的协同创新

电子商务的供应链是创新的重要环节，涵盖了产品采购、库存管理和物流等多个方面。不同部门间的协同合作能够优化整个供应链，提高运作效率。通过供应链的协同创新，企业能够更迅速地响应市场变化，降低运营成本，增强竞争力。

（3）用户体验的全方位考量

电子商务的创新需要全面考虑用户体验，这涉及技术、设计和市场等多个方面。跨部门协同能够确保各个环节对用户体验的影响都得到充分考虑。例如，技术团队可以通过与市场和设计团队的协同，提供更符合用户期望的功能和界面，从而提升用户满意度。

3. 跨部门协同的管理与领导

（1）创造跨部门协同的文化

跨部门协同需要企业创造一种鼓励合作和信息分享的文化。领导层应该强调团队合作的重要性，制定相应的激励机制，促使员工跨越部门界限进行合作。这有助于建立开放的沟通氛围，推动创新的良性循环。

（2）建立跨部门协同的平台

为了促进跨部门协同，企业可以建立专门的平台，方便不同部门之间的沟通与合作。这可以包括定期的跨部门会议、项目管理工具的使用等。通过这些平台和机制，企业可以更好地协调不同部门的工作，推动创新项目的顺利进行。

（3）培养具备跨部门视野的领导团队

企业领导团队需要具备跨部门的视野，能够理解不同部门的需求和挑战，推动协同工作的顺利进行。领导者的领导风格和决策能力将在很大程度上影响到跨部门协同的效果。通过领导层的培训和选拔，企业可以建立一支能够有效推动跨部门协同的领导团队。

二、管理策略对电子商务创新的引导

（一）创新文化的塑造

1. 制定激励机制，促进新思路的提出

在电子商务企业中，构建创新文化至关重要，而激励机制的制定是塑造这一文化的关键策略之一。管理层在此过程中扮演着至关重要的角色，通过制定巧妙而有力的激励机制，能够有效地激发员工的创造力和积极性，推动新思路的涌现。

其一，制定创新奖励制度是管理层的一项主要举措。设立创新奖金，将员工的创新能力与贡献直接关联起来，形成一种积极向上的动力机制。这不仅能够激发员工追求卓越的愿望，同时也为员工提供了一种有形的回报，增强其投入创新的积极性。此外，荣誉奖项的设立也是一种激励方式，通过对创新成果的公开认可，提升员工的声望和自豪感，从而构建一种以创新为导向的企业文化。

其二，激励机制的设计还可以考虑员工的个体差异和潜在需求。个别员工可能更看重晋升机会，因此，为那些在创新中表现突出的员工提供晋升通道是一种有效的激励手段。通过这样的晋升机制，员工能够看到他们在创新中的付出和努力能够为个人职业发展带来实质性的提升。

除了物质奖励和职业晋升外，管理层还可以关注员工的工作环境和团队氛围。提供良好的工作环境，包括舒适的办公空间、先进的工作设施等，能够增强员工的创新体验，激发创新的灵感。此外，建立积极向上、开放包容的团队氛围，鼓励员工分享创新想法，形成团队合作的力量，有助于提升全员的创新意识和积极性。

在激励机制的设计中，管理层还需注重激励的公正性和透明度。确保奖励分配的公正性，防止出现员工之间的不满和误解，从而维护整个团队的凝聚力。同时，透明的激励机制能够让员工清晰地了解何种行为和成果会受到奖励，激发他们的参与热情和努力程度。

2.倡导尝试新方法，鼓励持续尝试

创新文化的建设不仅需要激励机制的支持，还应包括对团队尝试新方法的积极鼓励及对尝试失败的开放态度。在电子商务企业中，管理层在这方面扮演着关键的引导角色。管理层应倡导风险承担意识，使员工敢于在工作中尝试新的创新方向。这种倡导有助于打破员工对于失败的担忧，激发他们勇于面对挑战和尝试新方法的决心。

在创新过程中，对于尝试失败的案例，管理层应以学习的角度看待，将失败视为获取经验和教训的机会。从失败中吸取教训，分析失败的原因，并将这些经验纳入组织学习的过程中，这有助于提高团队的整体智慧和适应能力。通过对失败的理性分析，企业能够在未来的创新尝试中更为谨慎而明智地决策。

管理层还应为员工提供更宽松的创新环境，使其能够更自由地尝试新方法。这包括消除组织内部的恐惧文化，建立鼓励创新的氛围。通过创造性的工作空间、定期的创新分享会等形式，营造一种让员工感到支持和鼓励的氛围。这种宽松的环境将激发员工的创造力，促使他们更愿意尝试新的方法和理念。

更进一步，管理层可以倡导团队合作和知识共享，以促进新方法的集体尝试。

通过跨部门的协同合作，团队能够从不同领域的专业知识中获取灵感，并在实践中相互学习。这有助于打破业务部门之间的信息壁垒，形成更全面的创新思考，提高创新的成功率。

3. 建立创新平台，促进团队协同创作

为了促进创新文化的形成和加强团队之间的协同创作，电子商务企业的管理层可以采取一系列措施，其中最为关键的一项是建立创新平台。这一平台旨在为员工提供一个开放的、鼓励创意的空间，以推动创新思维的蓬勃发展。

创新平台的形式多种多样，其中之一是在线创新论坛。通过搭建在线论坛，员工可以在虚拟空间中分享自己的创新想法、观点和经验。这不仅促进了知识的共享，也为员工提供了一个相互交流的平台。在线论坛的开放性和互动性能够有效地打破部门之间的沟通壁垒，创设全员参与创新的氛围。

此外，内部创意大赛也是一个有效的创新平台。这种大赛形式能够激发员工的竞争意识和创造力，通过集中展示各个部门的创新成果，为企业提供了一个全面了解并吸收创新的机会。大赛的评审过程不仅能够对优秀的创意给予认可，同时也提供改进意见和建议的机会，促使员工在竞争中不断提升创新水平。

在创新平台的运作中，管理层需要强调平台的协同性质。通过鼓励团队协同创作，创新平台能够成为一个集思广益的场所。团队成员之间可以共同探讨问题、共享解决方案，形成更加活跃和具有协同创造力的团队氛围。这种平台的协同性有助于整合不同部门和团队的专业知识，促使多元思维的融合，从而提升创新的质量和深度。

（二）敏捷管理在电子商务中的应用

1. 强调快速迭代，提高产品迭代速度

在电子商务行业，市场竞争的激烈和用户需求的不断变化要求企业具备快速适应的能力。为了应对这一挑战，管理层应当引入敏捷管理方法，以强调快速迭代并提高产品的迭代速度。

敏捷管理注重以短周期的方式进行开发和发布，这种迭代的方法有助于企业更灵活地响应市场的变化。通过将开发周期缩短，企业能够更快速地推出新的产品或服务，以迎合不断变化的市场需求。敏捷管理的核心理念是通过持续的反馈和调整，不断提高产品的质量和创新性，从而确保企业能够在竞争激烈的电子商务市场中保持竞争优势。

引入敏捷管理方法的一个关键方面是采用迭代式的开发流程。这种方法将大型项目分解为小而可管理的部分，每个部分都经过短周期的迭代开发，最终集成为完整的产品。这不仅使得开发过程更为可控，也使得产品的迭代速度大大提高。同时，迭代式开发允许在整个过程中灵活地应对变化，使得企业更具适应性和灵活性。

敏捷管理还鼓励跨职能团队的协同工作，强调快速地决策和执行。通过将不同职能的专业人员集结到一个团队中，企业能够更迅速地解决问题和推动项目的进行。这种协同工作方式有助于加速产品开发的流程，减少信息传递的时间延迟，提高整个团队的工作效率。

2.灵活响应市场需求，调整战略和服务

在电子商务领域，企业在持续激烈的市场竞争中必须具备灵活响应市场需求、随时调整战略和服务的能力。为了在这个快速变化的环境中保持竞争力，管理层可以采用敏捷管理方法，使企业更加适应市场的动态变化，实现战略的灵活调整和服务的持续优化。

敏捷管理的核心理念是通过快速的反馈循环，不断调整业务方向以满足市场需求。采用敏捷管理的企业能够更迅速地获取市场反馈信息，了解用户需求和竞争态势，从而及时调整战略。这种及时调整战略的能力使企业能够更好地抓住市场机遇，避免滞后于竞争对手，实现战略的敏锐性和前瞻性。

随时调整服务是电子商务企业在满足用户期望和需求方面的另一个重要方面。通过敏捷管理，企业能够迅速根据市场的反馈和用户的需求调整产品和服务的特性。这不仅包括产品功能的调整，还包括服务流程的优化、客户体验的提升等方面。通过持续的服务调整，企业能够更好地满足不断变化的用户期望，提高用户满意度，建立品牌忠诚度。

敏捷管理方法强调的快速决策和执行也是调整战略和服务过程中的关键要素。管理层通过建立灵活的决策机制和高效的执行流程，能够更迅速地将新战略和服务调整付诸实践。这种灵活的执行力有助于企业更迅速地适应市场需求的变化，提高竞争力。

3.引入跨职能团队，加速决策和执行

在电子商务领域，为了应对市场变化和迅速推动项目的决策和执行，敏捷管理强调引入跨职能团队的协同工作。这种团队结构的运用对于加速决策和执行过程具有重要意义。管理层可以通过推动跨职能团队在电子商务项目中的应用，促使不同职能团队之间的紧密合作，提高项目的执行效率。

跨职能团队的协同工作模式在敏捷管理中被认为是一种推动创新和高效执行的重要手段。这种团队结构的核心理念是将来自不同职能领域的专业人员集结到一个团队中，以便更全面、更深入地理解项目的多方面需求。在电子商务项目中，跨职能团队能够整合来自技术、市场、运营等不同领域的专业知识，从而更全面地考虑问题，制定更具创新性和可行性的解决方案。

这种协同工作模式不仅有助于加速决策的过程，还能够促进执行的高效实施。由于团队成员来自不同职能领域，他们能够在项目执行的不同阶段提供专业的支持和见解。这种跨职能团队的结构有助于避免信息的局限性，促使团队在执行中更为全面地考虑各种因素，提高项目的成功率。

跨职能团队的应用也为项目管理提供了更灵活的方式。这种团队结构强调自组织和自主决策，使得团队能够更迅速地应对变化，灵活调整工作计划。这样的自主性有助于团队更好地适应快速变化的市场需求，推动项目的高效实施。

三、消费者对电子商务创新的需求

随着消费者对便利性和个性化的要求越来越高，电子商务能够满足他们在时间和地理上的灵活性需求。消费者对多样化商品选择、低价优惠和在线购物体验的追求催生了电子商务的发展。

（一）消费者对便利性和个性化的要求

1.对便利性的追求

在当今社会的快节奏生活中，消费者对购物的便利性提出了日益增加的要求。这种趋势反映了现代人的生活方式变化及科技进步对消费习惯的深刻影响。电子商务作为一种创新型的购物方式，成功地满足了消费者在时间和地理上的灵活性需求，成为购物便利性的重要推动力。

电子商务的核心优势之一是通过提供随时随地的在线购物体验来满足现代消费者的需求。随着移动设备的广泛普及和互联网的快速发展，消费者可以随时使用手机、平板等电子设备访问电子商务平台,实现随时随地地购物。这种便利性的提升使得消费者不再受制于传统商店的开放时间和地理位置,从而极大地增强了购物的灵活性和便捷性。

电子商务平台的出现为消费者提供了全天候的服务,即24/7的在线购物体验。这意味着无论是工作日的白天还是深夜,消费者都能够方便地访问电子商务平台,进行商品浏览、比较和购买。这种全天候的服务不仅打破了传统购物的时间限制,还满足了现代社会中人们忙碌生活节奏的需求,使购物真正变得随时可行。

此外,电子商务通过引入智能化技术和个性化服务,进一步提高了购物的便利性。个性化推荐算法能够根据消费者的历史购物行为和偏好,为其定制个性化的商品推荐,减少了在大量商品中搜索的时间。虚拟试衣间、实时在线客服等创新功能也使得消费者能够更加方便地体验和了解商品,增加了购物的实用性和愉悦感。

2.个性化需求的增加

随着信息技术的飞速发展,消费者对于个性化购物体验的追求呈现出日益增强的趋势。电子商务平台在满足这一需求方面发挥着关键作用,通过采用先进的技术手段,如个性化推荐算法和用户行为分析,成功地实现了对消费者喜好和需求的更准确了解,为其提供了量身定制的个性化商品推荐。这种个性化的服务不仅提高了购物的便利性,更加强了消费者与电子商务平台之间的互动与关联。

电子商务平台的个性化推荐算法通过分析用户的购物历史、搜索记录、点击行为等数据,能够深入挖掘消费者的消费喜好和偏好。通过对这些数据的精细分析,电子商务平台能够准确判断用户的需求趋势,为其提供更为贴合实际需求的商品推荐。这种个性化推荐不仅能够提高用户发现感兴趣商品的概率,还能够在海量商品中更迅速地找到满足个性化需求的产品。

用户行为分析是另一项关键技术,通过对用户在电子商务平台上的行为进行深入挖掘,企业能够更全面地了解用户的喜好和购物习惯。这种分析不仅仅关注购买行为,还包括浏览、收藏、评论等多方面的活动,形成了用户画像。基于这些用户画像,电子商务平台能够更准确地判断用户的个性化需求,从而更有针对性地提供商品和服务。

消费者在电子商务平台上的购物行为所留下的数据不仅用于个性化推荐,同时也被用于精细化的市场分析。电子商务平台通过大数据分析，深入挖掘潜在的市场趋势和消费者需求，为企业提供更为科学的决策依据。这种精细化的分析使得电子商务平台能够更灵活地调整商品组合、促销策略等方面，更好地满足不同消费者群体的个性化需求。

个性化的商品推荐和服务不仅仅提高了购物的满意度，还为电子商务平台的发展注入了新的动力。通过更好地满足消费者的个性化需求，电子商务平台能够建立更紧密的用户关系，提升用户的忠诚度。这种用户忠诚度不仅带来了稳定的消费群体，也为电子商务平台提供了更多的商业机会。

3. 在线购物体验的提升

在当今数字时代，消费者对在线购物体验提出了更为丰富和综合的要求，不仅关注购物的便利性和个性化，还着重关注购物过程中的感官体验。电子商务平台积极应对这一趋势，通过不断提升多个方面，以优化用户体验，满足消费者在网上购物时的舒适度和便捷性要求。

首先，电子商务通过不断优化用户界面设计，力求为消费者提供更直观、友好的界面。精心设计的界面能够使用户更轻松地浏览商品、了解促销信息，提高购物的效率。对于不同设备的适配性也是优化的一部分，其确保在各种终端上都能够提供一致且良好的用户体验。这种界面设计的不断优化有助于降低用户学习成本，使得消费者能够更加轻松地掌握购物平台的使用方法。

其次，购物流程的简化是提升在线购物体验的重要一环。电子商务平台致力于简化从浏览商品到下单支付的整个购物过程，减少不必要的步骤和复杂性。简洁而明了的购物流程有助于提高用户的购物效率，降低购物的心理负担，使得整个购物过程更加流畅和愉悦。

支付流程的安全性也是在线购物体验的一个关键点。电子商务平台通过引入安全支付技术、加密手段等措施，保障用户在支付过程中的个人信息和资金安全。这种安全性的提升不仅是对用户隐私的保护，也是为了建立用户对电子商务平台的信任，从而增加其愿意在平台上进行购物的信心。

创新技术的引入是电子商务提升购物体验的重要手段之一。虚拟试衣间、增强现实技术等创新手段为用户提供更真实、更丰富的在线购物体验。虚拟试衣间允许用户在虚拟环境中试穿商品，更好地了解商品的款式和搭配效果，提高了购物的准确性和满意度。增强现实技术则通过将虚拟元素叠加在真实世界中，使得用户能够更生动地感受到商品的细节和特色，进一步提升了购物的沉浸感和趣味性。

（二）消费者对多样化商品选择的追求

1. 商品种类的丰富性

电子商务平台的崛起为消费者提供了前所未有的商品丰富性，这一特征在很大程度上塑造了现代购物的模式。相较于传统实体店，电子商务平台通过其庞大的商品网络，涵盖了几乎所有品类的商品，为消费者提供了更加广泛和多样化的选择。这种丰富性不仅体现在品类的广泛覆盖上，还包括了同一品类中不同品牌、款式的多元选择，极大地满足了消费者对多样性商品选择的需求。

第一，电子商务平台打破了地域限制，使得消费者可以轻松访问全球各地的商品。无论是来自国内还是国际，各种品类的商品都在电子商务平台上得以展示和销售。这种全球范围的商品网络为消费者提供了更广泛的选择，能够满足不同地域和文化背景的消费者对于独特商品的需求。

第二，电子商务平台的商品丰富性不仅仅体现在品类的多样性上，还表现在同一品类中不同品牌、不同款式的多元选择上。以服装为例，消费者可以在电子商务平台上找到来自不同品牌的服装，涵盖了高端时尚品牌到平价休闲品牌，以及各种风格和设计。这使得消费者能够更全面地了解市场上的选择，更灵活地根据个人喜好和需求做出购物决策。

第三，电子商务平台通过引入大量的卖家和商家，进一步扩大了商品的选择范围。不同的商家可以提供独特的商品组合和服务，使得消费者能够在同一平台上找到更多种类的商品。这种多元化的选择不仅增加了购物的趣味性，也为消费者提供了更大的比较空间，使其更容易找到性价比最高的商品。

2. 个性化商品推荐

电子商务平台通过大数据分析和个性化推荐算法，为消费者提供了一种深度个性化的购物体验。通过收集和分析消费者的购物历史、浏览行为等大量数据，平台能够准确地了解消费者的喜好和需求，从而向其推荐更符合个性化需求的商品。这种个性化推荐不仅提高了商品的匹配度，也为消费者带来了更加个性化、符合其兴趣的购物体验。

首先，通过大数据分析，电子商务平台能够深入挖掘用户的购物历史和浏览行为。这包括用户在平台上的每一次搜索、点击、购买等行为，形成了用户的消费画像。基于这些丰富的数据，平台可以准确地分析用户的兴趣、偏好和购物习惯，为个性化推荐提供有力支持。

其次，个性化推荐算法在此基础上发挥了关键作用。通过采用机器学习和人工智能技术，平台能够对大量的用户数据进行实时分析和学习，从而更加准确地预测用户的购物偏好。这种算法能够不断优化推荐策略，随着用户行为的变化而调整推荐结果，实现了个性化推荐的动态性和实时性。

这种深度个性化的购物体验促使消费者更加深度参与购物过程。通过提供符合个性化需求的商品，平台激发了消费者对购物的主动参与和兴趣的持续保持。消费者在这种个性化推荐下更加愿意花费时间在平台上浏览和探索，形成了一种与传统购物模式截然不同的消费行为模式。

3.用户评价和社交媒体的影响

在电子商务平台上，用户评价和社交媒体的影响对消费者的购物决策起着重要作用。购物前，消费者通常会关注其他用户对商品的评价和经验分享，而电子商务平台通过提供丰富的商品评价和社交媒体互动功能，为用户提供了更全面、真实的购物信息，从而影响他们的购物决策过程。

其一，电子商务平台的用户评价是消费者获取商品信息和了解商品质量的重要途径之一。用户可以在购物平台上对购买过的商品进行评价，分享自己的使用感受、商品的优缺点等信息。这种用户评价的形式既为其他消费者提供了第一手的用户体验，又能够为商家提供改进的方向。消费者通过阅读这些评价，能够更全面地了解商品的性能、使用效果及其他用户的真实反馈，从而更加准确地评估商品的质量和适用性。

其二，社交媒体在购物过程中扮演了连接用户、分享购物体验的角色。电子商务平台通常提供社交媒体分享功能，用户可以将他们的购物体验、喜好和推荐分享到朋友圈、社交平台等渠道。这种社交分享不仅帮助用户建立个人购物品味和品牌形象，同时也为其他消费者提供了更加直观、生动的购物参考。通过社交媒体的传播，商品的知名度和口碑能够得到更广泛扩散，对于商家而言，这也是一种品牌推广的有效途径。

其三，社交媒体的互动性使得用户能够更加积极地参与到购物社区中。用户可以在社交平台上与其他用户进行互动，提问、回答问题，分享购物心得和经验。这种互动不仅促进了用户之间的交流，也为消费者提供了更多的意见和建议，帮助他们更明智地做出购物决策。消费者可以通过社交媒体获取更为个性化和针对性的购物建议，使得购物更加符合他们的个性化需求。

（三）消费者对低价的追求

1. 价格的透明度

电子商务平台的兴起显著提高了商品价格的透明度，使得消费者能够更轻松地比较不同平台上同一商品的价格。这种透明度不仅促使电子商务市场形成了激烈的价格竞争，还使得消费者更容易找到具有竞争力的价格，满足了他们对于低价商品的追求。通过在线比价，消费者能够更加灵活地选择性价比最高的商品，从而提高了购物的经济效益。

其一，电子商务平台的价格透明度主要体现在商品信息的公开和易获取上。在传统的实体零售中，消费者需要通过多次实地比较，才能获取到不同商家的商品价格信息。而在电子商务平台上，商品价格及相关信息清晰地呈现在页面上，用户可以通过简单的搜索和点击，迅速了解到同一商品在不同平台上的价格。这种信息的公开和易获取性，为消费者提供了更多的选择和比较机会。

其二，电子商务平台通过引入价格比较工具，使得消费者能够更有效地进行价格对比。许多电商平台提供了价格比较工具，允许用户在同一页面上查看多个商家的商品价格。这种工具的使用使得比价过程更加便捷，用户无须反复跳转不同页面，即可全面了解市场上同一商品的价格水平。这种比价工具的引入，进一步提高了价格透明度，使得消费者更容易找到最具竞争力的商品价格。

其三，电子商务平台上的促销、折扣等信息也更容易被用户获取。平台通常会清晰地展示商品的原价、促销价和折扣信息，用户对实际支付的价格一目了然。这种促销信息的透明度使得用户能够更好地判断商品的实际价值，从而做出更明智的购物决策。

2. 促销活动和优惠券的使用

电子商务平台通过举办促销活动和提供优惠券等手段，积极吸引消费者在平台上进行购物。这种促销策略的灵活性既有助于吸引新客户,又能够促进现有消费者的复购行为,从而构建了更为活跃和稳定的消费者群体。这样的促销手段不仅满足了消费者对于低价优惠的追求,也为电子商务平台提升市场竞争力和用户忠诚度创造了有利条件。

第一,电子商务平台通过定期或季节性的促销活动,吸引了大量消费者的关注和参与。这些促销活动通常包括限时折扣、满减优惠、赠品赠送等多种形式,为消费者提供了更具吸引力的购物体验。例如,双11、618等购物节成为电子商务平台推出大规模促销的重要节点,激发了消费者的购物热情,推动了销售额的快速增长。

第二,电子商务平台将广泛使用优惠券作为一种促销手段。通过向用户发放个性化的优惠券,平台可以根据用户的购物习惯、历史消费记录等信息,提供更具针对性的折扣。这种个性化的优惠券不仅提升了用户的购物体验,还能够激发他们更频繁地访问和购物于平台。此外,电子商务平台还通过合作伙伴关系、会员制度等方式,提供更多渠道获取和使用优惠券,进一步刺激了用户的消费欲望。

第三,及时更新促销信息也是电子商务平台的一项重要策略。通过实时更新平台上的促销信息,电子商务平台能够迅速吸引用户的眼球,引导其浏览和购物。这种信息更新的及时性使得用户能够第一时间获取到最新的促销优惠,增加了其参与促销活动的积极性。

3.比较购物平台的便利性

电子商务平台竞争激烈,这为消费者提供了比较购物平台的便利性,使其能够轻松比较商品价格、促销活动等信息,从而选择性价比最高的购物渠道。这种便利性不仅加强了消费者在购物过程中的主动性,也进一步推动了电子商务平台之间的价格竞争,为消费者提供了更多的购物选择和更为经济实惠的购物体验。

其一,比较购物平台的便利性体现在信息的透明度和易获取性上。电子商务平台通过清晰地展示商品的价格、促销信息等,使得消费者能够在同一页面上获取到所须的信息。这种信息的透明度和易获取性使得比较购物平台变得更为简便,消费者无须多次跳转不同页面,即可全面了解市场上的优惠信息。

其二，电子商务平台通过引入价格比较工具，进一步提高了比较购物平台的便利性。这些工具通常能够在同一页面上显示多个平台的商品价格，使得消费者可以一目了然地进行比价。消费者通过使用这些价格比较工具，能够更迅速、更全面地了解市场上的价格水平，从而更准确地选择购物渠道。

其三，比较购物平台的便利性还体现在促销信息的更新速度上。电子商务平台为了吸引消费者，通常会不断推出新的促销活动。通过及时更新促销信息，平台能够迅速吸引用户的眼球，让用户能够在第一时间获取到最新的促销优惠。这种促销信息的及时性使得比较购物平台更具实效性，消费者能够更好地把握购物时机。

第五章　电子商务创新的成功案例

第一节　行业案例研究

在不同行业中，电子商务的创新案例层出不穷，为企业带来了巨大的成功。

一、YMX 的电子商务模式

以零售行业为例，YMX 的电子商务模式是一个典型的创新案例。YMX 通过引入电子商务平台，将传统的零售模式转变为在线购物体验，为消费者提供了更广泛、便捷的商品选择。该创新的成功要素包括高效的物流体系、个性化推荐算法及强大的用户体验设计，这些因素共同推动了 YMX 成为全球最大的电子商务平台之一。

（一）产品及服务要素

产品及服务要素是企业价值主张的关键组成部分，也是企业在市场中取得竞争优势的核心。以 YMX 为例，其产品定位经历了从网络书店到在线零售商城，再到以客户为中心的全面服务的三次转变。目前，YMX 提供的产品及服务主要涵盖三个主要领域：传统电子商务、AWS（Amazon Web Services）云计算服务，以及数字媒体，以 Kindle 为代表。

1. 传统电子商务

随着互联网的广泛普及，电子商务作为一种商务活动方式已经成为不可逆转的趋势。在过去的几十年里，电子商务一直保持着强大的生命力。

YMX 的官方网站成为各类商品的集散地，其主页以"全部商品分类"为特色，分为 Kindle 商店、Fire 平板电脑、海外购、图书、手机及数码、电子配件及智能产品、家居、电脑及办公、电器、美妆及各护、食品、母婴、户外、服装箱包、配饰、游戏、Drive 在线储存十七大类，二级分类更是涵盖一百余种。通过并购和扩张，

YMX 不断拓展其在线商城的产品范围，实现了全品类的发展。其产品价格相对于线下销售更为低廉，而且多数商品都来自品牌商，为消费者树立了良好的口碑。YMX 的客户群体不仅包括个人消费者，还吸引了越来越多的企业客户。

2.AWS 云计算服务

2006 年，YMX 开创了其云计算业务，推出了首个主要存储服务 Amazon Web Services（AWS）。通过以 Web 服务的形式向企业提供 IT 基础设施服务，YMX 成为第一家进入云计算市场的电商企业，取得了显著的先发优势。经过十多年的发展，AWS 如今在全球 16 个地理区域内运营着 42 个可用区，还将有 5 个可用区和 2 个区域陆续上线。AWS 提供的产品包括计算、存储、数据库、分析、互联网、移动产品、开发人员工具、管理工具、物联网、安全性和企业级应用程序等多个领域，服务客户已超过百万，涵盖了初创公司到大型企业，跨足医疗、宇航、信息等各行各业。

YMX 依托其网站收集的大量数据，强化了基础设施建设，并将自身的流程、业务等处理成标准模块。通过 AWS，企业可以以相对低廉的价格获得高度可靠的前期基础设施。目前，AWS 已经成为 YMX 盈利的支柱之一。

随着时间的推移，云计算技术因其高效便捷的特性将被应用到更广泛的领域。因此，越来越多的科技巨头开始重视这一市场。YMX 凭借其介入电子商务平台的天然优势和薄利多销的传统战略，目前在云计算领域的主导地位看起来短时间内难以撼动。

3.数字媒体

YMX 最初凭借网上书店发展起来，因此选定了数字媒体作为其软硬件结合模式的尝试。早在 2007 年 YMX 就曾推出电子书，又在 2010 年发布了 Kindle-fire，Kindle 一经发布，便迅速被市场认定为电子书的代名词。YMX 凭借高超的技术和多年累积的客户资源，在该领域形成强势垄断。三星、索尼、美国 Oyster 公司及英国书店 Waterstone 都因无力与其竞争而关闭了数字图书业务。在这一市场上，YMX 的强劲竞争者是苹果 iPad。为应对 2010 年 iPad 对 Kindle 的冲击，首先，2011 年 9 月 YMX 发布了首款 KindleFire 平板电脑，延续其一贯的价格优势，以 199 美元（不足 iPad 的一半）的售价，从苹果手中抢夺了约 15% 的份额；其次，调整 Kindle 应用，使其能够与 IOS 和安卓系统均兼容，各式智能手机的用户依然可以在 Kindle 商店中购买电子书在其客户端阅读，虽然 iPad 销量在不断增长，YMX 依然可以通过 Kindle 应用获益。YMX 在数字媒体硬件领域不断推陈出新。目前看来，除 Kindle 外，YMX 似乎并未从谷歌和苹果手中抢占多少市场。然而，平板电脑、电视盒子、手机、智能支付系统等新产品的推出，都是 YMX 在数字业务领域寻求突破的尝试。Echo 音箱的推出，是其在智能硬件领域的新尝试，YMX 悄无声息地将 Echo 融入智能家居，这种方式也引起了许多消费者的注意。YMX 在这三大领域已占据一席之地。然而，如它对自身"以客户为先"的定位一样，其从不局限于某一行业，产品和服务渗入生活的各个方面。例如，借助其基础设施业务推出电子邮件、企业桌面等商务软件，且有意介入企业资源规划领域；进军手工艺市场，HandmadeatAmazon 在欧洲五个国家发布，销售的手工艺品数量超过 50 万件；收购传统媒体《华盛顿邮报》，向新闻出版业拓展，力图实现电子新闻和传统媒体的对接等。YMX 为实现其定位，不断拓展着产业链条，构建起其全产业链的生态系统。

（二）客户界面

1. 客户细分

YMX 的客户细分主要涵盖三个主要类型：全球零售市场的消费者、第三方卖家和需要 AWS 服务的企业和个人。

第一，全球零售市场的消费者是 YMX 的主要客户之一。YMX 通过不断扩大规模、增加商品种类，并以中高档商品为主，提供比实体商店更低价格和更丰富品种的产品。YMX 的客户群覆盖各个年龄层和职业，只要具备购买力，消费者可以在 YMX 网站上一站式地购买各种商品。

第二，第三方卖家是 YMX 电商平台的重要组成部分。作为电子商务平台，YMX 全程参与产品从生产者到消费者的分销、广告投放、在线评论、售后客服等环节。YMX 物流配送服务（FBA）为第三方卖家提供了包括仓储物流整合、运输配送、跨境物流、仓储运营及定制化物流方案等的多项服务。这种模式不仅提升了服务品质，也为 YMX 带来了利润增长，形成了一种双赢局面。

第三，AWS 用户是 YMX 云计算服务的客户群体。AWS 主要面向基础设施不够完善的企业、初创公司和公共部门，支持几乎所有工作负载的一百万活跃客户，覆盖 190 个国家和地区。AWS 率先在云计算领域发起冲击，通过提供全球范围的可用区,支持美国、加拿大、南美、欧洲和亚太地区的用户。AWS已经成为YMX最具发展潜力的市场之一,为YMX带来了可观的收入和利润。

2. 渠道通路

企业在确定了自身的价值主张和客户定位后,需要通过有效的渠道通路将这些信息传递给客户。在YMX的业务模式中,渠道通路主要包括多种终端、实时动态的广告宣传、低价及折扣策略、Prime金牌会员服务及作为电子商务平台为第三方提供的强大渠道通路。

第一,YMX拥有多种渠道终端,包括13个国家的官方网站、云服务的AWS、母婴用品商城Diapers、时尚购物网站Shopbop及YMX物流与四个家族网站。这些网站通过YMX旗下的各个站点进行链接,为客户提供多样的购物选择。

第二,YMX通过实时动态的广告宣传来吸引客户,在YMX平台上,发布某些商品的广告,实时更新且位置合理。YMX还在相关网络站点上投放广告,根据带来的客户流量支付佣金,扩大了品牌的曝光度。

第三,YMX采用低价及折扣策略来吸引顾客,为刺激消费者购买商品,YMX定价相对实体商店更低,而且经常推出针对性的折扣、购物券和满减运费等活动。这种策略不仅增加了客户流量,还形成了薄利多销的良性循环。

第四,Prime金牌会员服务是YMX推出的一项服务,通过交纳会员费,顾客可以享受两日内到达的便捷服务。这项服务成为YMX吸引大量忠实顾客的重要工具,促使在线消费额猛增。

最后,作为电子商务平台,YMX为第三方提供了一个强大的渠道通路。第三方卖家可以选择与YMX在仓储物流领域合作或独立运营,通过YMX平台进行销售,为YMX带来了佣金收入。YMX物流服务(FBA)的运营进一步加强了与第三方的合作,为卖家提供了仓储、打包和发运等服务。然而,需要注意的是,第三方经营也存在商家可信度低、商品来源不可靠和商品质量参差不齐的问题,YMX需要采取措施来提高用户体验和维护平台的公平竞争环境。

3. 客户关系

客户关系是指企业根据其经营目标主动与顾客建立联系,这种联系可能包括买卖关系、优先供应关系、合作伙伴关系或战略联盟关系。YMX以"以客户为中心"的理念为基础,致力于构建低价、高效、高品质的电商平台。在客户关系的建设上，YMX 主要构建了"优先供应关系"和"合作伙伴关系"。

首先，优先供应关系在 YMX 的客户关系中占据重要地位。YMX 通过持续的低价策略、大数据技术和个性化服务，构建了与消费者之间的紧密联系。YMX 的 E-CRM 系统不仅掌握顾客在网站上的所有痕迹，还能分析客户的基本信息和偏好，为客户提供个性化的服务。通过 One-click 一键式购物，客户信息被调用，使得购物流程更加便捷。此外，YMX 通过在线评论和消费者回评体系，让消费者可以相互交流和分享购物体验，为其他潜在消费者提供依据，提高口碑，形成良性互动，加深了与客户的连接。

其次，合作伙伴关系也是 YMX 客户关系的一大特点。YMX 与第三方卖家、AWS 服务用户之间形成了深度的合作伙伴关系。在销售方面，YMX 通过 FBA 服务邀请第三方卖家入驻平台，构建了卖家与 YMX 之间的深度协作关系。超过四成的商品来自第三方卖家，这种合作模式提供了一个低成本、高效率的交易入口，为中小型商家进入市场提供了便利。在云计算服务方面，YMX 推出 AWS 合作伙伴网络（APN），通过全球性的合作伙伴计划，YMX 与 AWS 客户之间形成了长期的合作关系。AWS 为客户提供公有云服务，帮助创新企业规避了大量前期 IT 基础设施建设的费用，形成了基于客户需求的高度一致的服务认知。这种深度合作不仅维系了长久的客户关系，也为双方带来了共同的利益。

（三）基础设施管理

1. 核心资源

一个企业要确保其商业模式高效运转，必须拥有竞争对手难以复制的核心资源。在 YMX 下，其核心资源主要源于多年来在电子商务领域积累的低价和高质量的运营经验，以及从中获得的丰富客户数据。这些数据不仅成为构建 YMX IT 基础设施和全球订单处理系统的基石，还逐步确立了 YMX 在市场中的垄断地位。

YMX 一直以来都坚持以低价优势开拓市场，不断占领市场份额，实现了销量的持续攀升。其"薄利多销"的战略不仅提高了客户流量，也为后期基础设施建设的投资提供了支持。YMX 通过电子商务平台积累了大量忠实用户，并通过对基础设施的巨额投入，提升了客户体验。这些投资在后来为 YMX 带来了实际的收益，尤其是 AWS 云服务的成功，将 YMX 的组织流程、业务模式和数据处理标准化，为其他公司提供了高效便捷的服务。

在云计算领域，YMX的核心竞争力体现在几个方面。首先，YMX在电子商务领域占据主导地位，享有高度的品牌认可度，为发展平台业务提供了天然的优势。其次，YMX长期以来对基础设施的投入使其拥有与高科技公司相匹敌的存储和计算能力。再次，YMX的零售业务不仅支撑了AWS服务的低廉价格，还形成了其一贯的低价打开市场的策略，使其在价格上具备明显的竞争优势。此外，YMX在AWS服务上已有多年的经验，建立了完善的服务体系，为客户提供了可信赖的服务。YMX还将数据与云计算方式应用于订单处理系统，通过大数据和智能算法实现了仓储、配送等环节的高效运转。其全球遍布的仓储中心和稳定的智能订单系统构成了其他企业难以比拟的核心资源。

2. 关键业务

YMX的关键业务涵盖了三个主要方面：基于云计算的AWS服务、为第三方提供的FBA物流服务和数字媒体业务。首先，基于云计算的AWS服务是YMX的关键业务之一。AWS提供全球范围内的计算、存储、数据库分析和应用等服务，为各类组织提供了替代前期大规模构建数据中心和服务器的灵活解决方案。通过按需付费的模式，AWS将前期投入转化为可变成本，有效避免了资源浪费，提高了工作效率。YMX的平台优势使其能够集聚大量客户，使每位客户以相对较低的可变成本享受到规模经济效益。客户可以在应用程序部署前使用云计算确定其固定的容量需求，从而避免了资源浪费或容量不足的问题。此外，AWS还提供了完整的数据库运行和维护服务，以及全球多个区域的紧密部署，为企业在全球范围内部署应用程序提供了便利。

AWS在YMX财报中占据重要地位，其营业收入占总销售额的7%，但贡献了49%的利润，彰显了其作为新的核心业务和利润支柱的地位。YMX在AWS业务的竞争优势主要体现在多个方面：其一，YMX是全球最早研究云计算并将其与平台业务结合的企业，先发优势和持续创新是明显的；其二，YMX一直以来对技术高度重视，投入了大量成本在IT基础设施建设上，使其存储和计算能力不逊于高科技公司；其三，YMX的企业文化以客户为导向，不断推陈出新，勇于变革，提高服务质量；其四，YMX一贯的低价策略及在线零售平台业务的支持，使其能够承受更低的价格，形成了明显的竞争优势。

其次，YMX物流（FBA）服务是另一个关键业务。FBA服务于2007年推出，为第三方卖家提供运输、清关、退换标、短期仓储等头程服务。YMX通过创新性地建立了重资本的物流体系，将持续低价策略贯彻到物流服务中。第三方卖家可以借助FBA的可靠仓储和配送渠道，专注于产品开发和业务拓展，同时，YMX通过该服务摊薄了物流成本，并吸引了更多卖家入驻。YMX物流的优势在于其具有二十余年的电商物流经验，全球2.85亿的活跃用户和123个配送中心构成了强大的后盾。通过不断创新的智能系统，YMX提高了订单管理效率，从而为物流服务打下了坚实基础。YMX的仓库机器人数量超过四万台，仓库智能化的不断优化使其成为电商物流的领导者。

最后，数字媒体业务是YMX的第三大关键业务。YMX通过KindleFire和平板电脑在市场上取得了成功，之后推出的电视盒子和智能手机虽然面临竞争，但YMX将目光投向了语音控制领域，推出了智能语音助手Alexa。通过Echo产品，YMX成功在智能语音领域占据市场份额。这一领域竞争激烈，但YMX通过推出多个App和建立完善的生态系统，努力吸引更多消费者。YMX的智能硬件市场也许会成为未来智能家居的中心。通过这三大关键业务，YMX巩固了其在云计算、物流和数字媒体领域的竞争优势，为公司的长期发展提供了强大的支持。

二、XC旅行网电子商务模式

XC旅行网是旅游行业的电子商务创新典范。XC旅行网通过引入在线旅游预订系统，打破了传统旅行社的局限性，使消费者能够直接在线享受预订机票、酒店、旅游套餐等服务。XC旅行网的成功要素包括丰富的旅游产品资源、便捷的在线预订流程及强大的售后服务体系。这些因素使得XC旅行网在行业中占据了领先地位。

（一）XC旅行网网站经营模式分析

1.XC旅行网业务范围

XC旅行网以其多元化的业务范围为广大客户提供了全面一站式的旅行服务。公司主营业务包括度假方案制定、机票酒店预订、旅游咨询及商旅管理等多方面服务。这种全方位的旅行服务吸引了大量客户，为其提供了便捷且一体化的出行解决方案。XC旅行网的独特之处在于其不仅仅提供基础的机票和酒店预订服务，还为客户提供度假方案的定制。通过为客户规划完整的度假行程，XC旅行网提供了更为个性化和贴心的旅游体验。

服务体验是 XC 旅行网成功的重要因素之一，公司致力于提供高质量的服务，以增强客户对网站的黏着性。通过全面、专业的旅行服务，XC 旅行网成功将客户流量转化为忠实且积极参与的有效客户。此外，XC 旅行网与众多合作机构紧密合作，构建了一个庞大而广泛的服务网络。XC 旅行网为客户提供了国内外五千多家酒店的预订服务，成为专业的酒店预订服务中心。这种广泛的酒店合作关系为客户提供了丰富的选择，使其能够根据个人需求和偏好选择合适的住宿方案。

此外，XC 旅行网在机票预订方面表现出色，拥有领先的机票预订平台。其航线范围涵盖国内外全部航线，每月平均出票量高达 50 余万张。这为客户提供了灵活且便利的机票选择，使其能够轻松规划国内外的行程。XC 旅行网通过高效的机票预订平台，为客户提供了可靠的机票信息和服务。

2. 盈利机制

XC 旅行网采用"会员模式"作为其盈利模式，旨在通过对有效用户的会员费用收取或扮演中介角色赚取中介费用来实现盈利。这一模式通过发放会员卡以增强对普通商旅客户的黏性，并通过提供差异化服务争取更多客户的青睐，从而赚取更多中介费用。在"会员模式"的初期，XC 旅行网面临一定的发卡成本和积分成本，但随着会员的数量发展到一定基数，公司能够从中筛选出目标客户，并通过更强的议价能力成为客户的首选。随着时间的推移，XC 旅行网逐步停止免费发放会员卡，从而形成一种良性循环的盈利渠道。

XC 旅行网的盈利模式不仅仅依赖于会员费用，还涵盖了多个渠道，确保了其盈利来源的多样性，其中，主要包括收取机票预订代理费、酒店预订代理费、保险预订代理费及广告费等。这种多元的盈利渠道使 XC 旅行网能够更灵活地应对市场变化，并在不同领域获取可观的利润。例如，通过代理机票和酒店预订，XC 旅行网能够在旅行服务的不同方面获取中介费用。而通过提供保险服务，公司还能够收取相应的代理费用。此外，广告费用的收取也为 XC 旅行网提供了另一种稳定的盈利来源。

值得注意的是，XC 旅行网通过多个渠道获取盈利并形成一定规模效应，这有助于提高其盈利的稳定性和可持续性。多元的盈利模式不仅有助于降低单一业务风险，还为公司未来的拓展提供了更大的灵活性。因此，XC 旅行网的盈利模式在经济变化和市场竞争中表现出相对的韧性，为其在旅行服务领域的持续发展奠定了坚实基础。

3. 品牌合作

2010年，XC旅行网通过战略投资中国台湾易游网和中国香港永安旅游，实现了在海峡两岸暨香港的布局，标志着公司在亚洲地区的强大影响力。作为中国领先的综合性旅行服务公司，XC旅行网成功地整合了高科技产业与传统旅行业，为其在国际市场的扩张打下了坚实基础。

XC旅行网的海外酒店合作涵盖了三个主要来源。首先，通过与全球客房销量最大的酒店预订平台Booking系统的直连，XC旅行网得以引入大量酒店资源，满足用户对多样化住宿选择的需求。其次，通过与知名国际酒店集团如万豪、希尔顿、香格里拉等的系统直连，XC旅行网巩固了对高端酒店市场的覆盖，并提供了更丰富的高品质住宿选项。再次，依托XC旅行网原有直签的数万家海外合作酒店，公司构建了庞大而多元的酒店网络，为用户提供更广泛的选择。

在国内市场，XC旅行网积极寻求与竞争对手途牛旅游网的合作机会，双方达成合作协议，通过深入的合作关系实现资源的共享，以实现互利共赢。这种合作不仅加强了XC旅行网在国内旅游市场的地位，还为用户提供了更为便捷和丰富的旅游服务。合作协议使双方能够充分发挥各自的优势，共同应对市场竞争的挑战，推动整个旅游行业的健康发展。

（二）XC旅行网的SWOT分析

1.XC旅行网的优势（S）

XC旅行网凭借其独特的优势在旅游服务行业中取得了显著的地位。首先，XC旅行网规模效应较大，近年来与国内外5000家相关企业建立了长期稳定的合作关系。这种紧密的合作网络为XC旅行网提供了丰富的资源和广泛的服务覆盖，使其成为一家具备全球影响力的综合性旅行服务公司。通过提供覆盖国际国内绝大多数航线的机票预订网络，XC旅行网成功降低了运营成本，实现了显著的规模效应，为用户提供了更广泛、更经济的旅行选择。

其次，XC旅行网具备先进的管理体系，通过将服务过程分割成多个环节，并采用细化的指标来控制各个环节，建立了一套独特的测频体系。同时，XC旅行网引入了制造业的质量管理方法——六西格玛体系，以提高服务质量和顾客满意度。目前，XC旅行网各项服务指标已接近国际领先水平，充分展现了其在管理方面的先进性。这种先进的管理体系使 XC 旅行网能够高效运营，提供卓越的旅行服务，不断提升顾客的体验和满意度。

再次，XC 旅行网拥有明显的品牌优势，已成为综合性服务旅游公司中的领头羊。在各大商旅城市中，XC 旅行网的知名度和美誉度位居前列，频频获得业界殊荣。这一品牌优势不仅有助于 XC 旅行网吸引更多用户，还增强了其在竞争激烈的市场中的竞争力。XC 旅行网通过品牌的塑造和维护，成功地建立了用户对其服务的信任感，成为旅行者首选的在线旅行服务平台。

2.XC 旅行网的劣势（W）

XC 旅行网虽然在旅游服务领域取得了显著的成就，但也面临一些劣势和挑战。首先，垂直搜索网站的崛起对 XC 旅行网构成了竞争压力。例如，"去哪儿"这样的垂直搜索网站已经超越 XC 旅行网，其单日机票出票量已显示出强劲的市场竞争力。根据相关数据，预计未来半年，"去哪儿"的总体营业额可能超过 XC 旅行网，这表明 XC 旅行网在市场份额上面临挑战，需要更加努力来保持竞争优势。

其次，服务成本过高是 XC 旅行网的另一个劣势。虽然 XC 旅行网希望通过建立像制造业那样将服务流程分割成若干个环节的服务体系，提高回复速度和改善服务态度，全面提高服务水平，但这也带来了高额的人力和物力投入。建立此体系需要大量资源，从而增加了运营成本。高昂的服务成本不仅影响了 XC 旅行网的盈利能力，还可能使其在价格竞争中处于不利地位。

再次，网络公司在法律上的弱势也是 XC 旅行网的一个劣势所在。目前国内对电子商务在保密性、网络安全性方面难以保证，对于域名的保护仍处于研究状态，并没有明确的法律规定。XC 旅行网因此不得不面对相关问题带来的法律和风险挑战。网络安全问题可能会影响用户的信任度，进而影响 XC 旅行网的业务发展，需要通过加强法律意识和安全措施来规避潜在的法律风险。

3. XC 旅行网未来发展的机遇（O）

XC 旅行网在未来发展中面临着一系列机遇，可以通过不同的战略来加强其市场竞争力。首先，加速相关资源的整合是一个重要的机遇。通过兼并和收购，XC 旅行网可以成为一站式旅游服务中心，将相关旅游资源整合进来，不断拓展和发掘新的业务领域。这种整合可以提高公司的服务综合性，为用户提供更全面的旅游解决方案，从而增强 XC 旅行网的市场地位。

其次，积极拓展海外旅游市场也是 XC 旅行网未来发展的一个机遇。通过与一些海外资源的合作，学习国外大型旅游公司的经验，XC 旅行网可以在保持国内市场份额的前提下，争取更大的海外市场份额。随着人们对跨国旅游需求的增加，开发海外市场将成为 XC 旅行网的战略重点，提升服务品质将是在海外市场竞争中取得优势的关键。

再次，加大对移动互联网市场的投入是 XC 旅行网未来的发展机遇之一。现代旅游消费群体趋于年轻化，更热衷于通过移动互联网平台进行浏览和购买。因此，XC 旅行网将加大在互联网平台上的营销和广告投入，提升移动应用的用户体验，加大技术支持和资金投入。这有助于更好地满足现代消费者的需求，提升公司在移动互联网市场的竞争力。

4.XC 旅行网面临的挑战（T）

XC 旅行网在其发展过程中也面临一系列挑战，这些挑战可能对其盈利能力和市场地位造成一定的影响。首先，XC 旅行网的价格优势相对较弱，利润空间相对较小。作为一家以互联网为载体的中介机构，XC 旅行网的盈利主要源于赚取中介服务费。在竞争激烈的市场中，XC 旅行网面临价格战激烈的问题，这可能导致盈利空间的进一步压缩，需要寻找其他盈利渠道以维持公司的可持续发展。

其次，新设直营店的竞争也是 XC 旅行网所面临的挑战之一。由于 XC 旅行网的业务范围涉及机票预订，国内七八家航空公司都计划在淘宝网上开设直营店，这可能对 XC 旅行网的机票预订业务产生冲击。面对直接竞争的挑战，XC 旅行网需要采取有效的策略，提高自身服务的竞争力，以留住并吸引更多的用户。

再次，旅游行业的季节性较强也是 XC 旅行网需要应对的一个挑战。旅游行业受季节和假期影响较大，这使得难以仅依靠单一业务获得较为稳定的收入来源。为了解决这一问题，XC 旅行网可以积极拓展业务范围，丰富服务类型，以降低对季节性波动的敏感性，实现更为稳定的收入。

三、行业案例的成功要素

行业案例的成功要素可以总结为以下几点：

（一）创新思维与技术应用

1.业务模式创新

在电子商务领域，业务模式的创新成为企业成功的关键因素之一。不断思考如何通过独特的方式满足消费者需求，是企业在竞争激烈的市场中脱颖而出的重要策略。一个鲜明的例子是 YMX，该企业通过引入 Prime 会员制度，实现了会员快速配送和独家优惠，为用户提供了独特的购物体验。

YMX 的 Prime 会员制度不仅仅是一种会员服务，更是一种巧妙的业务模式创新。通过让用户支付会员费，YMX 为其会员提供了更高水平的服务。会员可以享受到更快速的货物配送，有时甚至可以在同一天内完成送达。此外，Prime 会员还能够获得独家的优惠和特别活动的参与资格，使得会员感受到了与普通用户不同的待遇。

这种创新思维带动了 YMX 的销售增长，并在市场上树立了良好的口碑。用户通过支付会员费，不仅仅是购物，更是购物体验的提升。这种模式的成功表明，企业通过引入新的商业模式，提供更高水平的服务，可以在市场中取得竞争优势。

业务模式创新不仅仅是提供产品或服务的新途径，更是通过重新设计商业运营方式，从而为企业带来持续的竞争优势。在电子商务领域，用户体验的重要性不言而喻，而业务模式创新正是为了在这个方面取得突破。通过不断挑战传统的商业思维，企业能够更好地适应市场变化，满足用户的多样化需求。

2. 技术应用的前沿性

电子商务成功的另一个关键要素在于对前沿技术的灵活应用。YMX 作为行业领军者，以其对大数据和人工智能的深入应用而赢得了声誉。这种前沿技术的灵活应用在很大程度上推动了企业的数字化转型和创新。

YMX 的大数据应用是其成功的重要组成部分。通过分析海量用户行为和购物历史数据，YMX 能够深入了解用户的偏好和需求。基于这些数据，YMX 建立了强大的推荐系统，能够向用户个性化地推荐商品。这不仅提高了用户的购物体验，还增加了销售转化率。通过不断优化和更新推荐算法，YMX 保持了其在电子商务领域的竞争优势。

另外，XC 旅行网作为旅游服务提供商，也充分利用了信息技术，尤其是在线预订系统。这一系统通过整合大量旅游产品和服务信息，为用户提供便捷、高效的旅游服务预订体验。用户可以通过 XC 旅行网的平台轻松地查找和比较不同的旅游选择，实现个性化定制行程。这种技术的应用不仅提高了用户对旅游服务的获取效率，还为 XC 旅行网赢得了用户的信赖和忠诚度。

在电子商务领域，前沿技术的应用不仅仅是提高效率，更是为企业创造了全新的商业机会。大数据、人工智能、区块链等技术的综合应用，使得企业能够更好地理解市场和用户，实现精细化运营和个性化服务。这种前沿技术的灵活运用为企业带来了持续创新的动力，推动了整个电子商务行业的不断发展。

3.用户体验的全面考量

电子商务成功的一个重要方面是对用户体验的全面考量。在众多成功案例中，企业通常将用户需求置于核心位置，通过精心设计和全方位的服务，不断优化用户体验，提升用户满意度。

XC旅行网作为成功的电子商务案例之一，凭借其全面的旅行服务而脱颖而出。该平台通过深入了解用户的需求，并将其体验放在首要位置，致力于为用户提供一站式的解决方案。从旅游规划到预订，再到行程管理，XC旅行网一直关注并满足用户的各个需求，为用户提供便捷而个性化的服务。

其中，网站和移动应用的界面设计是提高用户体验友好性的重要手段。通过优化设计，简化购物流程，XC旅行网创造了一个直观且易于操作的平台，使用户能够更轻松地完成旅行规划和预订流程。这种用户体验的全面考量不仅提高了用户的满意度，也增强了用户对XC旅行网的信任感和忠诚度。

用户体验的全面考量还包括个性化服务的提供。XC旅行网通过深度挖掘用户数据，了解用户的兴趣和偏好，为其提供定制化的旅行建议和推荐。这种个性化的服务不仅提高了用户的满意度，也为XC旅行网赢得了竞争优势。

（二）强大的物流与供应链体系

1.高效的仓储网络

电子商务成功的一个重要组成部分是高效的仓储网络，尤其在零售行业中。YMX以其全球性的仓储网络而成为成功的典范，通过这一网络，其实现了商品的迅速配送，为用户提供了更为便捷的购物体验，缩短了用户等待时间，这是其成功的关键要素之一。

在电子商务领域，物流不仅仅是商品运输的过程，更是用户体验的一部分。YMX通过建设全球性的仓储网络，将仓储和物流紧密结合，实现了高效的商品配送。这一高效的物流体系不仅加速了商品的流通速度，也提高了用户的购物满意度。用户可以更快速地收到心仪的商品，享受到便捷的购物服务，从而增强了其对YMX品牌的信任感。

高效的仓储网络在提升电子商务企业的竞争力方面发挥了关键作用。通过将仓储网络布局在全球范围内，YMX不仅能够更好地应对日益增长的市场需求，还能够灵活应对不同地区的特殊情况，例如节假日促销、天气突发情况等，确保其在各种情况下都能够保持高效的物流运作。

这种高效的仓储网络直接影响了用户购物体验。YMX能够为用户提供更快捷、可靠的购物服务，通过及时的配送服务，满足用户对于快速获取商品的期望。这不仅提升了用户的购物体验，也为YMX树立了良好的品牌形象，进而赢得了用户的忠诚度。

2. 供应链的整合与优化

在旅游行业，XC旅行网成功地通过整合供应链开发了更为多元化的旅游产品，为用户提供了丰富的选择。通过与各类酒店、航空公司等旅游服务提供商进行紧密合作，XC旅行网构建了一个庞大而高效的供应链体系，从而在市场上占据有利位置。这一供应链的整合不仅为用户带来更多的选择，也为企业创造了更多的盈利机会。

XC旅行网的供应链整合主要体现在以下几个方面。首先，通过与全球范围内的酒店合作，XC旅行网能够提供广泛的住宿选择，涵盖了不同价格、风格和服务水平的酒店。这使得用户可以根据个人需求和预算轻松选择合适的住宿方案。其次，与航空公司的合作使得XC旅行网能够提供覆盖国际国内绝大多数航线的机票预订服务，为用户提供便捷的出行方案。此外，XC旅行网还整合了各类旅游活动、景点门票、租车服务等，形成了一站式的旅游产品平台。

这种供应链的整合为用户提供了全面的旅游选择，使其能够在同一平台上完成整个旅行的规划和预订。用户无须在不同的平台之间切换，享受到更为便捷和高效的服务体验。同时，对于XC旅行网而言，通过整合供应链，公司能够更好地掌握市场信息，提高资源利用效率，实现成本的优化和盈利的最大化。

3. 数据驱动的供应链决策

在电子商务领域，数据驱动的供应链决策是实现成功的关键之一。电子商务企业利用先进的数据分析技术，通过对销售数据和库存情况的实时监控，实现了智能化的供应链管理，为企业提供了更为高效的决策支持。以YMX为例，该企业通过充分利用数据分析，实现了优化的库存管理，有效应对市场需求的变化，避免了过剩或缺货的情况，提高了供应链的效益，降低了运营成本。

数据驱动的供应链决策的核心在于对大量数据进行深入分析，从而发现潜在的规律和趋势，为企业决策提供科学的依据。在电子商务中，销售数据、用户行为数据、库存数据等都是宝贵的信息资源，通过对这些数据进行整合和分析，企业能够更好地理解市场需求，精准预测产品的热度和销售趋势，从而做出更具前瞻性和远见的供应链决策。

数据驱动的供应链决策不仅在库存管理方面有显著效果，还在其他方面发挥了积极作用。通过对用户行为数据的分析，电子商务企业能够更好地理解用户的偏好和需求，从而调整产品组合、优化推荐系统，提高用户满意度。同时，对供应商绩效、物流配送等方面的数据进行监控和分析，可以实现整个供应链的协同优化，提高整体运营效率。

数据驱动的供应链决策是电子商务企业成功的关键环节之一，其优势不仅在于提高决策的准确性和时效性，还在于为企业提供了更灵活、更智能的运营模式。通过不断优化供应链决策，企业能够更好地应对市场的变化，提高竞争力，实现可持续发展。因此，将数据分析应用于供应链管理，已经成为电子商务企业不可或缺的成功策略之一。

第二节　创新企业实证分析

在进行电子商务创新企业的实证分析时，我们可以选择以下几个典型企业进行深入研究：

一、TCC电子商务创新模式及启示

近年来，各大电商巨头纷纷加入社区电商竞争，然而，由于国家监管部门对补贴大战的限制，电商企业纷纷转向创新发展。以TCC为例，通过对其电子商务模式的剖析，我们可以看到TCC采用了集B2B、B2C、C2B、C2M、O2O及社区电商于一体的创新模式。

（一）TCC电子商务模式解析

1.TCC商业模式简介

TCC商业模式的运作流程如图5-1所示。用户首先在阿里巴巴的电商平台淘

宝或淘特的 TCC 接入界面下单。订单信息通过平台的内部管理信息系统传递给阿里巴巴的数字农业基地或者 1688、淘特、大润发及零售通等供应商，包括本地供应商。接着，产品和相关信息被传送至 TCC 中心仓，并通过中心仓分发到各地的网格仓。最后，产品供应给全国各地的社区小店，由小店进行配送到用户手中。这一流程旨在确保用户在 24 到 36 小时内能够购买到新鲜而实惠的产品。该商业模式打通了上游和下游，构建了一体化的智慧供应链，从而提高了效率并为所有参与者创造了价值。

这种商业模式的创新之处在于其整合了电商平台、供应商、中心仓、网格仓、社区小店等各个环节，形成了一个高效而协同的运作网络。用户通过电商平台下单，得益于数字农业基地和多家供应商的紧密合作，产品能够快速、准确地从中心仓分发到各地网格仓。社区小店作为末端服务节点，实现了最后一公里的配送，确保用户能够在最短时间内获取所需产品。整个流程的无缝连接，为用户提供了便捷的购物体验，同时也为供应商和小店提供了更多的销售机会，形成了多方共赢的局面。此外，TCC 商业模式的成功之处还在于其对数据的精准运用。通过内部管理信息系统的支持，TCC 能够实时监控订单流程、库存情况及用户需求。这种数据驱动的运作方式，使得 TCC 能够更好地调整供应链、优化库存管理，从而提高运营效率，降低成本，提供更具竞争力的价格和服务。

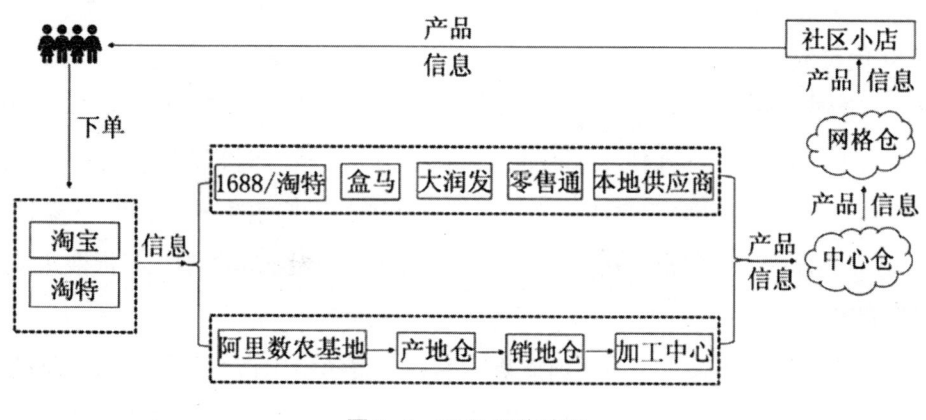

图 5-1 TCC 运作流程

2. TCC 电商模式解析

（1）B2C 模式及 B2B 模式

在市场参与者的层面上，TCC 采用了 B2C 电商模式和 B2B 电商模式。在

B2C 电商模式中，B 代表 TCC 的运营者，即阿里巴巴，而 C 代表广大消费者。阿里巴巴通过其旗下电商平台淘宝和淘特为消费者提供 TCC 的购物入口。消费者可以在这些平台上选择购买各种 TCC 提供的产品，包括新鲜蔬菜、时令水果、肉禽蛋等农产品，以及粮油调味、乳饮酒水、休闲零食、鲜花绿植、个护家清、日用百货等日常生活用品。

在 B2B 电商模式中，第一个 B 仍然是阿里巴巴，而第二个 B 包括上游的 TCC 供应商和下游的与 TCC 合作的社区小店。在供应链端，TCC 与阿里的数字农业基地、1688、淘特、大润发及零售通等供应商或本地供应商建立了合作关系。阿里巴巴与这些供应商之间的交易属于典型的 B2B 交易，双方通过产品交换来实现价值的获取。

在分销端，TCC 与全国范围内的 600 多万家社区小店建立了协作关系。通过这些小店，TCC 在社区层面搭建了云菜场，使得消费者可以在网上下单，第二天就能在附近的小店取得订单中的商品。这种模式解决了物流的最后一公里问题。此外，阿里巴巴不仅为小店提供直供货源，还通过一店多能的定制方案，为小店提供外卖、快递等多种业务，从而为小店创造额外收益。

（2）C2B 及 C2M 模式

从需求驱动的视角来审视，TCC（天猫超市）采纳了 C2B（消费者到企业）和 C2M（消费者到制造商）模式，其中 C 代表普通消费者，B 代表阿里巴巴，而 M 代表生产商。相较于其他电商平台，TCC 独具优势之处在于其能够通过准确预测销量来确定产量，巧妙地连接消费者和农户，从而降低了传统生鲜零售渠道中由不确定性导致的损耗，同时也能够稳定商品价格。例如，在 2021 年 11 月，受各种因素的影响，全国多地蔬菜价格普遍上涨。在济南的一些超市，菠菜甚至以 16 元一斤的高价售出。然而，通过 TCC 接入广东社区的供港蔬菜价格几乎没有受到影响。

此外，TCC 还采用了"猪肉期货"模式来缓解猪肉市场价格波动。通过提前锁定养殖基地的生猪货源，TCC 包销其存栏生猪，确保在价格猛跌时，养殖基地的生猪不会滞销，使养殖户能够安心养殖。值得注意的是，TCC 还具备以销定产的特性。以猕猴桃为例，通常情况下，购买猕猴桃后需要等待一段时间才能食用。然而，TCC 与阿里数农基地合作成立了国产即食猕猴桃研发中心，成功研发出即食猕猴桃，使消费者能够直接购买并食用，同时也为果农每亩地至少增加了 2000 元的收入。

（3）社区电商及 O2O 模式

从服务范围和方式的分类来看，TCC 采用了社区 O2O 电商模式，具体表现为消费者在阿里巴巴的电商平台上线上购物，然后在就近的小店线下提货。TCC 通过直接连接社区小店与农业生产者，帮助农户降低生产和物流成本，同时也降低了消费者的信任成本，为消费者提供物美价廉的商品。与传统社区电商不同的是，TCC 通过数字技术改造社区小店，并提供数字化服务，使小店不仅仅是销售商品，还提供了快递、外卖等多元化服务。

一个 TCC 小店实际上相当于便利店、菜鸟驿站、蔬菜摊和自提柜的综合体，真正构建了社区"一刻钟便民惠民智慧社区生活圈"。截至 2021 年 12 月底，TCC 平台已经覆盖全国 20 多个省级行政区，直接连接了 10000 个农产品基地，规模上行了 5 亿斤农产品。这一模式不仅推动了社区生活的便捷化和智慧化，也为农产品实现了更广泛的市场覆盖和销售。

（二）借鉴与启示

1. 创新是电子商务发展的灵魂

创新被认为是电子商务发展的核心要素。在 TCC 推出之前，一些知名的社区电商品牌如美团优选、橙心优选、兴盛优选、多多买菜、叮咚买菜等早已在该领域占有一席之地。然而，TCC 之所以能够在短时间内迅速崛起并实现弯道超车，主要得益于其创新的经营模式和策略。

其一，TCC 通过数字技术的协同整合供应链，将上游与下游的全链路打通，从而缩短了中间环节，提高了农产品流通的效率。另外，TCC 采用了产地直采直销的模式，实现了规模化采购、标准化供应和确定性需求。这一模式不仅避免了资源浪费，还确保了农产品以稳定的价格和高品质供给市场，优化了农产品供应链。

其二，TCC 在创新方面也展现出了许多其他竞争品牌没有采取的做法。例如，引入了"科技小院 +TCC"模式，与农业科学家合作，对商品进行源头分级保障，实现了产、供、销全链路的可视化流通，解决了消费者在购买优质农产品时的平价困扰。将社区小店作为服务站，采用"预售 + 自提 + 次日达"的创新模式，有效解决了农产品供应链的"最后一公里"问题。TCC还推出了"猪肉期货"模式，有力地缓解了猪肉市场价格波动。此外，通过开发"一店多能"的柔性定制模式，TCC不仅为小店提供了增收机会，还满足了社区居民多样化的需求。

2. 资源是电子商务发展的保障

资源对于TCC的迅速崛起提供了坚实的支持和保障，成为电子商务发展的不可或缺的要素。首先，流量资源发挥了关键作用。一方面，TCC在淘宝App首页和淘特App首页设立了入口，充分利用活跃用户过亿的线上平台，将客流引导至社区小店。另一方面，通过数字技术改造的社区小店为TCC提供了线下流量入口，实现了线上线下的流量融合。其次，商品资源是TCC成功崛起的重要保障。TCC汇聚了超过100万种优质商品，包括水果、蔬菜、海鲜、百货等，几乎覆盖了社区电商所需的全部商品品类。这些丰富的商品资源源自淘特、大润发、1688及阿里巴巴数字农业基地，其中阿里的数字农业基地输出全国各地的产品高达百万吨。再次，物流供应链资源也是TCC迅速扩张的关键因素。TCC依托阿里生态优势，构建了"产地仓 - 中心仓 - 网格仓 - 社区小店"的一体化智慧供应链。截至2021年12月，TCC直连了近万个农产品基地，覆盖采购、运输、分销和社区配送等全链路环节，具备高效、低成本、时效性强等优势。

综合来看，庞大的流量资源、丰富的商品资源及强大的物流供应链资源为TCC的成功提供了有力的支持和保障。这些资源的整合和充分利用使得TCC得以在竞争激烈的电子商务领域中迅速崛起，并确立了其在社区电商市场中的领先地位。

3. 价值共创是电子商务发展的趋势

电子商务发展的趋势之一是价值共创，而商业模式创新的核心在于实现价值创造。TCC成功构建了一个以价值共创和合作共赢为基础的商业生态圈，其与传统的单向价值产出模式形成明显区别，将企业、消费者、供应商和社区小店之间的距离拉近。通过数字技术的运用，商业运作的各方能够有效合作，共同参与到价值共创的过程中。社区小店通过收集和预测消费者的需求，将这些信息反馈给企业，企业则根据需求直接采购产品并指导生产商进行生产。这样一来，每个参与者在整个过程中都获得了价值的增值。消费者以实惠的价格购买到优质的产品，社区小店提高了综合收入，而农户也不再为滞销而烦恼，获得了稳定的收益。

TCC 采用的"以销定产"的模式成功解决了农产品种植结构调整和信息收集的难题，使农业生产更好地适应市场需求的变化，为巩固脱贫成果提供了有效的渠道。同时，在疫情防控期间，TCC 能够调拨上千吨紧急生活物资，协助保障民生供给，创造了许多本地就业机会，具有较强的社会价值。一个电商品牌若想实现长期发展，除了考虑为企业创造价值外，还需关注如何为消费者、合作伙伴及社会创造价值，这正是电子商务发展的不可忽视的趋势。

4. 数字技术是电子商务发展的引擎

数字技术被认为是电子商务发展的引擎，其对 TCC 的运营起到了关键的支持作用。首先，通过数字技术对客户购买行为的分析，TCC 能够预测客户需求，有针对性地对接货源，实现了"以销定产"的策略。其次，数字技术打通了商品的产销全链路，促使信息快速互联互通，解决了原有的信息不对称和链路不畅通的问题，为 TCC 构建了高效、精准的农业供应链，形成了强大的竞争优势。进一步，数字技术的应用使得阿里在全国建立了一千多个数字农业基地，实现了农产品种植过程的标准化和规模化，改变了传统小而散的种植模式，提高了农产品种植的效率，推动了农业的高质量发展，提升了产业化和集约化水平。再次，数字技术也为 TCC 合作的社区小店提供了升级改造的机会，将其打造成"云菜场""云便利店"和快递外卖服务站，提升了小店的数字运营能力，更好地满足了社区居民多元化的需求。

总的来说，数字技术的应用助力 TCC 构建了全新的商业模式，推动商业数字化的进程，实现了产销的精准匹配，数字化的便民服务。这使得 TCC 能够以低成本、高效率的方式精准应对市场需求，并为未来的发展指明了方向。

二、MT 公司商业模式及启示

MT 公司的商业模式是将线上资源和线下资源巧妙对接，通过将本地生活业务划分为不同品类，利用 BD 和地推团队邀请商家入驻，将各品类商品聚合展示给消费者，实现了供需双方的高效连接。MT 通过这种方式成功解决了消费者和商家之间信息不对称的问题。其盈利模式主要依赖于在促成交易后向商家收取服务费和佣金。此外，MT 还通过存储的大量用户数据为商家提供搜索推荐和增值服务，拓展盈利渠道。

在本质上，MT 搭建了一个本地生活的线上平台，充当中间者的角色，帮助消费者与商家实现有效互动,并通过交易赚取相应费用。MT 的商业模式成功之处在于通过线上渠道为消费者提供更具性价比的商品和服务,同时完善了相应的配送体系。对于供给侧,MT 为商家提供了新的引流渠道,消除了传统口碑传播的依赖,让商家可以通过平台上的优质餐饮资讯吸引潜在顾客。此外,MT 的外卖服务使消费者能够在家享受商家的商品和服务。通过大数据收集,MT 获取了大量的消费者行为数据,为商家提供了精准匹配和优质流量导入。

MT 公司的 O2O 电子商务商业模式成功将线上支付和线下体验、需求侧和供给侧高效结合,形成了一条完整的消费链路。线上线下的有机融合构建了一个封闭的消费闭环,为用户和商家创造了更便捷、高效的消费体验。

(一) MT 公司 O2O 电子商务商业模式的特点

MT 公司 O2O 电子商务商业模式最大的特点是在原有的传统商业模式上进行了创新,从原有的线上平台购买商品,通过快递配送到用户手中创新成用户线上挑选商品及服务,到线下实体店进行消费或者线上实体店通过骑手实现即时配送。

1. 商业模式创新

MT 公司的 O2O 电子商务商业模式的显著特点之一是其对传统商业模式的创新。与传统的线上购物和线下实体店消费相比,MT 通过创造用户在线挑选商品及服务,并选择线下实体店进行消费或通过骑手实现即时配送的方式,成功实现了线上线下的有机融合。这种商业模式的创新带来了多方面的影响和优势。

第一,通过将用户线上挑选商品和服务的环节与线下实体店消费或即时配送相结合,MT 打破了传统电商和实体零售的界限。这种无缝连接使得用户可以更加灵活地选择服务,既能享受线上的便捷和多样性,又能体验线下实体店的实际服务。这种融合为用户提供了更全面、多元的消费体验,满足了不同用户的需求。

第二,这种创新模式提高了线下实体店的曝光率,为商家创造了更多的机会。通过 MT 平台,用户可以浏览周围的商家和服务,从而增加了这些商家的曝光度。这对于传统零售商家来说是一种全新的推广方式,帮助其吸引更多潜在顾客,扩大市场份额。

第三,该创新模式还为用户提供了更便捷、灵活的消费方式。用户可以根据自身需求,选择在线上平台挑选商品和服务,然后选择线下实体店进行现场体验或通过即时配送服务获得商品。这种多渠道的选择为用户提供了更大的自主权和定制性，提升了整个购物和消费过程的用户体验。

2. 场景化服务和社区化经济

MT 的 O2O 电子商务商业模式以场景化服务和社区化经济为核心，主要基于本地生活服务场景，为用户和商家提供了全新的互动模式。用户在该模式下可以根据自身位置迅速查找周围商家提供的商品及服务，从而形成了一个贴近用户需求的个性化消费场景。

一个显著的特点是通过过往的用户评价，MT 在其平台上创造了一个相对透明的消费环境。用户可以参考其他用户的评价，更好地判断商家提供的商品及服务的质量，增加了购物的可靠性和透明度。这种通过用户评价建立的信任机制有助于形成积极的消费体验，提高用户满意度。

另外，MT 通过平台的精准匹配实现了用户与商家之间的高效连接。通过借助用户的位置信息和个性化的需求，MT 能够准确地将用户导向所需的本地商家，提高了用户在平台上的搜索体验。同时，这种精准匹配也为商家带来了更精准的流量导入，有助于提高商家的曝光度，促进其业务的发展。

这一社区化的经济模式成功地促进了本地生活服务的繁荣。通过提供贴近用户需求的服务，MT 为用户和商家之间建立了更加紧密的互动关系。用户通过平台能够更方便地找到所需的服务，而商家也能够更精准地推送适应用户需求的商品和服务。这种紧密的互动关系形成了共赢局面，既提高了用户的满意度，也促进了商家的业务发展。

3. 数据化经营与效率提升

MT 通过其 O2O 电子商务商业模式，成功实现了对用户消费情况的实时汇总，通过数据后台进行报表导出，为商家提供了数据化经营的有力支持。这一数据驱动的经营方式在提高商家经营效率、推动商家发展方面发挥着重要作用。

首先，MT 通过对用户消费情况的实时汇总，为商家提供了全面的经营数据。商家可以通过数据分析了解用户购物和消费的习惯，包括购买频次、偏好品类、消费时间等方面的信息。这些数据为商家提供了更准确的用户画像，使其能够更好地了解自己的目标客户群体，为后续的经营决策提供科学依据。

其次，通过数据后台进行报表导出，商家可以实现对经营状况的深入分析。MT 提供的数据报表可以包括销售额、订单数量、用户评价等多个方面的信息，帮助商家更全面地了解自己的经营状况。商家可以根据这些报表找出经营中的优势和劣势，及时调整经营策略，实现经营的精细化管理。

这种数据化经营的机会使商家能够更科学、可持续地制定经营方案。通过对用户行为数据的深入分析，商家可以更好地把握市场需求，调整商品和服务的供给，提高供需匹配的效率。同时，商家还可以根据用户评价等反馈信息，及时改进服务质量，增强用户黏性，实现经营的可持续发展。

（二）MT 公司 O2O 电子商务商业模式面临的制约因素

1. 商家信息化和服务质量

在本地生活服务领域，商家的信息化水平和服务质量是影响 MT 公司 O2O 电子商务商业模式的两个关键因素。这一领域的商家通常以小规模经营为主，而且其教育水平相对较低，这导致了其对互联网产品和营销手段的理解和接受度相对有限。

首先，由于商家规模较小，对于互联网产品的使用和了解程度相对较低，这使得商家在 MT 平台上的活动营销效果受到一定影响。缺乏对数字化工具的充分理解可能使商家难以充分利用平台提供的广告、促销等营销手段，这限制了其在电子商务平台上的业务拓展。商家对于互联网技术的不熟悉可能阻碍了其快速适应和发挥电子商务平台的优势。

其次，商家服务质量的不一致性也是一个制约因素。由于商家之间存在差异，包括从服务态度到产品质量的不同水平，这种不一致性影响了用户对 MT 平台的整体口碑和信誉评价。用户体验在 O2O 模式中至关重要，而商家的服务质量直接影响用户对平台的忠诚度和信任感。用户可能因为一次差劲的服务而对平台失去信心，从而减少在该平台的购物频率，影响了平台的用户黏性。

解决这一问题的关键在于提高商家的信息化水平和服务质量。针对商家的教育水平相对较低的情况，我们可以通过为商家提供更简单易懂、针对性的培训，提高其对互联网产品和营销手段的了解。此外，通过建立更完善的商家服务质量评价机制，鼓励用户对商家进行真实、客观的评价，以促使商家提高服务质量，建立品牌信誉。

2. 电子商务平台的体验和功能

电子商务平台的体验和功能是决定其成效的重要因素。平台功能的完善与用户体验的良好直接关系到消费者的选择和购买意愿。在竞争激烈的电子商务市场中，为用户提供令人满意的购物体验成为推动用户重复购买和留存的关键。

一方面，平台功能的完善是保障用户体验的基础。电子商务平台应当提供全面、丰富的功能，包括但不限于搜索、支付、评价、售后等。用户通过简便的搜索功能能够快速找到所需商品，而支付、评价和售后服务的完善则直接关系到用户的购物体验。如果平台功能缺失或操作不便，用户可能会选择放弃购物或者转向其他竞争平台，因此，平台功能的完善对于用户留存至关重要。

另一方面，用户体验的良好需要通过不断优化用户界面和提升交易流程的便利性来实现。一个直观、清晰、易操作的用户界面能够提高用户的使用便捷性，从而提高用户的满意度。此外，简化交易流程、提供个性化推荐、增加购物乐趣等方式也是提高用户体验的有效手段。用户体验良好的平台将更容易吸引用户，促使其在平台上进行购物，并增加用户的忠诚度。

（三）MT 电子商务商业模式的启示

1.商业模式的创新与发展趋势

MT 电子商务商业模式的成功为整个电子商务领域提供了深刻的启示。其中，最引人注目的是其 O2O 电子商务商业模式的创新。通过将线上平台与线下实体商家巧妙结合，MT 成功打造了一个强大而高效的本地生活服务平台，从而为消费者提供更为便捷和多元化的服务选择。这一创新不仅让用户可以通过移动设备轻松找到周围商家、商品及服务，而且构建了一个全新的商业生态，使得线上线下得以有机融合。

在 O2O 电子商务商业模式中，MT 的社区化经济成为一项成功的实践经验。通过构建社区化商业生态，MT 强化了用户和商家之间的互动，进一步促成了共赢局面。这种社区经济的成功经验对其他电商平台具有启发意义，尤其是在增强用户黏性、提高平台活跃度方面。通过打造具有社交属性的商业平台，电商企业可以更好地满足用户的个性化需求，增加用户黏性，形成更加稳定和有活力的商业社区。

MT 的商业模式创新为整个电子商务行业带来了新的发展方向。借鉴其成功经验，其他电商平台可以探索更多本地化服务的可能性，加强线上线下的无缝连接。同时，通过引入更多社区元素，促进用户之间的互动，电商平台可以创造更加丰富的用户体验，提高平台的活跃度和用户忠诚度。这种社区化经济的趋势对于推动整个电子商务行业的创新和发展至关重要。

2. 数据化经营与用户体验优化

MT在其商业模式中充分运用数字技术，通过对用户行为的实时分析，成功地洞察了用户的需求，从而提升了整体运营效率。这种数据化经营模式不仅有助于形成更为精准的产销匹配，还为商家提供了更科学、可持续的经营方案。学习MT的数据驱动模式，其他电商平台可以加强对用户行为的深度挖掘，以更好地理解和满足用户的个性化需求，提升个性化推荐和服务水平。

与此同时，MT成功的商业模式中用户体验的不断优化也是一个关键因素。其良好的用户界面和高效的交易流程为用户提供了愉悦的购物体验，进而促使用户进行重复购买并保持高忠诚度。这种用户体验的优化在MT的商业成功中起到了积极作用。其他电商平台可以通过学习MT在用户体验方面的成功经验，加强平台的功能完善、提升购物便利性，以提高用户满意度并促进可持续发展。通过建立更直观、高效的用户界面和交易流程，电商平台可以更好地满足用户的购物期望，从而提升用户黏性，实现更稳定的用户留存和平台盈利。

3. 关注中小商户与合规经营

MT在电商领域中对中小商户的利益关注成为引领未来行业发展的重要经验。平台通过实施一系列政策措施，降低费用、提供培训等方式，积极促进了中小商户在电子商务平台上的稳定和健康发展。这种关注中小商户的经验为电商行业提供了有益的启示，强调了中小商户的重要性，使其成为电商平台发展的基石。通过关注中小商户，电商平台能够搭建更加丰富、多元的商品与服务体系，为消费者提供更全面的选择。

综合而言，MT在电商发展中关注中小商户和强调合规经营的经验为电商行业提供了有益的经验教训。这种关注中小商户、注重合规的经营理念将成为电商平台未来可持续发展的重要保障，引导整个行业更好地适应法规环境、关爱商户权益，为消费者提供更安全、可信赖的电商服务。

三、SN公司商业模式及启示

随着互联网技术、大数据技术和电子信息技术的蓬勃发展及商业环境的变化，我国的网络零售市场逐渐崭露头角，已经在全球范围内占据了重要地位。然而，随着电子商务竞争的加剧，一些企业在适应市场变化的过程中表现出色，而另一些却面临被淘汰的风险。在中国零售行业中，SN易购股份有限公司（以下简称"SN易购"）是一个备受关注的企业，其在零售行业中的表现堪称传奇。本案例选取SN易购作为研究对象，深入探讨其盈利模式，并提出一些建议和措施，以期为其他企业提供参考和指导。

（一）SN经营战略概况

SN易购的经营战略是"电商+店商+零售服务商"，即采取易购战略模式。整合前后台资源，同时线上与线下加快融合，即SN的核心技术——易购技术，可以为目标客户提供更好的服务和产品。

1. 电商

在2017年，即大开发战略发布之前，电商成为SN易购发展战略的焦点。在21世纪前十年，随着电子商务和网购的兴起，传统实体店面临越来越大的竞争压力。京东商城异军突起，尤其在家电和电子产品销售领域，其市场占有率不断提升。在互联网浪潮的推动下，为了适应市场变化、求生存和实现持续发展，SN易购迫切需要进行战略转变，着眼于电子商务的发展。电商领域的强化使得SN易购在实现电商扩张的同时积极吸纳了大量优秀人才，为其在电子商务领域跻身前三名奠定了坚实基础。2015年，阿里巴巴集团投资283亿元成为SN的第二大股东，这标志着SN易购与阿里巴巴建立了战略合作伙伴关系，形成了双方互利共赢的局面。SN易购集团充分利用合作伙伴庞大的资源，积极拓展线上业务，发展自身的电商平台。后来，SN易购集团更是入股阿里巴巴集团，双方展开密切合作，共同开拓市场。

这一发展过程展现了SN易购在电商战略上的明智决策和积极应对市场挑战的能力。电商的崛起为SN易购提供了广阔的发展空间，而与阿里巴巴的战略合作更是为其注入了强大的支持力量。这种战略联盟不仅为SN易购带来了财务上的支持，更为其提供了技术、市场和品牌等多方面的资源。SN易购能够充分发挥阿里巴巴的平台效应，进一步提升品牌知名度和市场份额。通过共同努力，SN易购在电商领域取得了快速而稳健的实施，为其在行业内的竞争地位奠定了坚实的基础。

2. 店商

店商战略是SN易购在扩张易购战略中对传统店面经营的重要体现。SN易购将其线下门店整体称为SN云店，这些门店根据规模进行分类，主要包括SN超级店和地区旗舰店。由于规模和地理位置的不同，这些门店具有不同的盈利和发展潜力。旗舰店的主要目标是持续发展和扩展传统的家电业务。SN

易购主营家用电器、3C产品等商品，紧随时代发展潮流，淘汰陈旧过时产品，引进国外新技术和人才，加大产品创新力度。与此同时，公司注重企业文化，不仅关心生产，还关心员工的发展。

SN易购的经营范围和目标已不再局限于传统家用电器，而是实现了多种商品的综合开发。在旗舰店的基础上，SN易购扩展了日用品、书籍、金融和虚拟产品等领域。SN超级店不再是传统的店商模式，而是突破了对公司定义的束缚。在新时代下，SN超级店致力于提升消费者一站式的购物体验，让客户深刻体会到购物不仅仅是交易，更是一种愉悦的体验。

这种战略模式有助于更好地为客户提供优质服务，使客户更全面地选择所需产品。这一举措满足了线上平台和线下平台整合的要求，是实现电子商务新战略的重要体现。SN易购通过超级店的模式，成功地将线上线下平台融合，为消费者提供了便捷、全面的购物选择，同时提升了企业竞争力。

3.零售服务

SN易购集团以零售服务为传统优势，对零售业和商业模式拥有深刻的理解。作为源自传统家电零售的企业，SN易购在其多年的发展历程中积累了无可比拟的宝贵经验，形成了极为完善的零售体系。这一独特的优势在SN易购提出的"新零售"竞争战略中能够充分发挥，对于新战略的大规模实施将产生积极的影响。

SN易购的零售服务体系不仅经验丰富，而且高度完善。该体系在SN易购物流体系中分为配送中心和第三方物流两个主要子系统，旨在保证产品能够准时交付给客户。这一物流体系的建设使得SN易购能够更加高效地处理订单、提升配送效率，从而在市场竞争中取得一席之地。

SN易购集团通过对零售服务的深刻理解和长期积累，成功打造了具有竞争优势的零售体系。在新零售时代的背景下，这一零售体系的完善性和高效性将为SN易购在市场上的持续发展提供坚实的基础。其他企业可以从SN易购在零售服务方面的成功经验中汲取灵感，提升自身的零售体系，更好地适应市场的变化。

（二）SN现行的盈利模式介绍

SN易购集团的盈利模式在其发展历程中经历了多次调整和创新。一开始，其主要的盈利策略是依赖供应链采购，通过扩张实体门店规模和提升产品质量来创造和发现其在经营过程中的价值，并在此基础上实现盈利。这一传统的零售模式在互联网时代逐渐显得有些滞后。

随着互联网的高速发展，SN 易购开始加大电子商务方面的投入，实施云战略，将其盈利模式调整得更为明确。SN 易购的电子商务＋商店零售商模式成为其最突出的零售策略。通过不平等的商品差异性，SN 易购在互联网零售领域中取得了可观的利润。此外，其服务模式也成为 SN 在电子商务行业中盈利的关键因素。通过在电子交易平台网站引入广告，SN 获得额外的盈利。在这一阶段，SN 积极调整业务，将其传统的盈利模式转型为更符合互联网时代的多元化盈利方式。

SN 易购的盈利模式调整进一步体现在其亚马逊＋沃尔玛的零售方式上。该方式强调线上与线下相互结合，以抢占互联网风口。线上方面，SN 进入电子商务领域，线下方面则注重提升线下购物体验，不断提高服务水平。这两者相互融合，构建了更加开放的网络零售模式。SN 在这一过程中继续应用大数据技术，通过对消费者数据的详细分析提供更加人性化的营销策略。线上消费者的行为记录也用于改进线下服务状况。因此，SN 的盈利模式不再是传统的模式，而是在互联网和大数据新时代下的多种混合盈利模式。

这些调整和创新使得 SN 易购在竞争激烈和多样化的市场环境中更具竞争力。SN 的盈利模式的变化速度比以往更快，更符合当今互联网和大数据的发展趋势。

（三）SN 竞争优势分析

SN 在与传统零售行业及电子商务领域的竞争中之所以快速成长与繁荣，离不开 SN 本身的优势，接下来我们对 SN 的几点优势进行分析。

1. 战略调整的灵活性

SN 易购在互联网时代面临激烈竞争和市场变革的情况下，成功实现了多次战略调整，从而保持了快速的成长和繁荣。这种灵活性的战略调整为 SN 赢得了在传统零售和电子商务领域的竞争中的有利地位。

（1）迅速适应线上线下变革

在互联网时代，SN 迅速适应了线上线下零售的变革。面对电商巨头的竞争，SN 果断进入电子商务领域，并提出了"＋互联网""互联网＋"及"云商战略"。这种灵活的战略调整使得 SN 在全国电商领域逐渐提升份额，成绩斐然。

（2）利用线上线下融合战略

SN 通过整合线上和线下资源，积极引入线上流量，协同线上与线下融合发展。

同时，通过收购其他电子商务平台，SN打造了自家电子商务平台，巧妙地利用了线上线下融合的战略，为其盈利模式提供了多元化的支持。

（3）新零售时代的布局

随着"新零售"概念的提出，SN再次迅速转变战略，全力布局线下零售平台建设。SN灵活运用自身优势，为抢占新的零售商机占据了有利地位，展现了在市场变革中的策略敏锐性。

2.企业经营管理的高效性

（1）灵活的组织模式

SN易购的企业经营管理表现出高效性，主要体现在其组织模式的灵活性。SN在每次重大转型中，都能使组织模式具有灵活、高效及富有激励的特点。这使得SN能够更好地支持企业战略的调整和实施。

（2）专业人才培训

为了应对市场变化，SN开设专业人才培训机构，不断强化人才队伍。SN致力于培养敬业、专业、重事业的员工，以确保管理人才队伍具备创新、管理和运营的能力，为企业经营管理提供强大支持。

（3）持续关怀员工

SN建立了一个人性化的员工关怀系统，注重员工的幸福感。通过关心员工、优化组织资源、定向给予员工补助等方式，SN增强了员工对企业的归属感，提升了企业管理的效果。

3.高效的组织结构

（1）组织结构的调整

为更好地贯彻实施线上和线下融合模式，SN调整了组织结构，从原来的矩阵式结构改为事业部组织结构。这种事业部组织结构更具高效性，使得每个事业部在一定程度上具有更大的自主权，有利于灵活应对市场需求。

（2）三大集群的建立

为了更好地实施战略，SN在零售物流和金融领域组建了三大集群，进一步强化了组织结构的战斗力。这种集群化的组织结构有助于更高效地协同工作，使得企业能够更好地应对复杂多变的市场环境。

（3）事业部的拆分

为满足市场业务需求，SN将原有的大体系组织拆分成多个事业部。每个事业部在商品、业务范围上都有更大的自主权，加速了决策执行的速度，提高了组织结构的灵活性。

（四）案例启示

1. 重视品牌效应

（1）品牌建设的关键性

品牌在现代商业中的地位不可忽视，对于SN易购而言，全力打造品牌是至关重要的。SN应当将"SN易购"品牌作为公司的核心标识，通过极客精神、极物标准和极速状态等元素，树立独特的品牌形象。品牌认知度的提高有助于在市场竞争中脱颖而出，赢得用户的信任和口碑。

（2）构建极物标准

SN易购需要聚焦用户体验，通过提供极物标准的产品和服务，确保用户在购物过程中得到良好的体验。这不仅包括产品质量，还包括售后服务、企业文化等方面。通过极物标准的构建，SN可以赢得用户的满意度，进而提高品牌认知度。

（3）品牌代言与宣传

SN易购可以与明星等知名人物进行合作，将其作为品牌代言人，以提升品牌知名度。此外，SN应加大宣传力度，通过各类媒体渠道，如电视、广播、互联网等，广泛传播品牌形象和核心价值观，吸引更多潜在用户的关注。

（4）活动营销的策划

SN易购可以定期推出品牌活动，吸引用户参与，增强品牌的互动性。这包括线上线下的促销活动、特价销售、抽奖活动等。通过这些品牌活动，SN可以更好地与用户互动，提高品牌在用户心中的形象。

2. 全面加速智慧零售转型

（1）实施大开发战略

为了应对利润下降的趋势，SN易购应全面加速智慧零售转型，实施大开发战略。该战略包括在全国主要城市加速开设智慧零售门店，通过线上线下的融合，提供更丰富、便捷、个性化的购物体验。

（2）线上与线下资源融合

SN易购的线上与线下资源应进行更加紧密的融合。通过引入线上流量，SN易购将线上用户引导到线下门店，实现线上线下的无缝连接。同时，通过线下门店提供的服务，SN易购吸引更多用户参与线上购物，实现资源的互通互联。

（3）加速农村市场扩展

在中国农村市场具备巨大发展潜力的背景下，SN易购应加速在农村市场的扩展。通过深度合作和调查了解当地消费者需求，SN可以更好地满足农村市场的特殊需求，为公司带来更多利润。

（4）新零售门店布局

SN易购的新零售门店应当精准布局，充分考虑消费者需求和市场特点。不同地区的新零售门店可以根据当地消费习惯、文化背景等因素进行定制化设计，提供更符合当地消费者需求的服务和商品。

通过这些举措，SN易购可以更好地适应市场变化，加速智慧零售转型，提升竞争力，实现可持续发展。这为其他企业提供了有益的启示，尤其是在面对行业变革和市场竞争加剧的背景下。

第六章 用户体验与设计创新

第一节 个性化与定制化

一、电商平台用户体验的理念

电商平台用户体验的理念主要是以用户为中心，为用户提供优质的商品、快捷的购买流程及良好的售后服务。用户体验是一个过程，包括用户对电商平台的认知、使用和评价。一个好的用户体验需要满足用户的需求和期望，即满足用户的购买需求、信息需求、社交需求和情感需求。电商平台在设计、开发和服务方面，应该注重用户的体验需求，以提升用户的购物体验和用户满意度。

（一）用户体验的定义与要素

用户体验在电商平台中被视为一个综合而至关重要的过程，它不仅仅是用户对平台的简单感知，更是涉及用户认知、使用和评价的全方位体验。其核心目标是创造一种积极的购物体验，从而建立用户与电商平台之间的紧密连接。用户体验的本质在于构建一个使用户感到满足和愉悦的购物环境，远远超越了简单的商品交易过程。

在电商平台中，用户体验要素不仅仅涵盖了商品、购买流程和售后服务等基本层面，更深入到对用户购物行为的深刻理解及在平台设计、开发和服务方面对用户体验需求的全面关注。首先，电商平台需要通过对用户购物行为的深入洞察，了解用户的偏好、习惯和需求，以便个性化地为用户提供商品推荐和购物体验，从而提高购物决策的效率和准确性。

其次，平台设计在用户体验中占据关键地位，需要注重用户界面的友好性和直观性，以简化用户的操作路径，确保用户能够顺畅、便捷地完成购物流程。个性化体验设计也是设计层面的关键，通过数据分析和智能算法，实现个性化推荐和营销，使用户感受到定制化的服务，提高用户的购物满意度。

再次，电商平台在服务方面也要注重用户体验的全程。售后服务体系应该是完善的，包括灵活的退换货流程、及时的售后咨询等，以提高用户在购物后的满意度和忠诚度。用户反馈机制也是至关重要的，通过设立用户反馈通道，平台能够主动收集用户的意见和建议，不断改进服务质量，加强用户参与感与满意度。

（二）满足多维需求

为了全面满足用户的多维需求，电商平台需在购买、信息、社交和情感等方面提供卓越的体验。首先，在满足购买需求方面，电商平台应通过优质的商品展示、个性化推荐和智能搜索等手段，以提高用户的购物决策效率。通过呈现吸引人的商品页面、精准的个性化推荐和智能搜索算法，用户能够更迅速、准确地找到符合其需求的产品，从而提升整体购物体验。

其次，为满足信息需求，电商平台需要提供丰富、准确、实时的商品信息和评价。通过翔实的商品描述、清晰的图片展示及真实用户的评价，用户能够全面了解产品，为购物决策提供科学性支持。这种信息的全面性和及时性不仅提高了用户的购物决策信心，也有助于降低购物过程中的不确定性。

再次，电商平台要关注并满足用户的社交需求。通过建立社交分享、评论互动等机制，平台可以积极促进用户之间的社交互动体验。这种社交机制不仅有助于用户在购物过程中获取他人的意见和建议，还能够增强用户对平台的社交参与感，提升整体的购物体验。

最后，电商平台需要考虑并满足用户的情感需求。构建个性化、情感化的购物环境是至关重要的，其中包括品牌文化的传递和对用户情感反馈的关注。通过传递独特的品牌文化，电商平台可以激发用户的情感共鸣，建立用户与平台之间深厚的情感联系。同时，对用户的情感反馈进行关注和回应，可以增强用户的满意度，并提升用户对平台的忠诚度。

二、电商平台用户体验的关键因素

电商平台用户体验的关键因素主要包括以下几个方面：

（一）界面设计的友好性

良好的界面设计在电商平台中扮演着至关重要的角色，对提高用户购物体验和购买率具有重要影响。界面设计的友好性不仅涉及颜色、字体、页面布局和导航等方面，还关注界面的可访问性，以确保用户能够在不同设备和网络环境下无障碍地访问电商平台。

在界面设计中，颜色的选择对用户的感知和情感产生深远影响。适当的颜色搭配能够营造舒适的视觉体验，同时提升品牌形象。字体的选择与排版也是至关重要的，清晰易读的字体和合理的排版能够使用户更容易理解页面内容，提高信息传递的效率。页面布局的合理性直接影响用户对信息的获取和整体购物流程的顺畅性，通过科学合理的布局，用户能够更迅速地找到所需信息，提高购物决策效率。

导航设计是用户界面中的关键部分，直接关系到用户在平台上的操作体验。清晰、简洁的导航结构能够帮助用户快速找到所需功能，减少用户在导航过程中的困扰感。在界面设计中，考虑用户的使用习惯和心理认知，采用直观的导航元素，如面包屑导航、搜索栏等，有助于提升用户的导航体验。

除了上述方面，界面的可访问性也是不可忽视的重要因素。电商平台需要确保用户能够在不同设备和网络环境下顺利访问，这涉及响应式设计、移动端优化等方面的考虑。采用灵活的设计和技术手段，确保用户无论使用计算机、手机还是平板等设备，都能够获得一致且友好的界面体验。

（二）商品的质量和品种

电商平台的成功在很大程度上取决于其所提供的商品质量和品种。优质的商品不仅能够提高用户的体验感，更能够激发用户的购买意愿，从而推动平台的业绩和用户忠诚度的提升。同时，丰富的商品品种也是满足用户多样化需求的重要保证。

提供优质的商品是电商平台的基本使命之一。在这一方面，商品质量不仅仅指产品的实际品质，还包括商品的设计、包装、服务等多个层面。通过确保商品的高质量，电商平台能够赢得用户的信任，建立良好的品牌声誉。用户在购物过程中对商品的品质有着高度的关注，因此，电商平台应通过对供应链的精细管理、质量控制的实施，确保所售商品达到或超过用户的期望水平。

除了商品的质量，商品品种的丰富性也是吸引和满足用户需求的关键。多样的商品品种能够满足不同用户的喜好和需求，扩大用户在平台上的选择空间。通过在平台上提供丰富多样的商品，电商平台能够更好地满足用户的多样性需求，促使用户在平台上停留时间更长、购物频次更高。

在实现商品质量和品种的提升方面，电商平台需要建立完善的供应链体系，与优质供应商合作，进行严格的商品筛选和质量检测。此外，平台还可以通过引入用户评价和反馈机制，借助大数据分析等手段，不断优化商品推荐系统，以确保用户能够更精准地找到符合其需求的商品。

（三）购买流程的简单和快捷性

购买流程的简单和快捷性对于电商平台的用户体验和购买率具有重要的影响。简单的购买流程能够提高用户的购物体验，而快捷的流程和多种支付选择则能够增加用户的购物便利性，从而促进购买决策的形成。

购买流程的简单性是提升用户体验的基础。通过简化购买流程，电商平台能够降低用户在购物过程中的认知负担，使整个购买流程更加直观、易懂。简单的购买流程有助于用户更快速地完成购物行为，减少购物过程中的转换损耗，提高购物决策的效率。简洁而直观的页面设计、清晰的购物指引和简单的交互设计等都是实现购买流程简单性的关键因素。

另外，购买流程的快捷性也是用户体验的重要组成部分。电商平台应通过技术手段，优化网页加载速度，提高页面响应速度，以减少用户等待时间。同时，智能的搜索和推荐系统可以帮助用户更迅速地找到心仪的商品，加速购物决策过程。在购买流程中，强调一键下单、快速支付等功能，也是提高购物速度的有效手段。

多种支付选择是提高购物便利性的关键因素之一。电商平台应提供多样化的支付方式，满足用户的个性化支付需求。除了传统的在线支付方式，还可以引入数字货币支付、支付宝、微信支付等新型支付方式，以提高支付的便捷性。同时，确保支付过程的安全性也是用户信任的基石，采用加密技术和安全验证机制，保障用户支付信息的安全。

在实现购买流程的简单和快捷性时，电商平台需要全面考虑用户的使用习惯、心理认知和技术水平。通过不断优化购买流程，借助智能技术，以及提供多元化的支付选择，电商平台可以创造更为简单、便捷的购物体验，从而提高用户的满意度和购买率。

（四）客户服务质量

提供卓越的客户服务是电商平台成功的关键之一。优质的客户服务不仅包括及时回答用户的问题，更涵盖了解决用户问题、提供个性化服务、建立良好沟通等多个方面。这不仅能够直接提高用户的满意度，还有助于塑造品牌形象、促进口碑传播，并在竞争激烈的市场中赢得用户的忠诚度。

及时回答用户的问题是优质客户服务的基础。在电商平台上，用户可能面临各种问题，包括商品咨询、订单状态查询、售后服务等。通过建立有效的在线客服系统，采用实时聊天、邮件沟通等方式，平台能够迅速响应用户的需求，解答疑惑，提高用户在购物过程中的满意度。此外，引入智能客服系统和自动回复机制，可以在非工作时间或高峰时段为用户提供及时的支持。

更进一步，解决用户问题的能力是客户服务质量的重要衡量标准。电商平台应建立完善的售后服务体系，包括退换货流程、质量问题解决机制等。通过高效的售后服务，平台能够及时解决用户的投诉和问题，提高用户的满意度，并增强用户对平台的信任感。客户服务团队的专业性和服务态度也是确保问题解决能力的重要因素。

个性化服务是客户服务的一项重要内容。通过深入了解用户的需求和购物历史，电商平台可以为用户提供个性化的推荐、专属优惠等服务，增强用户的购物体验。此外，通过建立用户反馈机制，收集用户的建议和意见，平台能够更好地了解用户的期望，不断优化服务品质。

建立良好的沟通机制也是提高客户服务质量的关键。通过定期向用户发送订单状态、促销信息等消息，平台能够保持与用户的有效沟通，提高用户的参与感和忠诚度。此外，通过用户满意度调查和评价反馈，平台可以收集用户的真实意见，及时调整服务策略，不断改进客户服务体验。

在电商竞争激烈的市场环境中，提供卓越的客户服务不仅仅是一种服务行为，更是一种品牌建设和用户关系管理的战略。通过不断优化客户服务流程、提升服务质量，电商平台能够巩固用户忠诚度，形成良好的口碑传播效应，从而在市场中取得竞争优势。

三、电子商务个性化服务的实施

（一）个性化推荐系统的建设

随着电子商务的蓬勃发展，个性化推荐系统成为提升用户体验的关键要素。系统通过大数据技术，分析用户的浏览历史、购买记录、搜索习惯等多维数据，构建用户画像，为用户提供个性化、吸引人的商品推荐。

1. 推荐系统的核心技术——大数据分析

个性化推荐系统的核心技术在于运用大数据分析，将用户的行为和偏好转化为有意义的信息。通过深度分析这些海量数据，电子商务平台能够更全面、深入地了解用户的购物喜好、关注领域及消费行为模式。大数据分析为电商平台提供了强大的工具，使其能够精准地构建用户画像，实现个性化推荐的高效运作。

在个性化推荐系统中，首先，大数据分析聚焦于用户的历史浏览记录。通过对用户在平台上的浏览活动进行细致分析，系统能够捕捉到用户对特定商品或类别的兴趣。这不仅仅包括用户点击、浏览的时间和频率，还涉及用户在页面上的停留时间及可能的购买行为。通过对这些数据的深度挖掘，系统可以建立起对用户兴趣的初步了解，为进一步个性化推荐奠定基础。

其次，大数据分析关注用户的购买历史。通过跟踪用户的实际购物行为，系统能够了解用户的购物品类、品牌偏好，以及对特定商品的偏好程度。这为个性化推荐提供了重要的参考，使系统能够向用户推荐更符合其购物历史和品位的商品，提高推荐的精准度和用户满意度。

再次，大数据分析还考虑用户的搜索行为。用户在平台上的搜索习惯反映了其当前的需求和兴趣点。通过分析搜索关键词、搜索频率及搜索结果的点击率，系统可以洞察到用户的实时需求，从而实现即时的个性化推荐。这种实时性的分析有助于适应用户兴趣的变化，使得推荐系统更具灵活性和针对性。

2. 推荐算法的不断优化

在建立有效的个性化推荐系统过程中，持续优化推荐算法显得至关重要。该优化不仅涉及用户实时兴趣的变化，还需要确保所推荐的商品和服务更符合用户当前的需求，以提升系统的准确性和用户满意度。推荐算法的不断优化是推动电子商务平台提供全方位、个性化购物建议的关键步骤。

其一，推荐算法的优化需要密切关注用户的实时兴趣变化。用户的兴趣是动态变化的，受到时下热门趋势、用户生活变化等多种因素的影响。因此，推荐系统必须能够实时监测和捕捉用户兴趣的变化，并对推荐结果进行及时调整。这种实时性的优化可以通过引入机器学习和深度学习等先进技术，不断学习和适应用户的行为模式，提高推荐算法的预测准确性。

其二，推荐算法的优化还应考虑用户的购买历史。通过深度分析用户的购物历史记录，系统能够洞察到用户的品位、偏好和消费习惯。这种历史数据的综合利用有助于建立更为精准的用户画像，从而更好地个性化推荐商品。例如，基于用户购买历史的协同过滤算法可以发现用户与其他相似用户的共同品位，为推荐提供更有针对性的建议。

其三，考虑用户的购物车信息也是推荐算法优化的重要方面。购物车中的商品反映了用户当前的购物意愿和需求。通过分析购物车中的商品种类、数量和价格信息，推荐系统可以更准确地了解用户的实时需求，提供更为贴近用户期望的推荐结果。这种实时性的关注购物车信息的优化可以通过引入实时数据流分析技术，及时更新用户画像，进一步提高推荐系统的精准性。

3.隐私保护与数据安全

在个性化推荐系统的建设中，隐私保护与数据安全问题不仅仅是技术上的挑战，更是涉及用户信任和平台声誉的重要方面。随着个性化推荐系统在电子商务领域的广泛应用，保护用户隐私成为一项至关重要的任务。

第一，电商平台在推进个性化推荐系统建设的过程中，必须制定合适的隐私保护措施。这包括但不限于制定明确的隐私政策，明确告知用户其个人信息的收集和使用目的。透明的隐私政策可以增加用户对平台的信任感，使其更愿意分享数据，为个性化推荐提供更多信息。

第二，确保用户的个人信息得到妥善处理是保护隐私的关键一环。电商平台需要采用先进的加密技术，确保用户数据在传输和存储过程中的安全性。此外，应建立健全的访问控制和权限管理机制，限制系统内部人员对用户数据的访问权限，防止非法获取和滥用用户信息。

第三，匿名化处理是隐私保护的有效手段。将用户个人信息转化为匿名标识，可以在一定程度上降低用户隐私泄露的风险。同时，采用差分隐私技术，对用户数据进行噪声处理，以保护用户在推荐系统中的个体隐私，是一种值得考虑的方法。

在推进个性化推荐系统的建设时,电商平台还应该注重数据的最小化原则,即仅收集和使用必要的用户信息,避免收集过多的冗余数据,以降低潜在的隐私泄露风险。这需要平衡用户体验和隐私保护的关系,确保在提供个性化服务的同时尽量减少用户信息的暴露。

(二)个性化营销的创新策略

个性化营销在提高电商平台用户黏性方面扮演着关键角色,通过深入分析用户行为和偏好,旨在为用户设计个性化的营销活动,包括定制的促销优惠、专属会员权益等,提高用户购物体验和忠诚度。

1. 利用大数据技术实现深入用户挖掘

在个性化营销的实施过程中,首先,电商企业的任务是借助大数据技术对用户行为进行深入挖掘和分析。通过多维数据的收集和分析,包括浏览记录、购买历史、搜索习惯等,电商平台得以构建详尽的用户画像,从而全面了解用户的兴趣和购物偏好。

大数据技术的运用始于对用户浏览记录的深度分析。这方面的工作包括对用户在电商平台上的每一次浏览活动进行详细解析,涵盖用户点击的商品、浏览的时间、频率及停留时间等多方面信息。通过对浏览数据的深入挖掘,电商平台能够捕捉到用户对特定商品或商品类别的浓厚兴趣,为制定个性化营销策略提供重要线索。

其次,大数据技术还被广泛应用于分析用户的购买历史。通过对用户实际购物行为的深度挖掘,系统能够揭示用户的购物品类偏好、品牌偏好及对特定商品的偏好程度。这种深入的购买历史分析不仅为电商平台提供了更加全面的用户画像,还为个性化推荐和定制化营销活动提供了有力支持。

再次,大数据技术在个性化营销中还关注用户的搜索习惯。用户在平台上的搜索行为是其主动表达兴趣和需求的途径,因此对搜索关键词、搜索频率及搜索结果点击率等数据进行深入分析,可以为电商平台提供更准确的用户需求信息。这种分析有助于更好地理解用户的实时需求,为用户提供即时而个性化的推荐服务。

通过利用大数据技术进行深入用户挖掘,电商平台能够更加全面地理解用户的兴趣和购物偏好。这不仅为个性化营销提供了有力的支持，也为电商企业提供了更准确的用户分析工具，促进了商业决策的科学化。

2. 精细制定个性化营销策略

在实施个性化营销策略时，电商企业需要精细制定策略，充分考虑用户的生命周期和购物习惯。这意味着分析用户在不同购物阶段的需求和行为，以制定相应的个性化策略，从而更有效地提高用户满意度和忠诚度。

其一，对于新用户，个性化营销策略的焦点应该是首次购物优惠。通过向新用户推送有吸引力的首次购物优惠，电商平台可以促使其完成首次交易并建立起初步的信任关系。这种策略有助于降低新用户的购物门槛，提升其购物体验，从而为其留下良好的第一印象。

其二，对于老用户，个性化营销策略的设计应更多地关注会员权益和生日礼券等形式的定期激励。通过定期向老用户提供会员专属权益，如折扣、积分奖励等，电商平台可以增强用户对会员身份的认同感，提高其忠诚度。同时，通过发送生日礼券等个性化的关怀，电商企业能够强化用户对品牌的情感连接，提升用户满意度和忠诚度。

其三，个性化营销策略还应该注重用户在购物生命周期中的特殊时刻，例如购物节、假期等。在这些时刻，电商平台可以通过定制化的促销活动、专属礼品等方式，更贴切地满足用户的购物需求，提升用户的购物体验。

关键在于通过深入了解用户的购物行为和偏好，电商企业能够根据不同用户群体的特征，制定更有针对性的个性化营销策略。这种策略的实施既能提高用户的购买频次，也有助于提高客单价，最终提升整体销售业绩。

3. 关注跨渠道用户体验

在实施个性化营销策略时，电商企业需特别关注跨渠道用户体验，以应对多渠道时代用户通过不同平台和设备进行购物的趋势。在这一背景下，制定跨平台一致性的个性化营销策略成为关键，旨在确保为用户提供一致而个性化的服务，从而增加用户忠诚度。

首先，确保在不同渠道上提供一致的个性化服务。多渠道用户经常在电商平台、移动应用、社交媒体等多个平台上进行购物活动。电商企业需要通过整合用户在这些不同平台上的行为数据，构建更全面的用户画像。这有助于使个性化推荐和营销活动在不同平台上保持一致，使用户在任何渠道上都能够感受到品牌的连贯性和个性化服务。

其次，跨渠道用户体验的关键在于制定具有一致性的个性化推荐策略。通过分析用户在不同渠道上的行为，电商企业可以更准确地了解用户跨渠道的购物偏好和习惯。基于这些数据，制定具有一致性的个性化推荐策略，使得用户在切换渠道时能够持续接受到符合其兴趣和需求的推荐服务。

再次，电商企业还需关注跨设备的用户体验。用户可能在计算机、平板、手机等多种设备上进行购物活动。因此，个性化营销策略应该考虑跨设备的一致性，使得用户在不同设备上的购物体验能够无缝衔接，提高用户的满意度和忠诚度。

四、电子商务用户定制体验的设计原则

（一）用户需求调研与反馈机制的建立

为了更好地满足用户需求，电商平台必须建立有效的用户需求调研和反馈机制。这一机制涵盖了定期进行用户调研，收集用户意见和建议，以及建立用户反馈渠道，及时回应用户的问题和需求，从而提供更加符合用户期望的购物体验。

1. 定期的用户需求调研

为了更好地满足用户需求，电商平台的首要任务是建立有效的用户需求调研机制。这一机制的核心在于定期进行深入的用户调研，以全面了解用户对产品和服务的期望、偏好及提出的改进建议。通过有针对性的调研手段，电商平台能够深入挖掘用户的购物心理，促使其更加积极参与和深度互动。

在用户需求调研中，我们可以采用多种手段，如在线问卷调查（附录一）、深度访谈（附录二）、焦点小组等。这样的多元化方法可以确保调研覆盖不同层次和群体的用户，从而获取更为准确、全面的用户反馈。通过问卷调查，电商平台可以收集大量用户意见，通过对问卷结果的统计分析，深入了解用户的购物偏好和期望。深度访谈则提供了更为直接而深刻地了解用户个性需求的途径，通过与用户面对面的交流，挖掘出更为细致的用户体验感受。而通过焦点小组，电商平台可以进行集体性的讨论，探索用户在购物过程中的深层次感受，从而获取群体性的用户反馈和意见。

这样的定期用户需求调研机制不仅有助于电商平台更好地了解和把握用户的实际需求，也为其制定更具针对性的运营策略提供了有力支持。通过深入挖掘用

户的购物心理，电商平台可以更精准地满足用户的个性化需求，提高用户满意度，增加用户黏性，进而在市场竞争中取得更大优势。这一机制不仅服务于电商平台的运营需求，同时也为学术研究提供了关于用户行为和偏好的珍贵数据，推动了电子商务领域的深入研究。

2.多元化的用户反馈渠道建立

除了定期进行用户需求调研，电商平台还需着重建立多元化的用户反馈渠道，以确保用户能够灵活、便捷地表达他们的意见和建议。这一举措是电商企业在提高用户体验、解决问题及不断改进服务方面的关键环节。

其一，电商平台可以通过搭建在线客服系统为用户提供即时的问题解答和服务支持。在线客服系统通过即时聊天、问题解答等方式，使用户能够在购物过程中随时获得所需帮助，从而提高用户体验。这种直接的交流方式为用户提供了一种实时反馈的途径，同时也为电商平台收集用户意见提供了便利。

其二，设立客户服务热线是另一种更直接的沟通途径。用户通过拨打客户服务热线能够更加便捷地表达问题、提出建议，实现更即时和个性化的问题解决。这种渠道为用户提供了一种更亲身、更私密的反馈方式，有助于解决一些涉及个人隐私或特殊情况的问题。

其三，开设用户反馈专区是为用户提供自主表达意见和建议的途径。在这个专区，用户可以发布对产品和服务的看法、提出改进建议，让他们的声音直接传达给电商平台。这种方式强调用户的参与性，使他们成为服务改进的参与者，同时也为电商平台提供了直接获取用户反馈的途径。

结合社交媒体平台是另一种有效的反馈渠道。通过在社交媒体上主动关注用户的反馈和意见，电商企业能够更加及时地了解用户在公共平台上表达的真实反馈。这种方式不仅能够促使用户更加开放地分享他们的购物体验，也使得电商平台能够更灵活地应对用户关切的问题，进一步提高用户满意度。

建立多元化的用户反馈渠道是电商平台为提升用户体验、解决问题和改进服务而采取的关键策略。这种渠道的建立不仅提高了用户与平台之间的互动性，也为电商企业提供了丰富的用户反馈数据，为其不断改进和优化提供了有力支持。

3.高效的反馈机制的建立

关键在于建立高效的反馈机制，以确保对用户反馈的及时响应。及时回应用户的问题和需求不仅能够解决用户在购物过程中遇到的问题，还能够增强用户对电商平台的信任感。为实现高效的反馈机制，电商平台需要建设专业的客服团队，确保其具备足够的专业知识和沟通技能，能够高效解决用户问题。

在建立高效的反馈机制时，首先，电商平台需要制定系统化的用户反馈处理流程。这一流程包括从用户反馈的收集开始，涵盖分类、分析到最终的问题解决。通过系统化的处理流程，电商平台能够确保每一条用户反馈都能够得到妥善处理，减少因漏掉或滞后处理而引起的用户满意度下降。

其次，为提高反馈处理的效率和准确性，电商平台应当充分利用技术手段。自动化的客户服务系统可以在更大程度上解决一些常见问题，使得客服团队能够更专注于复杂和特殊性的用户反馈。智能化的反馈分析工具则可以对大量用户反馈数据进行快速而准确的分析，识别出潜在的问题点和改进建议，为电商平台的决策提供有力支持。

通过技术手段的辅助，电商平台可以更迅速地捕捉到用户反馈，对问题进行快速响应，从而提高用户体验。这种高效的反馈机制不仅有助于解决用户在购物过程中遇到的问题，还能够增进用户对电商平台的信任感，提高用户满意度，为电商企业赢得更为稳固的用户基础。

（二）灵活的用户界面设计

为了满足用户对个性化体验的需求，电商平台应当设计简洁直观的界面，并且在此基础上提供可定制的界面元素，包括颜色、布局、字体大小等，以满足不同用户的个性化需求。

1.简洁直观的用户界面设计

在电商平台的用户界面设计中，简洁直观是确保用户体验良好的基础。通过减少冗余信息、优化布局和提高信息层次性，实现了简洁的设计风格。用户在访问电商平台时，追求能够快速而直观地找到所需信息，顺利完成购物流程。清晰、直观的界面设计降低了用户的认知负担，使用户更轻松地理解和操作平台。这种设计风格提高了用户的使用效率，从而提升了用户对平台的满意度，为用户提供了愉悦的购物体验。

简洁直观的用户界面设计不仅体现在页面布局的清晰和信息的简练，还包括对图标、按钮等元素的精心设计。通过合理地排列和组织页面元素，用户可以迅速定位所需功能，减少操作步骤，提高使用效率。同时，避免过多烦琐的设计和复杂的色彩搭配，使用户在使用过程中能够更加专注于核心功能，减轻视觉负担。

这样的设计不仅关注页面的外观，还注重用户操作的流畅性。通过合理设置交互元素的位置和样式，用户能够直观地理解各个功能的操作方式。例如，采用一致的图标和符号，用户在不同页面和功能中能够迅速建立认知，提高使用的便捷性。简洁直观的设计使得用户能够更容易地完成购物任务，增加了用户对平台的信任感和满意度。

2. 可定制的界面元素提升个性化体验

除了简洁直观，电商平台在用户界面设计中还应考虑提供可定制的界面元素，以满足不同用户的个性化需求。这一设计理念涵盖了颜色、布局、字体大小等元素的可调整性，旨在通过个性化定制提升用户的购物体验。

通过提供可定制的颜色主题，电商平台可以让用户根据个人喜好选择自己喜欢的配色方案，使用户感到更为舒适和愉悦。此外，用户可以调整页面元素的排列方式，以适应不同的使用习惯和操作习惯。例如，某些用户可能更喜欢将常用功能放置在页面的特定位置，而可定制的布局功能使用户能够根据个人需求进行灵活调整。

可调整字体大小是另一个关键的可定制元素，这有助于用户根据自身偏好和视力状况调整文字的大小，提高文字的可读性，使用户更加舒适地浏览商品信息和网页内容。

这种灵活的定制性不仅让用户能够在一定程度上个性化平台的外观，也增加了用户对平台的依赖性和黏性。用户在获得更为个性化的体验时，更容易形成对电商平台的忠诚度，提高用户满意度，为平台赢得更多的用户信任。通过这种差异化的设计策略，电商平台有望在激烈的市场竞争中脱颖而出，赢得更多用户的关注和喜爱。

3. 个性化定制设计的竞争优势

通过提供灵活的用户界面设计，电商平台在市场竞争中不仅仅是满足用户的个性化需求，同时也取得了一定的竞争优势。个性化定制设计的优势体现在提高用户满意度、增强用户忠诚度及建立品牌与用户之间更为紧密的连接等方面。

首先，个性化定制设计显著提高了用户的满意度。通过允许用户根据个人喜好调整界面的外观和布局，电商平台创造了更符合用户审美和使用习惯的购物环境。用户在一个能够满足其个性需求的平台上更容易找到所需信息，完成购物流程，从而提升了用户的购物体验。良好的用户体验是用户满意度的基石，而通过个性化定制设计，电商平台能够在这方面取得显著的竞争优势。

其次，个性化定制设计增强了用户对平台的忠诚度。用户在一个可以根据个人喜好调整的平台上建立了更为亲近的感觉，形成了一种独特的购物体验。这种归属感和亲近感使用户更倾向于持续使用该平台，并且更愿意成为该平台的忠实用户。忠诚度是电商平台在竞争激烈的市场中保持用户基础的关键因素，而个性化定制设计为培养用户忠诚度提供了有效途径。

再次，个性化定制设计建立了品牌与用户之间更为紧密的连接。用户通过在界面设计中加入个性元素，使其在使用平台时更容易产生情感共鸣。这种情感共鸣有助于建立积极的品牌形象，增强用户对品牌的认同感。通过与用户建立更紧密的情感联系，电商平台不仅能够在市场中塑造独特的品牌形象，还能够更好地吸引和保留用户。

（三）定制化推荐算法的不断优化

为了提供更符合用户兴趣的内容推荐，电商平台需要持续进行定制化推荐算法的优化。这一过程旨在通过分析用户对推荐商品的反馈，包括点击率、购买率等指标，来调整推荐算法的权重和策略，以提高推荐的准确性和个性化程度。

1. 建立有效的用户反馈机制

为了不断优化定制化推荐算法，电商平台亟须建立一个有效的用户反馈机制。这一机制的关键在于设立多维反馈通道，以全面了解用户对推荐商品的态度。其中，包括用户的点击、浏览、购买行为等数据，这些行为数据能够直观地反映用户的兴趣和喜好。与此同时，结合用户的评价、评论及投诉等方式，电商平台可以收集到更为深入的用户反馈，这有助于理解用户的情感倾向和购物体验。通过这样的多源反馈机制，电商平台能够获取丰富的用户反馈数据，为后续的推荐算法优化提供坚实的数据基础。

有效的用户反馈机制不仅仅是定量评估用户对推荐的满意度，更是一个挖掘用户潜在需求和偏好的重要途径。通过分析用户的反馈数据，电商平台能够了解用户的购物心理，捕捉到用户可能未曾明确表达的期望。用户评价和评论中的语言信息可以被用于情感分析，帮助电商平台更全面地理解用户的情感反馈。同时，用户投诉也是一种宝贵的信息来源，帮助发现和解决推荐算法中存在的问题。因此，有效的用户反馈机制不仅是量化用户体验的手段，更是一项深入了解用户需求、引导算法优化的战略工具。

在电商平台中，建立强大的用户反馈机制有助于实现个性化推荐系统的良性循环。通过不断优化推荐算法，提高个性化程度，用户满意度得到提升，用户体验愈发个性化，从而激发用户更积极地参与到反馈过程中。这种循环机制使得电商平台能够逐步完善推荐算法，为用户提供更符合其需求和偏好的个性化推荐服务。

2. 大数据技术的深度挖掘和分析

大数据技术在个性化推荐系统中的深度挖掘和分析起着至关重要的作用。通过对用户行为数据的系统清洗、整理和深度分析，电商平台能够构建出用户画像，实现对用户兴趣、偏好、购物习惯等多方面信息的全面了解。大数据技术的应用不仅提高了平台对用户行为的精准度，而且为个性化推荐算法的调整和优化提供了有力的支持。这一过程不仅有助于更好地满足用户需求，还能够为用户提供更符合其个性化需求的推荐内容。

其一，通过对大量用户行为数据的清洗和整理，电商平台可以构建出精准而全面的用户画像。这包括用户的点击、浏览、购买行为等多维数据，通过这些数据，平台能够准确捕捉用户在平台上的活动轨迹，形成用户的行为轨迹图。同时，通过对用户在平台上的评价、评论等非结构化数据的处理，平台能够获取到更深层次的用户反馈，了解用户对商品和服务的实际体验和期望。这种多源数据的整合和分析使得用户画像更加立体和细致，为后续推荐算法的个性化调整提供了充分的数据基础。

其二，大数据技术的深度挖掘和分析使得电商平台能够更好地理解用户行为背后的逻辑。通过对用户画像的分析，平台可以发现潜在的用户需求、兴趣爱好、购物习惯等信息，洞察用户的消费心理。这种深度挖掘不仅有助于推测用户的潜在需求，更能够识别用户的潜在兴趣点。通过对这些潜在信息的挖掘，平台可以更准确地预测用户可能感兴趣的商品或服务，从而提高推荐的准确性和个性化程度。

3. 引入先进技术，建立复杂灵活的推荐算法模型

在数字时代，推荐系统已经成为各类互联网平台不可或缺的一部分。无论是电子商务网站、社交媒体平台还是流媒体服务，推荐系统都在帮助用户发现感兴趣的内容，提升用户体验和平台黏性。为了实现这一目标，建立一个复杂而灵活的推荐算法模型至关重要。

建立复杂而灵活的推荐算法模型需要综合运用数据挖掘、机器学习和实时处理等先进技术。通过不断优化和创新，推荐系统可以在提升用户体验的同时，为企业带来更多的商业价值。随着技术的不断进步，未来的推荐系统将更加智能和高效，为用户提供更优质的服务。

五、电商平台用户体验的应用

电商平台用户体验的应用涵盖多个方面，通过技术手段的巧妙运用，旨在提升用户的体验感和购物效率。以下我们对移动优化、个性化推荐、营销活动、社交互动和人工智能等方面进行详细探讨。

（一）移动优化

1. 界面设计响应性

移动端在当今电商环境中扮演着至关重要的角色，成为用户主要的购物渠道。为了提升用户在移动端的购物体验，界面设计的响应性显得尤为关键。在不同屏幕尺寸和设备特性的背景下，良好的响应性设计能够确保用户无论使用何种设备，都能够流畅地浏览和购物。

在实现良好响应性的界面设计中，首先，流畅的布局是至关重要的一环。设计师需要考虑各种屏幕尺寸下的布局排列，确保页面元素的呈现既不过于拥挤也不至于过于稀疏，使用户在不同设备上都能够清晰地浏览商品信息。采用自适应布局和弹性网格等技术手段，使页面元素可以智能地根据屏幕大小进行调整，提升用户的可视舒适度。

其次，可伸缩的元素也是响应性设计的关键要素之一。通过采用可伸缩的图片、文本和其他页面元素，确保它们能够根据不同屏幕尺寸的需求进行灵活调整，不失真、不裁剪，提供一致而丰富的用户体验。这种设计策略旨在避免用户在使用不同设备时面临阅读或查看商品信息的困扰，使其在各种情境下都能够享受到无障碍的购物体验。

响应性设计不仅仅关注页面元素的大小和排列，还包括用户交互的流畅性。在不同设备上，用户可能采用触摸屏、鼠标或键盘进行交互，因此设计需要考虑不同输入方式下的用户体验。合理设计交互元素的大小、间距和响应速度，确保用户能够轻松、直观地完成购物过程，提高用户满意度和购买转化率。

2. 导航结构优化

移动端导航结构的优化是电商平台提升用户体验的重要环节。通过简化导航结构，平台能够显著减少用户操作路径，从而提高购物流程的便利性，使用户更加轻松地找到所需商品，从而提升整体用户体验。

首先，导航结构的简化是为了降低用户的认知负担。在移动设备上，屏幕空间有限，用户更希望能够迅速找到所需信息而不必浏览烦琐的页面。因此，通过清晰而简洁的导航结构，用户能够更直观地理解平台的功能和布局，减少因繁杂导航而导致的混淆和迷失感。

其次，采用直观的图标和清晰地分类是导航结构优化的重要手段。直观的图标可以提供更直观的视觉导航，用户能够通过图标快速了解各个功能入口，缩短找寻商品的时间。同时，通过明确的分类，用户能够更容易理解平台的产品种类和分布，使其能够有序地进行浏览和选择。

导航结构的优化还涉及用户路径的合理设计。通过分析用户行为和购物心理，平台可以优化导航流程，使其更符合用户的使用习惯和期望。例如，将热门商品、新品推荐等放置在显眼位置，提高用户浏览的效率，进而促进购物决策的形成。

再次，导航结构的优化需要不断根据用户反馈和数据分析进行迭代。通过收集用户的点击数据、停留时间等信息，平台能够了解用户在导航过程中的行为，及时发现潜在问题并进行调整。这种基于数据驱动的导航优化能够更精准地满足用户需求，提升用户满意度。

3. 页面加载速度优化

移动端页面加载速度的优化是电商平台提升用户体验的至关重要的方面。随着移动设备的广泛使用，用户对于页面加载速度的敏感性日益增强，因此通过采用技术手段提高页面加载效率，减少等待时间，成为电商平台提升用户满意度和购物效率的关键措施之一。

我们首要考虑的是采用压缩图片等技术手段来减小页面资源体积。在移动设备上，带宽和网络速度相对有限，大尺寸的图片文件可能导致页面加载时间过长。因此，采用图片压缩技术，如 WebP 格式、图片懒加载等，能够有效减小图片文件大小，提高页面加载速度。同时，通过对 CSS、JavaScript 等文件进行压缩和合并，减少网络请求次数，也是优化页面加载速度的有效途径。

另外，采用异步加载技术能够提高页面的并行加载能力，从而减少用户等待时间。通过将不影响首屏展示的内容延迟加载，用户在初始页面加载完成后即可开始浏览，同时后续内容在后台异步加载，提高了用户的感知速度。这种方式特别适用于电商平台的情境，用户可以迅速获取到页面的核心信息，而不必等待所有内容都加载完成。

除此之外，采用浏览器缓存机制也是提高页面加载速度的有效手段。通过设置适当的缓存策略，一些静态资源能够被用户本地缓存，减少重复加载的次数，从而提升用户体验。但需要注意的是，缓存的策略要平衡资源的实时性和用户体验之间的关系。

最后，通过采用内容分发网络（CDN）等技术，将页面资源分布到全球各地的服务器节点，可以更快地响应用户请求，减少网络延迟，提高页面加载速度。

（二）个性化推荐

1.用户行为分析

深入挖掘用户的历史购买记录和浏览行为，通过利用大数据分析技术深刻理解用户的购物偏好，成为电商平台实现个性化推荐的基础和核心要素。用户行为分析是一项关键的任务，旨在通过系统性的数据挖掘与分析，揭示用户在平台上的消费行为、偏好和趋势，以更好地满足用户需求，提升用户体验。

在这个过程中，我们首先需要重点关注用户的历史购买记录。通过细致入微地分析用户在过去的购物历程中所选购的商品，平台可以了解用户的品位、偏好品类、购买频率等信息。这为建立用户画像提供了基础，使得平台可以更精准地了解用户的个体差异和独特需求。

同时，对用户的浏览行为进行深入分析也是不可或缺的一环。通过追踪用户在平台上的浏览历史，包括点击过的商品、停留时间等指标，电商平台能够洞察用户感兴趣的领域和潜在的购买动机。这样的分析有助于发现用户的潜在需求和关注点，为后续的个性化推荐提供有力的支持。

大数据分析技术在用户行为分析中发挥着关键的作用。通过对大规模用户数据的处理，平台可以运用机器学习算法，挖掘隐藏在数据背后的规律和模式，建立起用户行为的预测模型。这样的模型不仅可以识别用户当前的购物兴趣，还有助于预测未来可能的购买趋势，为个性化推荐提供更为智能的支持。

建立用户画像是整个用户行为分析过程的关键环节。通过综合考虑用户的历史购买、浏览、点击等多维数据，平台能够构建出更为全面和深入的用户画像，真实地反映用户的兴趣、喜好和购物习惯。这样的用户画像不仅是个性化推荐的依据，更是电商平台制定精准营销策略和提升用户忠诚度的基石。

2.机器学习算法应用

机器学习算法在电商平台中的应用，特别是在个性化推荐领域，扮演着至关重要的角色。通过采用机器学习算法，平台能够根据用户画像实现更加智能和精准的个性化推荐，从而提高用户体验，促进购买决策的形成。

其一，机器学习算法通过分析用户的历史购买、浏览、点击等多维行为数据，能够建立起对用户的个性化喜好的模型。这些模型能够捕捉到用户的潜在兴趣和偏好，形成对用户兴趣的精准预测。通过这些预测，系统能够更好地理解用户的购物需求，为用户推荐他们可能感兴趣的商品，从而提高用户在平台上的满意度。

其二，机器学习算法能够实现实时更新和调整个性化推荐模型。用户的购物偏好是动态变化的，受到时下流行趋势、季节变化等多种因素的影响。通过不断地学习用户的最新行为，机器学习模型能够及时地对用户画像进行调整，使个性化推荐更加贴合用户当前的兴趣和需求，保持系统的准确性和实用性。

其三，机器学习算法还能够挖掘潜在关联规律，提高个性化推荐的深度。通过分析用户购买历史中的商品关联性，算法可以发现用户潜在的跨品类兴趣，为用户提供更为全面的个性化推荐。例如，通过了解用户购买电子产品的同时可能对相关配件或服务感兴趣,平台可以巧妙地将这些关联产品纳入个性化推荐范围,提高用户对推荐的接受度。

3.特价提醒服务

特价提醒服务作为电商平台推动用户参与促销活动、增加购物兴趣的一项关键服务，基于用户的购物历史和喜好进行个性化推送，具有重要的商业价值。通过深入分析用户的购物行为和偏好，平台可以精准地识别用户的喜好领域和感兴趣的商品种类，为用户定制特价提醒服务，从而在促销活动中实现更高的用户参与度。

第一，特价提醒服务的实施基于用户的购物历史和喜好，通过对用户在平台上的历史购买记录、浏览行为等进行全面分析，建立用户画像。这一过程可以揭示用户的偏好品类、喜好品牌及购物频率等重要信息，为后续的个性化提醒服务奠定基础。平台通过记录用户对商品的喜好程度，分析其对促销活动的敏感性，能够更准确地把握用户的购物心理。

第二，个性化的特价提醒服务能够有效激发用户的购物兴趣。通过向用户推送特定品类或商品的个性化促销信息，平台能够引起用户的关注，提高其对促销活动的敏感度。这种定向推送不仅能够增加用户参与促销的可能性，还能够使用户更加关注平台的优惠信息，从而提升用户的黏性和忠诚度。

第三，特价提醒服务还有助于增加用户对促销活动的参与度。通过向用户及时发送个性化的促销提醒，平台能够在促销活动开始前就引导用户关注，提前制造购物预期。这种提前的引导和提醒服务，使用户更有可能参与到促销活动中，从而推动销售和提高平台的活跃度。

（三）营销活动

1. 数据分析驱动活动策略

数据分析在电商平台中的应用是驱动活动策略的核心。通过深入挖掘用户的购物行为和偏好，平台能够更精准地了解用户需求，从而有针对性地制定个性化的营销活动，提升用户的参与积极性。其中，根据用户生日发送定制化的优惠券是一种典型的活动策略，通过数据驱动，实现更高效的用户参与和更好的营销效果。

第一，通过数据分析了解用户购物行为，平台能够得知用户对哪些商品更感兴趣，以及在购物过程中的偏好和习惯。通过分析购买历史记录、浏览记录及购物车中的商品，平台可以细致地了解用户的品类喜好、购物频率等信息。这样的数据基础为制定个性化营销活动提供了深刻的了解，使活动更符合用户的实际需求。

第二，通过数据分析获取用户的生日信息，平台可以定期发送定制化的生日优惠券。这种个性化的活动策略不仅提供给用户实质性的优惠，更在心理上拉近了用户与平台的关系，增强了用户的满意度和忠诚度。定制化的优惠券既可以是折扣券、满减券等形式，也可以结合用户的购物历史，推送与其偏好相符的商品折扣信息，提高用户对优惠券的感知价值。

第三，通过数据分析平台还可以对用户的活跃度和忠诚度进行评估，制定相应的激励策略。对于高活跃度和忠诚度的用户，平台可以推送更具诱惑力的优惠券和参与度较高的促销活动，以巩固其忠诚度。对于潜在流失用户，平台可以通过定向的优惠券和个性化的推荐活动来留存用户，提高其再次购物的概率。

2.限时折扣和满减活动

限时折扣和满减活动是电商平台促销策略中的重要手段，通过精准地设计这些活动，平台可以有效促进用户购物欲望，提高销售转化率。合理设置促销规则，能够引导用户在平台上更有针对性地消费，为电商平台的商业价值创造更大的影响。

第一，限时折扣活动的设计需要考虑到用户心理学和购物行为。通过设定具有吸引力的促销价格，并限定一定的时间范围，平台能够刺激用户的购买欲望。这种紧迫感和期限感会促使用户更加迅速地做出购买决策，从而提高销售转化率。同时，通过对用户历史购物行为的分析，平台可以针对不同用户群体推送不同的限时折扣信息，更好地迎合用户个性化的需求，提高活动的效果。

第二，满减活动的设计需要结合用户的购物习惯和消费心理。通过设定一定的满减门槛和相应的减免金额，鼓励用户在单次购物中消费更多。这样的活动设计可以激发用户主动增加购物篮中商品数量的愿望，从而提高客单价和整体销售额。同时，满减活动也可以通过设置不同的门槛和减免比例，针对不同用户群体的消费习惯进行个性化设计，提高促销活动的针对性和精准度。

第三，平台还可以通过数据分析了解用户对不同类型促销活动的反应，进而调整和优化促销规则。通过收集用户在活动期间的点击、浏览、购买等数据，平台可以了解用户对不同促销形式的偏好，从而更有针对性地设计未来的促销活动。这种数据驱动的优化策略不仅提高了促销活动的效果，也有助于建立更深层次的用户画像。

（四）社交互动

1.增加用户参与感

电商平台通过引入商品分享、用户评论、社交圈子等功能，旨在增加用户在平台上的参与感。这一策略的核心在于通过社交互动设计，使用户在购物过程中能够分享购物心得、获取他人意见，从而提高购物的社交性，加深用户对平台的黏性。

其一，引入商品分享功能是一种有效的方式，通过让用户分享自己喜欢的商品或购物心得，实现用户间的信息传递和互动。分享的商品信息不仅能够增加其他用户对商品的认知，还能够在用户社交圈内产生购物话题，引起其他用户的兴趣。通过社交分享，用户形成了一种共鸣感，使购物不再是孤立的个体行为，而是变成了社交互动的体验，从而提高用户的参与感和对平台的归属感。

其二，用户评论功能也是增加用户参与感的关键设计。用户在购物后能够留下对商品的评价，不仅为其他用户提供了参考意见，也为购物过程增添了互动性。通过建立评论回复机制，用户可以在评论之间展开对话，形成一个社区化的交流环境。这种互动过程不仅提高了用户在平台上的停留时间，还加深了用户对平台的信任感，促使其更积极地参与到平台的社交互动中。

其三，社交圈子的建立为用户提供了一个更为私密和专属的社交空间。通过创建兴趣相投的社交圈子，用户能够在一个更小范围内分享购物心得、获取更有针对性的建议。这种社交圈子的形成不仅满足了用户对个性化社交的需求，同时也促使用户更频繁地参与到平台的社交互动中，提高了用户的满意度和黏性。

2.社交媒体整合

社交媒体整合作为电商平台拓展品牌影响力和提高用户认知度的关键策略，通过将用户在平台上的活动分享到社交平台，实现信息传播，从而吸引更多用户流量。这一战略在构建品牌形象、促进用户参与，以及扩大用户社交圈等方面具有重要作用，为电商平台的商业发展提供了有力支持。

第一，社交媒体整合通过将用户在平台上的活动分享到社交平台，实现了用户生成内容（User-Generated Content，UGC）的有效传播。用户分享购物心得、晒单照片等UGC，通过社交媒体的广泛传播，形成口碑效应。这种用户产生的内容不仅增加了社交媒体上与平台相关的话题和标签，也提高了品牌的曝光度。

其他社交媒体用户能够通过朋友圈、分享链接等方式看到这些UGC，从而引发兴趣，激发对电商平台的探索欲望。

第二，社交媒体整合有助于构建电商平台在社交媒体上的品牌形象。通过定期分享平台的优惠活动、新品上市等信息，电商平台能够在社交媒体上建立积极向上的形象，与用户形成更为紧密的联系。此外，用户的分享和评论也为品牌提供了直接的用户反馈，有助于平台更加灵活地调整运营策略，提高用户满意度。

第三，社交媒体整合还可以拓展用户社交圈，提高用户对平台的认知度。通过引导用户将购物活动分享到社交媒体，用户的社交圈内的其他用户也能够看到这些信息，从而可能被吸引到电商平台进行浏览和购物。这种社交传播的效应有助于扩大用户群体，增加新用户的流量，为电商平台的用户获取提供新的途径。

（五）人工智能

1.智能客服系统

智能客服系统作为一项基于人工智能技术的创新服务，为电商平台实现24/7在线客服支持提供了全新的解决方案。通过利用自然语言处理、机器学习等技术，智能客服系统能够在任何时间、任何地点为用户提供实时的问题解答和帮助，从而增强用户对平台的信任感，提升整体的服务体验。

智能客服系统的关键在于其能够处理用户提出的各类问题，并以人性化的方式进行回应。通过自然语言处理技术，系统能够理解用户提问中的语义和上下文，精准地定位问题，并提供相应的解决方案。这种智能化的服务不仅能够解答用户关于商品、订单、支付等方面的疑问，还能够处理更为复杂的问题，提高用户在平台上的问题解决效率。

24/7在线客服支持是智能客服系统的一个显著特点，用户可以随时随地获得帮助，不再受制于传统客服工作时间的限制。这种全天候的服务不仅满足了用户在不同时区、不同时间段的需求，也提升了用户对平台的依赖性和满意度。用户在购物过程中遇到问题时，能够随时获得实时的支持，不仅提高了用户购物体验，也增强了用户对平台的忠诚度。

另外，智能客服系统通过机器学习技术不断优化自身的服务质量。系统能够分析用户的提问方式、解决问题的过程，从而不断学习和积累知识，提高问题识别和解答的准确性。这种自我学习的机制使得智能客服系统能够适应不断变化的用户需求，不断提升服务水平，为用户提供更为个性化、高效的服务体验。

2.语音和图像识别

语音和图像识别技术在电商平台中的应用，为用户提供了更为直观、智能的交互方式，极大地提升了购物过程的便捷性和智能化水平。通过充分利用语音和图像识别，用户能够以更自然的方式与平台进行互动，实现商品搜索、购物车管理等操作，从而为用户创造更加智能、高效的购物体验。

第一，语音识别技术的应用使得用户能够通过口头指令进行商品搜索、查询订单等操作。通过自然语言处理技术，系统能够理解用户的语音指令，识别关键词并执行相应的操作。这种语音交互方式不仅方便了用户，特别是在移动设备上操作时更为实用，同时也提升了购物过程的人性化和个性化。

第二，图像识别技术的运用为用户提供了通过图片进行搜索和识别商品的功能。用户可以通过拍摄商品图片或上传图片进行搜索，系统通过图像识别技术分析图片内容，并为用户提供相关商品信息。这种直观的图像搜索方式不仅简化了用户的操作流程，也为用户提供了更多购物的可能性，尤其是当用户无法准确描述商品时，图像搜索成为一种高效的替代方案。

第三，语音和图像识别技术的整合使得购物车管理更加便捷。用户可以通过语音指令或图像识别方式将商品添加至购物车，实现更加直观和高效的购物车管理。这种交互方式不仅提高了用户在平台上的停留时间，也为用户提供了更为智能、愉悦的购物体验。

3.智能搜索和推荐

智能搜索和推荐功能作为电商平台的关键特性，旨在提高用户在平台上查找商品和浏览产品的效率，通过智能化的算法根据用户的搜索历史和偏好，为用户智能地推荐符合其期望的商品，从而全面提升整体购物体验。

其一，智能搜索功能通过引入先进的搜索算法，能够更加准确和迅速地响应用户的搜索需求。通过自然语言处理和相关性分析，系统能够深入理解用户的搜索意图，提供更为精准的搜索结果。这种智能搜索不仅考虑了关键词匹配，还能够理解用户的背后意图，通过上下文关系提供更符合用户期望的搜索结果。这有助于用户更快地找到目标商品，提高了用户的搜索效率。

其二，智能推荐系统通过分析用户的历史购买记录、浏览行为及兴趣偏好等信息，利用机器学习算法预测用户可能感兴趣的商品。通过个性化推荐，系统能够为用户呈现定制化的商品推荐，提高了用户发现新品、参与购物的积极性。这种智能推荐系统不仅能够推荐与用户兴趣高度相关的商品，还能够适时调整推荐策略，保持对用户变化需求的敏感性，提升整体购物体验。

智能搜索和推荐的集成不仅提高了用户在平台上查找商品的效率，还为用户提供了更加个性化、智能化的购物服务。用户在平台上的交互行为被系统充分利用，为其构建个性化的购物画像，从而提供更符合其偏好的商品和服务。这种个性化推荐不仅能够提高用户对平台的满意度，也在一定程度上促进了用户的购买决策，为电商平台创造了更为积极的商业价值。

第二节　移动端与跨平台体验

一、移动端电子商务的兴起

随着智能手机的普及，移动端电子商务成为推动电商发展的重要力量。用户更加便捷地通过移动设备进行购物，这对电商平台提出了新的挑战和机遇。在移动端，用户体验的关键在于简洁、直观的界面设计，以及高效的交互方式。

（一）智能手机普及的推动力

1. 智能手机技术的进步

智能手机作为移动通信技术的产物，随着科技的飞速发展，其技术水平不断迎来显著提升。关键硬件组件如处理器、高清屏幕及摄像头等都经历了持续的创新和升级。处理器的性能不断增强，使得智能手机在运行复杂应用和多任务处理时更为流畅高效。高清屏幕的引入不仅提供更清晰的图像显示，也为用户提供更丰富的视觉体验。

其中，先进的摄像头技术更是成为智能手机的一大重要特色。通过不断提高摄像头的像素和传感器技术，智能手机已经具备了拍摄高质量照片和录制高清视频的能力。此外，引入了多摄像头系统、光学防抖等先进功能，用户能够在不同场景下拍摄出更为专业的照片和视频作品。这种摄像头的升级不仅满足了用户对于拍摄需求的提升，同时也为社交媒体、在线购物等电子商务活动提供了更具吸引力的内容。

智能手机的发展还体现在其更多元化的功能上。除了通信功能，现代智能手机内置了丰富的传感器，如加速度计、陀螺仪、指纹识别等，为用户提供了更为智能的体验。这种多功能性使得智能手机不再仅仅是一种通信工具，更成为人们日常生活中不可或缺的伴侣。用户更愿意通过智能手机进行电子商务活动，因为这种多功能设备为他们提供了更为便利和全面的购物体验。

2.智能手机价格逐渐降低

智能手机的价格逐渐降低，这成为推动其普及和进一步促进移动端电子商务发展的重要因素。这一趋势的根本原因之一是技术的不断进步，随之而来的是生产效率的提高和成本的降低。随着制造技术的日益成熟，智能手机的生产过程变得更为高效，原材料和生产成本逐渐减少。这使得厂商能够在维持一定利润的情况下，将智能手机的售价下调，使其更加亲民。

大量的生产和激烈的市场竞争也是导致智能手机价格下降的重要原因。全球范围内存在众多的手机制造商，它们竞相推出各种型号的智能手机，力图占领市场份额。这种激烈的竞争迫使厂商不仅要不断提升技术水平，还需要通过不断优化生产流程、降低成本来提高竞争力。在这个过程中，智能手机价格逐渐趋向合理，更多的消费者能够以相对较低的价格购买到性能不俗的手机。

智能手机价格的下降趋势在一定程度上也受到全球供应链的影响。通过建立全球化的供应链网络，制造商可以更灵活地采购原材料、组件和生产设备，从而有效降低生产成本。这种全球供应链的优势使得智能手机制造商能够更好地应对市场需求的波动，同时也为价格的逐渐降低提供了基础。

这种价格下降的趋势不仅使得智能手机在技术含量上更为丰富，也为更多的人提供了购买入门级和中档智能手机的机会。特别是在发展中国家和新兴市场，智能手机的价格下降助推了大量用户更容易接触到这一技术，并通过移动端进行电子商务活动。这为移动端电子商务提供了更广泛的用户基础，为电商平台拓展市场创造了有利条件。

3.移动设备使用的便捷性

智能手机的便携性和易用性成为推动其普及和移动端电子商务兴起的关键因素。这一特性使得用户能够随时随地携带手机，轻松实现随时购物的便利。这种随时可用的特性是移动设备的一项显著优势，极大地提高了用户对电子商务活动的参与度。

智能手机的便携性为用户创造了难以替代的灵活性。用户可以随身携带手机，无论是在公共交通工具上、休息时，还是在等候他人的过程中，都能够方便地进行电子商务活动。这种移动性为用户提供了极大的方便，打破了传统电子商务仅限于固定地点进行的局限，使得用户能够更加自由地选择购物的时间和地点。

同时，智能手机的易用性也是其受欢迎的重要原因之一。用户通过简单的触摸和滑动操作即可完成复杂的电子商务任务，而无需烦琐的步骤或复杂的学习过程。这种直观的操作方式降低了用户的购物门槛，使得更广泛的人群能够轻松上手，享受移动端电子商务带来的便利。

移动设备的便捷性推动了电子商务的实时性。用户不再受制于固定的计算机桌面，而是可以在任何时刻获取所需信息，随时完成购物行为。这为商家提供了更广泛的销售窗口，同时也为用户提供了更为灵活的购物选择。随着移动支付技术的不断发展，用户更容易完成交易，促进了移动端电子商务的持续繁荣。

（二）用户体验的关键特征

1. 简洁直观的界面设计

移动端用户对于简洁和直观的界面设计提出了更为迫切的需求，成为电商平台在吸引和留住用户方面至关重要的考量。在这个移动设备主导的时代，用户在繁忙的生活中更希望通过简单而直观的界面来快速实现购物和交易的目标。因此，电商平台需要着眼于设计清晰而简洁的页面布局，以确保用户能够迅速理解和轻松操作。

首要的设计原则是确保页面布局的清晰性。清晰的布局应当精简而有效，通过合理的信息分类和排列，使得用户能够迅速找到所需信息，降低信息检索的认知负担。避免过多的信息堆砌和繁复的页面元素，使得整体界面呈现出简单直观的特质。

采用直观的图标和操作方式是实现简洁直观界面设计的关键步骤。直观的图标可以直接传达信息，降低用户在界面上寻找功能的时间。同时，操作方式也应当贴近用户的直觉，减少用户的学习成本。例如，通过常见的手势、滑动等方式提高用户的操作效率，用户在使用过程中能够更加流畅地完成购物任务。

为了提高用户体验，界面设计需要关注用户的使用习惯和心理感受。根据用户的行为路径和偏好，合理设计页面布局，使得用户在浏览商品、下单支付等过程中能够自然而然地完成操作。在设计过程中考虑用户的心理感受，采用符合用户审美和习惯的配色方案、字体样式等，以营造愉悦的购物环境。

除了简洁和直观，响应速度也是移动端用户体验的重要组成部分。页面加载速度的快慢直接影响用户的满意度。因此，采用轻量级的页面元素、压缩图片大小、合理利用浏览器缓存等手段可以有效提升页面加载速度，为用户提供更加流畅的购物体验。

2. 页面布局的精简有效

为适应移动端用户的使用习惯，电商平台在页面布局方面需要追求精简而有效的设计。在移动设备上，屏幕空间有限，因此页面的布局显得尤为关键。精简的布局不仅能够提高用户的购物效率，还能够提供更清晰、直观的用户体验。

首要的设计原则之一是避免过多的信息堆砌。页面上过多的信息和元素不仅会使页面显得混乱，还会增加用户在寻找所需信息时的认知负担。通过避免信息过载，电商平台可以使页面更为整洁，提高用户对页面内容的关注度。

有效的信息分类和排列是页面布局精简的关键。通过合理的信息分类，将相关联的信息放置在一起，用户能够更容易地找到所需的信息。同时，合理的排列方式也能够优化用户的浏览体验，使得用户在页面上的操作更为直观和高效。

为了实现页面布局的精简有效，电商平台还可以考虑采用卡片式布局等现代设计风格。卡片式布局将信息模块化，使得每个模块都独立呈现，用户可以更为轻松地浏览和比较不同的商品或服务。这种模块化的设计不仅提高了页面的整体美感，还使得用户在浏览过程中更容易捕捉到关键信息。

此外，针对不同用户群体，电商平台还可以个性化地调整页面布局。通过分析用户的行为数据和偏好，定制化页面展示，每位用户在访问电商平台时都能够看到更符合其兴趣和需求的内容。这种个性化的布局设计不仅提高了用户的满意度，还有助于促进用户的购物决策。

3. 高效的交互方式

移动设备的触摸屏技术为电商平台提供了多样且高效的交互方式，使用户能够以更为自然的方式完成各种操作，从而提升整体的交互效率。这种交互方式的灵活性和直观性成为推动移动端电子商务发展的关键因素之一。在设计中，电商平台应当充分利用触摸屏的特性，以提供符合用户习惯的交互方式，从而进一步提高用户体验。

手势操作是触摸屏交互中常见而高效的一种方式。通过简单的手势，用户可以轻松完成多样化的操作，如放大缩小、旋转、滑动等。电商平台应当设计直观且容易记忆的手势，使用户能够更便捷地完成浏览商品、查看详情、切换页面等常见任务。通过合理设计手势操作，电商平台可以大幅提高用户的操作效率，减少用户在复杂交互中的学习成本。

滑动操作是触摸屏交互中常用的一种手段，特别适用于移动设备有限的屏幕空间。通过滑动手势，用户可以轻松地浏览长列表、图片集合等内容。电商平台可以巧妙地运用滑动操作，使用户在页面中迅速定位所需信息，提高浏览效率。此外，通过引入惯性滑动等技术，电商平台可以进一步增强用户在移动端的愉悦感和操作流畅感。

更为直观的交互方式还包括拖拽、双击等手势。拖拽操作可以让用户自由调整页面元素的位置，为个性化布局提供更多可能性。双击操作常用于放大或缩小内容，提供更详细的查看体验。这些交互方式的设计需要考虑用户的使用习惯和心理感受，以确保操作的顺畅和用户体验的愉悦。

（三）优化页面加载速度

1. 移动网络环境的不确定性

移动端电子商务在面临用户在不同网络环境下使用移动设备进行购物的挑战时，不可忽视的一个关键因素就是移动网络环境的不确定性。用户可能在强信号、弱信号或者切换网络的情况下进行电子商务活动，这为电商平台带来了一系列的优化难题。因此，电商平台必须深刻认识到移动网络环境的不确定性，并采取相应的策略以提供更加稳定和高效的用户体验。

在不同网络速度和稳定性的情况下，优化页面加载速度是电商平台应对挑战的首要任务。页面加载速度直接影响用户的满意度和购物体验。为了解决移动网络波动性带来的问题，电商平台可以采用一系列策略，如压缩页面元素、合理利用浏览器缓存、采用异步加载等技术手段，以确保页面能够在不同网络条件下迅速加载，为用户提供更为流畅的购物体验。

此外，电商平台还可以采用渐进式加载的方式，即在页面加载的同时，提前加载页面的部分关键内容，使用户在等待过程中能够尽早获取所需信息。通过分阶段加载页面，电商平台可以更好地适应网络不稳定性，确保用户在任何网络情况下都能够获得良好的用户体验。

2. 轻量级页面元素的应用

为提高移动端电子商务的页面加载速度，电商平台可以通过采用轻量级的页面元素来降低整体页面的大小，从而加速页面的响应速度，提升用户体验。轻量级页面元素的应用是一项关键策略，旨在减轻用户在不同网络条件下可能面临的加载压力，提供更为顺畅的购物环境。

在设计中，电商平台可以合理选择和使用轻量级的图标。图标是页面元素中常见的一种，通过使用矢量图标或合并图标集，可以减少图标资源的体积。采用图标字体的方式，将多个图标合并为一个字体文件，不仅有利于压缩文件大小，还能够提高图标的加载效率，进一步缩短页面加载时间。

此外，合理选择字体也是轻量级页面元素应用的关键。电商平台可以采用优化后的 Web 字体，通过压缩和子集化字体文件，降低字体文件的大小，减轻页面加载的负担。精细的字体选择和优化，不仅能够提高页面的视觉效果，还有助于提高整体性能。

另外，电商平台可以使用延迟加载技术。将页面上的某些元素设定为在用户滚动到它们可见区域时再加载，可以有效减少页面的初始加载时间。这种延迟加载的策略有助于提高首屏加载速度，给用户更快的反馈，增强用户对页面的满意度。

采用雪碧图（Sprite）技术也是一种有效的优化手段。将多个小图标合并成一个雪碧图，通过 CSS 技术选择显示不同位置的图标，减少 HTTP 请求次数，提高页面加载效率。这种技术在减少页面资源数量的同时，也有利于加快页面的加载速度。

3. 图片大小的压缩

在移动端电子商务中，大图的使用可能显著影响页面加载速度，尤其在移动网络较慢的情况下。为了提升用户体验，电商平台可以通过采用适当的图片压缩算法和格式，在保持图像质量的同时降低文件大小，从而有效加速页面的加载速度。

一种常见的图片压缩方式是采用有损压缩算法。这种算法通过减少图像中的冗余信息，降低色彩深度和图像分辨率等方式，来减小图片文件的大小。尽管有损压缩会导致图像质量的轻微损失，但在移动端设备上，这种损失通常是可以接受的，特别是在保持足够视觉质量的前提下实现文件大小的明显减小。

选择合适的图片格式也是图片大小压缩的重要因素。常见的图片格式包括 JPEG、PNG 和 WebP 等。JPEG 是一种有损压缩格式，适用于照片等真彩图像。PNG 则支持无损压缩，适用于图形和文字等带有透明背景的图像。WebP 是一种先进的图片格式，它结合了 JPEG 和 PNG 的优点，既实现了较高的压缩率，又保留了较好的图像质量。电商平台可以根据实际情况选择不同的图片格式，以达到最佳的性能优化效果。

此外，采用响应式图片设计也是一项有效的策略。通过在不同设备或屏幕尺寸下使用不同尺寸的图片，可以最大限度地减小加载的图像大小。这种方法利用了 CSS 媒体查询等技术，根据用户设备的特性动态加载适应性更好的图片资源，既提高了页面的加载速度，又确保了在不同设备上呈现出最佳的视觉效果。

4. 浏览器缓存的合理利用

合理利用浏览器缓存是电商平台提高页面加载速度的一项有效手段，能够显著提升用户在多次访问时的页面加载效率，从而提升整体的用户体验。

在浏览器缓存中，主要包括 HTTP 缓存和本地缓存两种类型。HTTP 缓存是通过在浏览器和服务器之间传递特定的 HTTP 头信息，使得浏览器能够在本地保存页面的副本，下次访问时直接从本地加载，减少对服务器的请求。电商平台可以通过设置合适的 HTTP 头信息，如 Expires、Cache-Control 等，来指定资源的缓存时间和规则。合理的缓存时间能够使用户在一定时间内享受更快的加载速度，同时确保用户能够获取到最新的内容。

通过合理设置和利用浏览器缓存，电商平台能够在提高页面加载速度的同时，减轻服务器的负担，提高整体系统的性能。这种性能优化不仅可以带来更好的用户体验，还有助于降低用户在慢速网络环境下的等待时间，提升电商平台在竞争激烈的市场中的竞争力。

（四）设备尺寸和型号的适配

1. 移动设备的多样性

移动设备的多样性在当今数字化社会中具有重要意义。这一范围涵盖了各式各样的设备，从小巧的智能手机到宽大的平板电脑，这种多样性给用户提供了更加广泛的选择空间。电商平台在适应这一多元化时，必须充分认识到不同设备的尺寸和型号差异，以确保用户在不同屏幕上都能够获得一致而良好的界面体验。

为了应对移动设备的多样性，电商平台需要采取灵活的界面适配策略。这不仅包括对屏幕尺寸的适应，还需考虑到不同设备的操作系统、分辨率及处理能力等方面的变化。通过采用响应式设计和弹性布局，电商平台可以实现在各类移动设备上的自适应性，确保用户无论使用何种设备，都能够享受到流畅且一致的界面效果。

在多样化的移动设备背景下，用户的行为和需求也呈现出多层次和多元化的特点。电商平台在设计界面时，除了适应不同设备，还需考虑用户的多样化需求，例如在手机上可能更注重简洁高效的购物体验，而在平板电脑上可能更倾向于探索更丰富的商品信息。因此，界面设计应该注重用户体验的个性化和差异化，以满足不同用户在不同设备上的独特需求。

此外，考虑到不同地区和文化对移动设备的使用习惯存在差异，电商平台还应该在界面设计中融入跨文化元素，以提升用户的文化认同感。这可能涉及语言选择、图标符号的文化适配及节日促销等方面的因素，从而更好地满足全球用户群体的期望。

2.响应式设计的重要性

响应式设计在当今数字化时代中具有不可忽视的重要性，尤其对于电商平台而言，其在适应不同屏幕尺寸方面的关键作用至关重要。随着移动设备多样性的增加，响应式设计成为一项必备的工具，有助于提供一致而高质量的购物体验，无论用户使用的是智能手机、平板电脑还是其他各种尺寸的屏幕设备。

首先，响应式设计的核心目标在于实现页面布局的灵活性，能够根据不同设备的特性和屏幕大小进行自适应调整。这种灵活性有助于确保用户在访问电商平台时，无论使用何种设备，都能够获得一致的界面效果。通过动态调整页面元素的排列方式、字体大小和图像分辨率等，响应式设计可以有效应对各类屏幕尺寸的挑战，为用户提供更加友好和统一的购物体验。

其次，响应式设计的重要性还体现在提升用户体验的方面。随着移动设备的普及，用户在不同场景和时间使用不同设备的可能性增加，而响应式设计则能够在这种多变的环境中为用户提供始终如一的购物体验。这种一致性不仅仅是界面的统一，还包括用户操作的流畅性和交互的便捷性，从而增强用户的满意度和忠诚度。

再次，响应式设计有助于提高电商平台的可访问性和可用性。通过适应不同屏幕尺寸，响应式设计可以确保所有用户，包括那些使用较小或较大屏幕设备的人群，都能够方便地访问和浏览网站内容。这种无障碍的设计理念有助于拓展电商平台的用户群体，包括年龄层次、技术水平和设备偏好的多样化用户。

最后，响应式设计在提升搜索引擎优化（SEO）效果方面也发挥着关键作用。搜索引擎算法越来越注重网站的移动友好性，响应式设计能够为电商平台提供一个统一的网址，避免了多个版本的管理和优化，有助于提高在搜索引擎结果中的排名，从而增加网站的可见性和流量。

3.弹性布局的实现

弹性布局作为一种灵活的页面设计方式，对于实现在不同设备上获得一致用户体验具有显著的效果。通过巧妙地设置布局参数，弹性布局能够使页面元素根据设备的不同特性进行自适应调整，从而确保在各种移动设备上都能够呈现出令人满意的界面效果。

在实现弹性布局的过程中，关键的一点是采用相对单位和百分比等弹性的长度单位，而非固定的像素单位。这种相对单位的使用使得页面元素的大小可以根据父元素或视口的尺寸进行调整，从而适应不同屏幕的大小和分辨率。通过定义弹性盒子（flexbox）或网格布局（grid layout），设计者可以为页面元素提供更多的弹性，使其在不同设备上能够以更为灵活的方式排列和布局。

另外，媒体查询（media queries）也是实现弹性布局的重要手段。媒体查询允许设计者根据设备的不同特性，如屏幕宽度、高度、分辨率等，应用不同的样式规则。在样式表中嵌入媒体查询，可以为不同的设备或屏幕尺寸定义不同的布局规则，从而在各种情境下都能够提供最佳的用户体验。

弹性布局的实现还需要考虑到页面元素的相对定位和流式布局。相对定位允许元素在文档流中保留其位置，并根据相对于其正常位置的偏移量进行定位，这有助于确保页面在调整布局时能够保持一定的结构稳定性。流式布局则是一种相对于视口宽度进行调整的布局方式，使得页面元素可以根据屏幕尺寸的改变而自动适应其排列方式。

此外，弹性布局的实现还需要关注用户体验的细节，如触摸屏幕的手势操作和屏幕旋转等因素。通过合理设置触摸事件和处理屏幕旋转时的布局调整，我们可以确保用户在不同设备上都能够获得流畅的交互体验。

二、实现跨平台一致性的设计策略

随着用户在不同设备和平台上切换购物体验，实现跨平台一致性成为设计的挑战之一。设计策略需要确保在不同设备上，用户可以保持相似的界面风格、操作逻辑和功能体验。

（一）跨平台用户体验的挑战

跨平台用户体验的挑战在电商领域日益显著，因为用户在不同设备上的无缝切换成为一种常见的行为模式。电商平台在面对用户可能在PC端、移动端、平板等多种设备上使用其服务的情况时，必须认识到这一现实，并致力于设计出一致性的用户体验，以避免用户在切换设备时产生困扰。

第一，电商平台需要在界面设计上追求一致性。无论用户选择使用PC端、移动端还是平板，他们都应该能够在不同设备上获得相似的界面布局和操作方式。通过采用响应式设计、弹性布局等技术手段，平台可以实现在不同屏幕尺寸和分辨率下的一致性展现。这种一致性的设计有助于用户快速适应不同设备，提高用户体验的稳定性和连贯性。

第二，电商平台应当关注用户数据的同步和共享。在跨平台使用中，用户可能在不同设备上进行同一账户的操作，如添加商品到购物车、查看订单等。电商平台需要确保用户的数据在各个设备之间能够实现实时同步，以保持用户在不同设备上的一致性体验。这需要借助云服务、数据同步技术等手段，确保用户无论在哪个设备上都能够获取到最新的数据。

第三，电商平台还需要考虑设备特性的差异性。不同设备在屏幕大小、输入方式、性能等方面存在差异，因此在设计交互方式时，需要考虑到这些特性的差异性。例如，在移动端可以利用触摸屏的手势操作，而在PC端可能更适合采用鼠标键盘的方式。通过细致的交互设计，电商平台可以更好地适应不同设备的特性，提供更为符合用户期望的操作体验。

第四，电商平台需要注意跨平台用户体验的测试和优化。在不同设备和浏览器上进行全面的测试，发现并解决潜在的兼容性问题，确保用户在任何设备上都能够获得良好的体验。定期收集用户反馈，关注用户在跨平台使用中可能遇到的问题，进行相应的优化和改进。

（二）响应式设计的应用

响应式设计是一种创新性的设计方法，它旨在根据用户访问设备的不同，自适应地调整页面的显示效果，以提供一致性的用户体验。在电商平台中，通过采用响应式设计，可以使页面在各种终端设备上呈现出一致、友好的界面，有效提高用户在不同设备上的体验一致性，从而增强用户满意度和品牌忠诚度。

响应式设计的核心理念之一是流式布局，通过相对单位和百分比等技术，页面元素能够根据不同屏幕尺寸的变化而灵活调整。这种灵活性使得页面可以在不同设备上适应不同的屏幕大小，确保用户能够方便地浏览和操作。此外，弹性图片是响应式设计的另一个关键元素，通过使用 max-width 属性等方式，图片能够根据屏幕大小自动缩放，保持在不同设备上的良好显示效果。

媒体查询是响应式设计的重要工具，它允许在 CSS 样式表中根据不同的媒体类型和特性设置样式规则。通过使用媒体查询，电商平台可以根据设备的屏幕宽度、分辨率、方向等参数，为不同的设备提供定制化的样式，以实现页面的最佳呈现效果。这种定制化的样式不仅使页面在各种设备上具有一致性的外观，同时也有助于提高用户的交互体验。

响应式设计的应用对电商平台而言有多重好处。首先，它简化了维护工作，因为只需维护一个响应式设计的页面，而不是为每个设备单独创建不同的版本。其次，响应式设计提高了可访问性，使得用户无论使用 PC、平板还是手机等设备，都能够方便地获得完整的电商服务。最重要的是，响应式设计能够提高用户满意度，因为用户在不同设备上获得一致性的界面和体验，增加了用户对电商平台的信任感，促使用户更频繁地进行交易和互动。

然而，在应用响应式设计时，电商平台仍需考虑一些挑战和注意事项。例如，需要确保在不同设备上性能表现良好，避免加载时间过长，以及需要关注不同设备的交互方式和特性，确保用户能够方便地操作。通过综合考虑这些因素，电商平台可以更好地应用响应式设计，提升用户体验的一致性，为用户提供更便捷、灵活的购物体验。

（三）跨平台样式库和组件库的建设

为了在不同平台上保持一致的界面风格，电商平台可以着手建设跨平台的样式库和组件库。这些库不仅包括一致的颜色、图标、按钮等基本元素，还提供了可重用的设计和开发资源，以确保在多平台上维持一致性的用户体验。

跨平台样式库是电商平台实现一致设计的关键组成部分。它包括了在各个平台上都通用的设计元素，如色彩方案、字体选择、图标设计等。通过确立一致的样式标准，设计师可以在不同平台上使用相同的样式定义，从而创建具有一致性外观的界面。这有助于树立品牌形象，提高用户对电商平台的辨识度。

组件库则提供了一系列可重用的用户界面组件，如按钮、表单、导航栏等。这些组件被设计成在各种平台上都能够良好运行，并且符合整体的设计规范。通过使用组件库，开发人员能够在不同平台上快速构建一致的用户界面，提高开发效率，降低维护成本。组件库的建设需要考虑到跨平台的适配性，确保在不同设备上组件的交互和显示效果均符合用户期望。

（四）细致适配和优化

为了在不同操作系统和平台上提供一致、符合用户期望的界面和操作体验，电商平台需要进行细致的适配和优化。不同的操作系统，如 iOS 和 Android，具有各自独特的设计规范和用户习惯，因此平台间的差异性需要被认真考虑和处理，以确保用户在每个平台上都能够获得最佳的用户体验。

首先，细致的适配涉及对不同操作系统的设计规范的深入了解和遵循。iOS 和 Android 在设计上有很大的差异，涵盖了图标样式、交互方式、布局设计等方面。通过深入研究和理解各个操作系统的设计原则，电商平台可以根据不同平台的规范调整界面元素，以确保在各个平台上都能够呈现出符合用户期望的外观。

其次，对于不同平台的用户习惯进行优化是至关重要的。不同的用户群体可能对于交互方式、手势操作、导航习惯等有着不同的偏好。电商平台应当根据各个平台上的用户习惯进行调研，并在设计中融入符合当地用户期望的元素。这有助于提高用户的熟悉度和舒适度，增加用户对平台的好感度。

再次，考虑到不同平台的屏幕尺寸、分辨率等差异，电商平台需要进行布局的灵活适配。通过采用响应式设计、弹性布局等技术手段，确保在各种设备上都能够良好呈现。适配还包括对不同屏幕大小和分辨率的合理利用，以提供更为优雅和流畅的界面展示。

最后，细致的适配和优化也涉及对不同平台的性能优化。针对各个平台的硬件差异，电商平台需要优化页面加载速度、响应时间等关键性能指标，以确保用户在每个平台上都能够获得良好的响应体验。

三、移动电子商务下物流配送协同服务模式

随着移动互联网的飞速发展和智能手机的广泛普及，移动电子商务在短时间内快速崛起，并在消费者中取得了广泛的应用和认可。移动电子商务为消费者提供了便捷的购物方式，极大地改变了传统的购物模式。然而，传统的物流配送模式往往难以满足消费者对即时配送和个性化服务的迫切需求，因此，物流配送协同服务模式迎来了蓬勃发展。

（一）物流配送协同服务模式的关键要素

1. 物流信息共享

为实现物流信息共享，首先，我们必须建立一个强大的信息平台。该平台应当集成各个参与方的物流管理系统、数据中心和云计算平台，以实现物流数据的汇集和共享。通过这一信息平台，各方能够实现实时的物流数据共享，包括订单信息、运输状况、库存情况等，从而更全面地了解物流运作情况，做出及时的决策。

其次，为确保信息共享的高效进行，我们应制定并推行统一的数据标准。通过建立共同的数据格式、命名规范和接口标准，我们可以实现不同物流系统之间的数据交换和集成。这种统一的数据标准有助于降低信息交流的复杂性，提高数据的可靠性和一致性，从而加强物流协同效果。

除此之外，为确保信息的安全和可靠性，在信息共享过程中我们需采取相应的安全措施。例如，通过采用先进的加密技术来保护数据传输的安全性，设置严格的权限控制机制以限制数据访问的范围，并定期进行数据备份以应对意外情况等。这样的安全措施可以有效地防范潜在的数据泄露和损坏风险，确保物流信息在共享过程中的稳定性和完整性。

在这个信息时代，物流信息共享不仅仅是提高效率的需要，更是适应现代供应链协同发展的必然趋势。通过建立强大的信息平台、制定统一的数据标准并采取切实可行的安全措施，物流行业能够更好地实现信息的高效共享，推动整个物流体系向更智能、更协同的方向发展。

2. 供应链合作

在供应链合作模式下，供应商、仓储中心、物流运输公司和配送环节之间必须建立紧密的合作关系，以协调各个环节的活动，确保货物能够按时准确地送达给消费者。这种合作关系需要建立在互信和共同合作的基础上，以共同的目标为导向，共同承担责任。通过建立长期的合作伙伴关系，我们可以提高沟通效率，减少不必要的摩擦，并为合作双方创造更多的机会和利益。

在供应链合作中，明确责任分工和协作机制是至关重要的。各个环节应该明确其在整个供应链中的角色和责任，并制定相应的工作流程和标准操作程序。明确的责任分工有助于避免工作交叉和责任模糊，提高整个供应链的运作效率。同时，建立协作机制也是确保各环节之间协调与配合的关键。这包括建立有效的沟通渠道、共享信息和实时反馈机制，以确保信息的流通畅通，随时掌握整个供应链的运作状态。

另外，供应链合作也需要考虑风险共担和应对机制。由于供应链中的各个环节相互依存，一个环节的问题可能会影响整个供应链的正常运作。因此，合作伙伴之间需要共同承担潜在的风险，并建立应对机制，以迅速而有效地应对潜在问题，确保供应链的稳定性和可靠性。

3. 信息技术支持

在供应链合作中，各参与方需充分利用先进的信息技术手段，如物流管理系统、智能配送算法、移动应用程序等，以实现物流信息的实时跟踪、智能调度和即时通信。这些信息技术的应用不仅能够提高物流配送的准确性、效率和灵活性，还能够为用户提供更好的体验。

其一，物流管理系统是实现信息化物流配送的核心工具。该系统集成了订单管理、仓储管理、运输管理和配送管理等多个功能，实现了对物流过程的全面管理和监控。通过物流管理系统，各参与方可以实时查看订单状态、仓库库存、运输进展等关键信息，从而进行及时的决策和调整。这种实时的信息共享和监控有助于提高合作伙伴之间的协同效率，减少信息传递的滞后性，从而更好地应对市场变化和用户需求。

其二，智能配送算法是优化配送路线和调度的关键工具。通过利用智能算法和数据分析技术，结合实时的交通状况和订单信息，我们可以精准地确定最佳的配送路线和调度方案，这有助于降低行驶距离、节约时间和成本，提高配送效率和准确性。智能配送算法的运用还能够更灵活地应对突发情况，如交通堵塞或订单变更，为整个供应链的稳定运作提供了强有力的支持。

4. 优化配送路线和调度

通过信息平台的支持，有效优化配送路线和调度，进而提高物流的效率和准确性。信息平台在这一过程中发挥着关键作用，通过智能算法和数据分析技术的结合，以及实时的交通状况和订单信息的考虑，我们能够确定最佳的配送路线和调度方案。

第一，信息平台汇集来自各参与方的数据，包括订单信息、货物特性、仓库位置和交通状况等。这样的数据集成使得信息平台具备了全面洞察整个供应链的能力。通过对这些数据的深度分析，我们可以获取对配送过程影响较大的因素，并在此基础上制定出相应的优化策略。这种基于数据的决策过程有助于提高对供应链各环节的理解，使得配送过程更具前瞻性和智能性。

第二，信息平台支持智能算法的应用，利用收集到的数据和实时交通信息进行路线规划和调度优化。智能算法在考虑多个因素的同时，如货物的重量、体积、紧急程度、交通拥堵情况，以及配送车辆的容量等，确定最佳的配送路线和调度顺序。这种智能化的算法运用不仅降低了行驶距离、节约时间和燃料成本，同时提高了整个配送过程的效率和准确性。

5. 用户反馈和改进

在物流配送完成后，用户可以在平台上对服务进行评价，包括配送速度、准确性和服务质量等方面的评分和评论。这样的评价系统能够及时获取用户对服务的满意度，并发现可能存在的问题和改进的空间。除了评价系统，定期进行客户调查也是获取用户反馈的有效途径之一。通过电话、邮件或在线问卷等方式，向用户征求对物流配送服务的意见和建议，为了更精准地了解用户需求，我们可以设计针对不同用户群体和使用场景的调查问卷，以获得更具体和全面的反馈信息。

除了用户反馈的收集，与用户保持良好沟通和互动也至关重要。建立专业的客户服务团队，负责处理用户的投诉、建议和问题，并能够及时回应和解决。通过有效的沟通，我们不仅可以增强用户对物流配送服务的信任感，还有助于建立良好的用户关系。根据用户的反馈和意见，我们需要及时进行改进和优化，对于反馈中提到的问题和不足，进行深入分析和诊断，找出改进的措施，并实施。这可能涉及物流流程的优化、服务质量的提升、系统功能的改进等方面，以提升物流配送服务的质量和用户体验。通过持续的用户反馈和改进措施的实施，物流配送服务能够不断地适应市场需求，提升用户满意度。

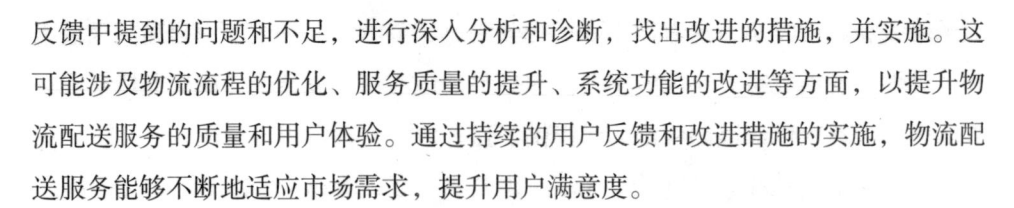

（二）移动电子商务下物流配送协同服务模式存在的问题

1. 数据安全和隐私保护问题

随着移动互联网和物联网技术的不断发展，大量的物流数据涉及个人、商业和机密信息的收集、传输和存储。然而，这也带来了数据安全和隐私泄露的风险。首先，在移动电子商务下的物流配送协同服务模式中，存在大量的数据交换和共享。这些数据包括订单信息、配送路线、货物状态、用户个人信息等。然而，这些数据在传输和存储过程中可能会受到黑客攻击、数据泄露或篡改的威胁。未经授权的访问者可能会获取到这些敏感数据，从而导致信息安全的风险。

其次，数据隐私保护也是一个至关重要的问题。在物流配送过程中，用户的个人信息和交易数据需要被收集和使用。然而，如果这些数据没有得到适当的保护，可能会被滥用或泄露。例如，未经用户同意，个人信息可能被用于广告推送、销售或其他商业目的，侵犯用户的隐私权。

再次，数据安全和隐私保护还受到技术和管理层面的挑战。在技术方面，网络安全技术需要不断升级和改进，以应对不断变化的网络攻击手段。在管理层面上，我们需要建立健全的数据安全机制和权限管理体系，以确保数据仅在授权范围内被访问和使用。通过综合应对这些挑战，我们可以更好地保障物流数据的安全性和用户隐私。

2. 物流网络和基础设施问题

随着移动电子商务的蓬勃发展，物流配送需求呈现出迅猛增长的趋势，对物流网络和基础设施提出了更为迫切的要求。首先，物流网络的覆盖范围和效率成为备受关注的核心问题。在移动电子商务的背景下，物流配送需求跨足各地区和城市，对物流网络提出了覆盖更广泛区域和提供更高效配送服务的挑战。然而，实际情况中存在物流网络覆盖不均、服务质量不一的问题。偏远地区的物流网络建设相对滞后，导致配送时间和成本较高，影响了物流配送的整体效率和用户体验。

其次，物流配送依赖一系列基础设施，包括道路交通、仓储设施、运输工具等。

然而，目前存在的物流基础设施在规模、质量和效率方面存在不足。例如，道路交通拥堵、仓储设施容量不足、运输工具老旧等问题制约了物流配送的整体效能和可靠性。这些基础设施问题直接影响了物流的运作，降低了其配送的效率，增加了成本，同时也影响了用户对物流服务的满意度。解决这些问题需要全面升级和优化物流网络和基础设施，以适应不断增长的移动电子商务市场需求。

3. 缺乏理论框架或概念模型

缺乏理论框架或概念模型将导致研究设计的不明确和混乱。在这种情况下，研究者可能没有明确的指导原则来定义研究问题、选择适当的变量和制定假设，因此研究的目标和方法可能缺乏明确性和一致性。此外，没有理论框架或概念模型可能使得研究结果难以解释和推广。理论框架或概念模型为研究提供理论依据和解释，有助于揭示变量之间的关系和作用机制。在没有这样的框架或模型的情况下，研究结果可能被孤立地看待，难以与现有知识进行关联，从而限制了对研究结果的解释和理解。

另外，缺乏理论框架或概念模型还可能影响研究的可重复性和可验证性。一个明确的理论框架或概念模型可以为研究提供一个明确的研究范式和方法论，使其他研究者能够在不同的背景和环境中重复和验证该研究。缺乏这样的框架或模型可能导致研究结果的不稳定性和不可靠性。因此，建立明确的理论框架或概念模型对于确保研究设计的科学性和严谨性至关重要。

（三）移动电子商务下物流配送协同服务模式问题的解决策略

1. 建立完善的数据安全机制和权限管理体系

为了迎接数据安全和隐私泄露的挑战，建立完善的数据安全机制和权限管理体系是至关重要的一步。首先，采用加密技术对数据进行处理，确保数据在传输和存储过程中免受未经授权的访问。这种加密技术有助于维护数据的机密性，降低数据泄露的风险。其次，通过身份验证系统确认用户身份并分配适当的权限，以限制数据的访问范围和使用权限。这一权限管理体系有效防止了未经授权用户获取敏感数据的情况，提高了数据的整体安全性和保密性。

合规方面，处理物流数据和个人隐私信息时必须遵守相关法律法规，包括但不限于数据保护法、隐私法和相关行业标准等。合规措施包括明确定义数据使用的权限和范围、明确数据处理的目的和方式，并获得用户的明示同意。此外，我们需要建立规范的数据保留和销毁机制，以确保在数据不再需要时能够被及时安全地销毁，进一步保障数据的安全性。

2.物流网络和基础设施改进

为改善物流网络和基础设施，政府可以根据地区特点和需求制定相应的物流发展规划，明确发展目标和重点。这包括改善道路交通条件、扩展物流园区和物流中心的建设，提升港口和机场的运输能力等方面。政府还可以提供相应的政策支持，以吸引和激励私人资本参与物流网络和基础设施建设，推动更多的投资。

与此同时，相关企业也应积极参与物流网络和基础设施的建设。物流服务提供商可以与政府部门合作，共同投资建设物流基础设施，以满足不断增长的物流需求。例如，物流企业可以投资建设先进的仓储设施和物流中心，从而提高物流配送的效率和响应速度。企业还可以与交通运输公司合作，致力于改善运输工具和设备的质量和效率，以全面提升整体物流服务水平。

以某地区物流配送协同服务模式为例，该地区面临着物流网络和基础设施发展不平衡的问题。政府决定加大投资力度，改善道路交通状况，并修建新的物流园区和配送中心，以提升物流配送的效率和覆盖范围。这种综合性的措施有助于打破发展瓶颈，推动物流业的协同服务模式更好地发挥作用。

3.有效解决理论框架或概念模型的方法

解决理论框架或概念模型的有效方法包括深入文献综述、广泛调研相关领域文献，以充分了解已有的理论框架和概念模型。通过对先前研究的系统性回顾，研究者能够发现并深入理解现有的理论基础，为其研究提供明晰的方向。另外，与领域内专家进行交流并寻求他们的意见和建议，这将有助于借鉴专业经验和知识，为构建合适的理论框架或概念模型提供有价值的指导。

此外，引入跨学科的观点和理论是一个关键步骤，可以拓宽研究的视野，丰富理论基础。将不同领域的理论框架和概念模型结合，构建一个更全面、综合的研究框架。在缺乏明确理论框架的情况下，我们可以采用探索性研究方法，寻找新的理论线索和模型。通过实证研究和数据分析，逐步建立起适用于研究领域的理论框架或概念模型，从而更好地回应研究问题。

第七章　电子商务创新的挑战

第一节　安全与隐私问题

一、电子商务中的安全挑战

电子商务的兴起带来了许多安全挑战，其中最突出的问题之一是网络安全。随着在线交易和支付的普及，网络黑客和病毒攻击的威胁也日益增长。电商平台需要应对恶意软件、网络钓鱼和数据泄露等风险，以保障用户信息和财产的安全。

（一）资料的机密性

1. 数据加密技术

资料的机密性，即数据的保密性，其在电子商务中显得尤为关键。随着信息传递的日益频繁，用户和电商平台之间的交互涉及大量敏感数据，如个人身份信息、财务数据等。为了有效防范潜在的威胁，采用先进的数据加密技术成为确保信息安全的基础性措施。

数据加密技术通过将原始数据转化为经过数学算法处理的密文，使得即便在传递过程中被恶意窃取，黑客也难以解读其中的实际内容。这为电子商务平台建立了一道坚固的防线，确保用户的敏感信息在传输过程中得到保护。

在实际应用中，常见的数据加密技术包括对称加密和非对称加密。对称加密使用相同的密钥进行加密和解密，速度较快，适合大量数据的加密，但密钥传递的安全性需要特别关注。非对称加密则采用公钥和私钥的组合，其中公钥用于加密，私钥用于解密。这种方式更为安全，但由于计算的复杂性，速度相对较慢，通常用于对少量重要数据的保护。

随着量子计算等技术的发展，量子安全加密技术也逐渐引起关注。量子密钥分发等技术能够提供更高水平的信息安全，对于未来电子商务的安全保障具有重要意义。

2. 安全传输协议的采用

在电子商务中，确保资料机密性的关键一环是采用安全传输协议，其中最为广泛应用的协议之一便是 HTTPS。通过使用 SSL/TLS 等安全协议，电商平台得以有效地保护用户和平台之间的通信，从而提升数据传输的安全性，预防中间人攻击等潜在威胁。

HTTPS，即超文本传输安全协议（Hypertext Transfer Protocol Secure），是在经典的 HTTP 协议基础上加入了安全性扩展的协议。采用 HTTPS 的电商平台通过在传输层加密数据，防止第三方窃听、篡改和伪造信息。这种加密过程是通过 SSL/TLS 协议实现的，其核心机制包括握手过程、密钥协商和数据传输加密。

在握手过程中，客户端与服务器建立连接，进行身份验证，并协商用于数据加密的密钥。这一过程中，数字证书被用于确认服务器身份的真实性。密钥协商则确保双方在安全地传输密钥的同时，防止被恶意截取。而在数据传输加密阶段，使用协商好的密钥对数据进行加密和解密，保障信息传递的机密性。

采用 HTTPS 的好处不仅仅体现在数据的保密性，还包括以下几个方面：

首先，防范中间人攻击。HTTPS 通过加密通信，阻止了攻击者对信息的窥视和篡改，保障了用户和电商平台之间的交互过程的安全性。

其次，提升搜索引擎排名。搜索引擎，如 Google，更倾向于显示采用 HTTPS 的网站，因为它们被认为为用户提供了更安全的浏览环境，这也进一步鼓励电商平台采用 HTTPS。

再次，增加用户信任。对于进行在线购物的用户而言，看到 URL 地址以"https：//"开头和浏览器中显示的锁定图标，会更加信任网站，增强其在平台上进行交易的信心。

（二）信息的完整性

1. 数字签名技术

在电子商务中，为了保障信息的完整性，数字签名技术被视为一项至关重要的手段。通过为电子商务信息添加数字签名，系统能够有效验证信息在传递过程中是否经历了任何形式的篡改，从而确保用户接收到的信息是原始、未被修改的。

数字签名是一种通过使用非对称加密算法来生成的特殊代码或值，这个代码与特定的文档或数据相关联。数字签名的生成过程包括使用私钥对原始信息进行加密，形成数字签名。然后，接收方可以使用对应的公钥来解密数字签名，以验证信息的完整性。如果信息在传递过程中发生了任何篡改，数字签名的验证将失败，提示接收方存在风险。

数字签名技术在电子商务中的应用具有以下重要特点：

其一，验证信息的完整性。数字签名通过其唯一性和不可伪造性，为接收方提供了一种高效的手段，可以在接收到信息后确认其是否在传递过程中被篡改。这为确保用户接收到的是原始、未被篡改的信息提供了强有力的保障。

其二，防范数据篡改和伪造。数字签名技术使用私钥进行签名，只有持有相应公钥的验证方能够验证签名。这种机制防止了黑客等恶意行为者篡改信息或伪造数据，从而保护了电商平台和用户的利益。

其三，确保信息传递的可信性。通过数字签名，电商平台可以向用户证明信息的真实性和来源可靠性，提升用户对平台的信任度。这对于在线购物等重要业务环节至关重要。

2. 数据一致性验证

在电子商务中，保持信息传递的一致性是确保信息完整性的另一重要方面。数据一致性验证机制被引入，使得电商平台能够有效确保信息在传递过程中的顺序和格式保持稳定且可信，防止信息在传递过程中发生错误或受到篡改的风险。

数据一致性验证的核心目标是保证信息的一致性，即信息在传递的过程中不受到损坏、丢失或篡改。为实现这一目标，电商平台通常采用一系列技术和措施，确保数据在各个环节的传递过程中始终保持一致性。

第一，电商平台可以使用数据校验技术，通过对数据进行校验和计算，生成一个校验值，并将其随数据一同传递。接收方在接收到数据后可以重新计算校验和，与传递过来的校验值进行比对，以验证数据的完整性。任何对数据的篡改都将导致校验和不匹配，从而触发一致性验证的报警。

第二，采用哈希算法也是一种常见的数据一致性验证手段。哈希算法通过对数据进行哈希计算，生成一个唯一的摘要值，称为哈希值。发送方在传递数据时，将哈希值随数据一同发送给接收方。接收方在接收到数据后，通过重新对数据进行哈希计算，得到哈希值，并与传递过来的哈希值进行对比，以验证数据的一致性。

167

第三，时间戳和数字时钟同步等技术也可以用于确保信息传递的一致性。通过在信息中添加时间戳，并保持发送方和接收方的时钟同步，可以有效防止信息在传递中的时间错乱，从而确保信息的有序性。

（三）不可抵赖性

数字签名技术在电子商务中不仅有助于验证信息的完整性，同时也为信息的不可抵赖性提供了有力支持。通过使用数字签名，发送方和接收方能够提供足够的证据，证明信息确实发出和被接收，从而显著防止交易争议的发生。

不可抵赖性是数字签名技术的一个重要特征，指的是在信息传递过程中，发送方或接收方不能否认其曾经发出或接收到过特定的信息。数字签名通过应用非对称加密算法，使用发送方的私钥对信息进行加密，形成唯一的数字签名。接收方则使用发送方的公钥来解密签名，验证信息的完整性和真实性。

在电子商务中，当一方发出具有数字签名的信息后，对方收到信息后能够使用相应的公钥验证数字签名的有效性。这样，即使存在争议，双方都能够提供不可否认的证据，证明信息的确实发出和被接收。这为电子商务交易的可追溯性和公正性提供了有力支持。

数字签名技术的应用有效地降低了交易的不确定性，防止了一方在交易完成后否认自己的行为，从而减少了交易纠纷的发生。这对于在线支付、合同签署等电子商务活动尤为关键，因为在这些场景中，确保交易各方对于交易事实的不可抵赖性是至关重要的。

（四）交易者的身份验证

1.双因素身份验证

为了确保交易者的身份真实性，采用双因素身份验证是一项在电子商务中非常有效的措施。传统的单一身份验证方式，例如仅仅依赖于用户名和密码的组合，已经逐渐显示出其在面对安全威胁方面的不足。双因素身份验证通过结合两个或多个不同的身份验证因素，显著提高了用户身份确认的可靠性，进而降低了恶意行为的风险。

第一，典型的双因素身份验证包括两种或更多种不同类型的身份验证因素。其中之一通常是用户已知的常规凭证，如密码或PIN码。这是传统身份验证的一部分，但不再是唯一的身份验证因素。另外，第二个身份验证因素可以是基于用户本身的生理特征，例如指纹、虹膜扫描或面部识别，也可以是基于用户拥有的物理设备，例如硬件安全令牌或手机应用生成的动态验证码。

第二，这种双因素的结合极大增强了身份验证的安全性。即使恶意用户获取了用户的密码，仍然需要额外的身份验证因素，如手机上的动态验证码或生物识别信息，才能成功通过身份验证。这样，即便一个因素被泄露，攻击者仍然难以获得完整的身份信息，大幅减少了未经授权的访问风险。

在电子商务中，采用双因素身份验证可以有效防范账户被盗用、欺诈交易等安全风险。用户的身份不仅仅依赖于秘密的凭证，还需要其他独立的身份验证手段。这有助于提高整个交易系统的安全性，保护用户的个人信息和交易记录不受未经授权的访问。

2. 强化 KYC（了解您的客户）政策

强化 KYC（了解您的客户）政策的实施是确保交易者身份真实性的关键步骤，尤其在电子商务领域。KYC 政策旨在通过要求用户提供更多的身份验证信息，并对这些信息进行严格审查，有效地减少身份伪造和虚假交易的风险，从而维护整个电商平台的安全性和可信度。

其一，KYC 政策强调了对用户身份的深入了解。电商平台通过收集用户的个人信息、证件资料、联系方式等，建立了一个全面的客户档案。这样的档案不仅包括基本的身份信息，还可能包括用户的购买历史、支付记录等。通过这些信息，电商平台能够更全面地了解每位客户，有助于建立更加精准和真实的用户画像。

其二，KYC 政策注重信息的准确性和一致性。在用户提供信息后，电商平台需要进行严格的审核和验证工作，确保提供的信息是真实有效的。这可能包括与政府数据库的比对、实地核实等手段，以保证用户身份的真实性。通过对信息的准确性进行验证，电商平台能够有效地防范虚假身份和欺诈行为，提高整体交易的安全性。

其三，KYC 政策在用户注册、交易等关键环节加强了身份验证的要求。用户在进行敏感操作时，可能需要提供额外的验证信息，如短信验证码、生物识别信息等。这样的多层次身份验证机制有效地增加了用户身份的可信度，防范了未经授权的访问和交易。

其四，强化的 KYC 政策也强调了合规性和法规遵循。电商平台需要确保其

169

KYC流程符合当地和国际的相关法规要求，以避免因为合规性问题而面临的法律风险。这包括用户隐私保护、数据安全等方面的合规性要求。

二、电子商务信息安全问题的原因

电子商务的发展为商业活动提供了便利，但与之相伴而来的是信息安全问题。这些问题主要源自安全漏洞、病毒蠕虫和黑客攻击等方面。

（一）安全漏洞

1. 操作系统漏洞

电子商务系统广泛依赖于各种操作系统的稳定运行，然而，这些操作系统往往存在各种程度的漏洞，为潜在的黑客攻击提供了入口。其中，Windows操作系统曾被发现存在高危漏洞，成为网络安全的焦点之一。这些漏洞可能导致系统的不安全性，给黑客提供了机会，可能引发信息泄露等严重后果。

Windows系统作为一种主流操作系统，因其广泛应用而成为攻击者的重点目标。其中一些漏洞可能源于系统设计或实施的不足，也有可能是由于未及时修补已知漏洞所致。这种情况使得黑客能够利用系统漏洞，通过各种攻击手段获取未经授权的访问权限。因此，及时的漏洞修复和系统更新对于维护电子商务系统的安全至关重要。

漏洞的存在可能导致信息泄露，对电子商务系统用户的隐私构成威胁。黑客可以利用系统漏洞，获取用户敏感信息，例如个人身份信息、信用卡信息等，从而导致严重的隐私泄露问题。这不仅损害了用户的信任，也可能使电子商务平台陷入法律责任纠纷。因此，电子商务平台必须采取积极措施，保护用户数据的安全性，防范潜在的攻击威胁。

为了有效应对操作系统漏洞，电子商务系统管理者需要建立健全的安全策略和应急响应机制。这包括定期进行系统漏洞扫描和安全评估，及时安装系统补丁以修复已知漏洞。同时，加强对系统的监控和日志记录，及时发现异常行为并采取措施进行应对。此外，培训系统管理员和用户，提高其对安全风险的认识，是预防漏洞利用的重要手段。

2. 应用程序漏洞

电子商务平台作为商业活动的数字化承载体，其应用程序在提供服务和功能的同时可能存在着潜在的漏洞，给系统安全性带来威胁。这些应用程序漏洞可能源于设计缺陷、编程错误或未及时修复的已知漏洞，为攻击者提供了潜在的入侵途径。在电子商务环境中，这些漏洞不仅可能导致用户信息泄露，还可能通过欺骗漏洞控制 Web 服务器等手段危害整个系统的稳定性和可信度。

应用程序漏洞的存在使得电子商务平台面临着潜在的风险，攻击者可能通过漏洞入侵系统，从而获取未授权的访问权限。这些漏洞可能导致恶意代码注入、跨站脚本攻击（XSS）等安全问题，对用户的隐私和敏感信息构成威胁。攻击者有可能利用这些漏洞实施身份盗窃、金融欺诈等犯罪行为，对电子商务平台的用户和运营造成重大危害。

漏洞的存在也为攻击者提供了控制 Web 服务器的机会。通过利用应用程序漏洞，攻击者可能成功地篡改网站内容，传播虚假信息，甚至劫持用户会话，导致用户在不知情的情况下执行恶意操作。这种情况不仅损害了用户的利益，也影响了电子商务平台的声誉，降低了用户对平台的信任度。

为有效应对应用程序漏洞，电子商务平台管理者需要实施一系列安全措施。首先，建立健全的安全开发生命周期（SDLC）流程，确保在应用程序设计和开发的各个阶段都充分考虑安全性。其次，进行定期的安全审计和漏洞扫描，及时发现并修复已知和潜在的漏洞。再次，采用有效的身份验证和访问控制机制，限制用户和系统的访问权限，降低潜在攻击的影响。

3. 网络协议漏洞

电子商务作为一种数字化的商业活动，紧密依赖于网络传输，而网络协议的安全性直接关系到整个电子商务系统的可信度和稳定性。然而，一些网络协议可能存在漏洞，成为潜在的攻击入口。最新的欺骗漏洞特别引起关注，其影响甚至可能涉及浏览器的安全性，给电子商务系统带来潜在的风险。

网络协议漏洞可能导致电子商务系统在数据传输过程中存在不安全因素。攻击者可以利用这些漏洞进行中间人攻击，截取、篡改或窃取传输的敏感信息，例如用户的登录凭证、交易数据等。这种情况不仅会损害用户的隐私权，还可能导致金融欺诈等安全问题。特别是最新的欺骗漏洞，一旦被攻击者利用，有可能在浏览器层面实施欺诈行为，对用户造成极大的影响。

欺骗漏洞对浏览器的安全性构成潜在威胁。浏览器是用户与电子商务系统进行交互的窗口，而欺骗漏洞可能通过针对浏览器的攻击，绕过安全机制，实现对用户的欺诈。这可能包括虚假网站伪装、欺骗性弹窗、恶意重定向等手段，使用户误以为他们正在与正规的电子商务平台进行交互。这种欺骗手段的成功实施可能导致用户信息泄露、财产损失等严重后果，影响用户对电子商务的信任。

为有效应对网络协议漏洞，电子商务系统管理者需采取一系列综合性的安全措施。首先，及时更新和升级网络协议，以修复已知的漏洞，提升系统的安全性。其次，采用加密传输协议，确保数据在传输过程中的机密性和完整性。再次，引入安全套接层（SSL）等技术手段，为网络通信提供额外的保障，防范中间人攻击。此外，定期进行安全审计和漏洞扫描，及时发现并修复潜在的漏洞，是维护系统安全性的关键步骤。

（二）病毒蠕虫

1. 系统漏洞传播

病毒和蠕虫是网络安全领域中常见的威胁，它们通常利用操作系统或应用程序的漏洞进行自动传播，构成对电子商务系统的潜在危险。这种自动传播的方式使得恶意软件能够快速传播到广大网络范围内，而电子商务系统如果未及时更新补丁，就会更容易受到这些自动传播的威胁。

操作系统和应用程序的漏洞为病毒和蠕虫提供了攻击的入口。这些漏洞可能是由于系统设计或实施的不足，也可能是未及时修复已知漏洞所致。攻击者利用这些漏洞，可以轻松地在系统中植入恶意代码，通过自动传播的方式快速传播到其他主机。电子商务系统因其广泛的用户基础和复杂的系统结构，成为攻击者的优选目标。未及时更新系统和应用程序的补丁使得系统容易受到这些自动传播威胁的影响。

电子商务系统未能及时更新补丁可能导致系统陷入严重的安全风险。自动传播的病毒和蠕虫可以在电子商务系统中迅速传播，影响系统的稳定性和可用性。这可能导致系统崩溃、服务中断，甚至造成用户数据的泄露。此外，攻击者通过自动传播的方式，能够在短时间内大规模感染系统，给系统管理者应对威胁带来极大的挑战。因此，电子商务系统管理者必须高度重视漏洞的更新和补丁管理工作，以降低自动传播威胁对系统的影响。

2. 网络流量攻击

网络流量攻击，尤其是由病毒和蠕虫传播所引起的大量扫描或攻击流量，对电子商务平台的稳定性和可用性构成了严重威胁。这种攻击形式可能导致网络拥堵，使得平台的正常运行受到严重影响，甚至导致平台变得缓慢或完全瘫痪，从而直接影响交易的进行。

网络流量攻击的主要特征在于其高强度和大规模的性质。病毒和蠕虫通过感染大量主机，形成庞大的攻击网络，将大量的扫描和攻击流量引入目标网络。这种攻击流量以极高的密度和频率，迅速占据网络带宽，导致网络拥堵。电子商务平台往往是攻击者的优选目标，因为其庞大的用户群体和丰富的交易数据能使得攻击的威力更为显著。

网络拥堵对电子商务平台的影响主要体现在两个方面：可用性和响应速度。首先，当平台受到大规模攻击流量的冲击时，网络带宽会饱和，导致平台无法正常响应用户请求。这会使得电子商务平台无法提供稳定的服务，造成用户无法访问、交易无法完成的问题。其次，攻击流量的增加会导致服务器资源耗尽，使得平台的响应速度急剧下降，页面加载时间延长，用户体验急剧恶化。这对于一个依赖实时交易和用户互动的电子商务平台而言，可能直接导致财务损失和用户流失。

（三）黑客攻击

1. 网页篡改问题

网页篡改是一种恶意攻击方式，黑客通过修改电子商务平台上的网页内容，可能误导用户、损害平台信誉，甚至窃取用户的敏感信息，从而引发重大经济损失。这种攻击方式对电子商务平台的稳定性和用户信任构成严重威胁。

网页篡改可能误导用户，破坏正常的用户体验。黑客通过修改网页内容，可能插入虚假信息、欺骗性广告或虚假链接，引导用户进入恶意网站或执行恶意操作。这可能导致用户误以为是正规平台提供的信息，从而受到诱导而采取不安全的行为，例如输入个人信息、信用卡信息等，从而导致敏感信息泄露。用户因此而遭受经济损失不仅影响其信任度，还可能影响整个电子商务平台的声誉。

此外，网页篡改还可能直接损害电子商务平台的信誉。用户在发现网页被篡改后，会对平台的安全性和可信度产生怀疑，降低对平台的信任水平。失去用户的信任不仅影响当前的交易，更可能导致长期的用户流失，对平台的可持续发展构成严重威胁。平台信誉受损也会引起公众关注，对品牌形象产生负面影响，甚至可能导致法律责任的追究。

2.僵尸网络攻击

僵尸网络攻击是一种具有高度自动化和智能化特征的网络攻击方式,黑客通过操控僵尸网络来实施更为复杂和有组织的攻击,对电子商务平台构成严重威胁。僵尸网络是由一系列被感染的计算机组成的网络,这些计算机在未经用户授权的情况下,被恶意软件感染,成为攻击者操控的工具。这种攻击方式的特殊之处在于其分布式和隐蔽性,这使得攻击更为难以防范和追踪。

通过操控僵尸网络,黑客能够发动大规模的攻击,对电子商务平台造成直接的经济和服务影响。一方面,僵尸网络可用于发动分布式拒绝服务(DDoS)攻击,通过将大量的恶意流量集中攻击目标服务器,使得服务器无法正常处理用户请求,导致服务瘫痪,影响用户的正常访问和交易。这种攻击方式不仅损害了电子商务平台的稳定性,也可能导致用户流失和声誉受损。另一方面,通过操控僵尸网络,攻击者可以实施有组织、有目的的攻击,例如窃取用户敏感信息、进行网络诈骗等,进一步对电子商务平台造成实质性威胁。

僵尸网络的隐蔽性使得检测和防范变得更为困难。被感染的计算机可能在用户不知情的情况下,成为僵尸网络的一部分,而攻击者通过合理的手段隐匿其存在,加大了发现的难度。同时,攻击者可能通过多层次的命令与控制结构,远程操控僵尸网络的行为,使得防御系统难以精确识别和拦截这种复杂的攻击。

三、隐私保护在创新中的角色

随着数据驱动的商业模式的兴起,电子商务平台在创新中扮演着重要的角色,然而,随之而来的用户个人信息的采集和利用引发了广泛的隐私保护关切。在这一背景下,电商平台需要在创新中找到平衡点,既满足商业需求,又保护用户的隐私。隐私保护在创新中的角色愈发凸显,通过采用一系列隐私保护措施,如匿名化处理、透明的隐私政策、用户数据的自主控制等手段,电商平台可以有效维护用户隐私权益,建立可信赖的电子商务生态系统。

第一,匿名化处理是保护用户隐私的一项重要手段。通过在数据收集和分析过程中对个人身份信息进行匿名化处理,降低用户担忧,减缓隐私泄露的风险。同时,采用巧妙的数据聚合和去标识化技术,可以在一定程度上保护用户的隐私,为商业创新提供空间。

第二,透明的隐私政策对于建立用户信任至关重要。电商平台应当通过明确、易懂的隐私政策向用户传递数据收集和处理的目的、方式及所采用的安全措施。提供详尽的信息可以使用户更清晰地了解其个人信息的去向,使其更加愿意参与数据共享。透明的隐私政策有助于建立起积极的用户态度,促使用户更愿意在合理范围内共享信息,为平台的商业创新提供了稳定的数据基础。

第三,用户数据的自主控制也是保护隐私的关键要素。电商平台应当为用户提供简便而有效的隐私设置工具,使其能够根据个人偏好和需求,自主选择共享的信息。通过数据主权的概念,用户可以更主动地参与到数据采集和利用的过程中,增加了对隐私的感知和掌控。这不仅有助于提升用户满意度,也能够在商业模式创新中降低潜在的隐私风险。

在电子商务平台的创新过程中,隐私保护应当被视为一项战略性任务。通过整合匿名化处理、透明的隐私政策和用户数据的自主控制等手段,电商平台可以在商业创新中实现隐私与商业需求的平衡。建立起可信赖的电商生态系统,这不仅有助于满足用户对隐私的合理期望,也为平台的长期发展奠定了坚实的基础。隐私保护在创新中的积极作用,将为构建更加健康和可持续的电子商务生态系统提供有力支持。

第二节 法律与法规问题

一、电子交易的安全性法律问题

(一)现状分析

1. 电子商务与网络交易的融合

电子商务作为当代商业的主要形式,在互联网的迅猛发展下,已经与传统商务实现了深度融合。这种融合不仅体现在商业活动的形式上,更在商业模式、市场格局和消费者行为等多个层面形成了密不可分的关系。然而,尽管电子商务为商业发展带来了巨大的便利和创新,但与传统商务相比,其涉及网络交易的特性也引发了一系列安全性问题,成为严重阻碍其发展的主要障碍。

随着电子商务的普及,网络交易的复杂性显著增加。在传统商务中,交易主要通过线下实体店面完成，支付和信息传递相对封闭，可在有限的范围内掌控。而电子商务则以在线平台为基础，通过互联网进行交易，这使得支付、信息传递等环节更加开放，同时也为网络犯罪分子提供了更多的攻击突破口。

网络安全问题是电子商务与网络交易融合的一个突出挑战。由于交易信息在网络中传输，电子商务平台成为网络攻击的主要目标。网络黑客通过各种手段，如恶意软件、网络钓鱼等，威胁用户个人信息的安全，从而损害用户信任度。此外，虚拟身份伪装、支付信息泄露等问题也日益严重，这进一步加剧了电子商务安全性的难题。

2. 安全性问题的复杂性

安全性问题的复杂性在电子商务交易中体现得十分突出。这主要归因于网络环境的不确定性，给电子商务系统带来了更加多样化和难以预测的安全威胁。与传统商务相比，电子商务交易涉及广泛的网络参与，其中包括卖方、买方、支付平台等多个角色，这使得交易过程更加开放，但同时也增加了潜在的风险。

网络黑客是电子商务面临的主要威胁之一。黑客通过各种先进的技术手段，如入侵系统、拦截数据传输等，窃取用户的个人信息和财产信息。这种威胁的不确定性在于黑客攻击手段的日益繁复和不断更新，这使得电子商务平台需要不断升级其防御系统，以适应不断变化的威胁环境。

数据泄露是另一个复杂性极高的问题。随着电子商务交易中的数据传输量不断增加，用户的个人信息、交易记录等数据成为攻击目标。数据泄露可能源自外部黑客攻击，也可能因为内部员工疏忽。无论是因为技术问题还是人为原因，数据泄露都可能对用户的个人信息及财产安全构成威胁，从而影响用户对电子商务的信任感。

虚拟身份伪装进一步增加了电子商务交易的安全复杂性。攻击者可以通过冒充他人身份，进行欺诈性交易或者非法获取他人敏感信息。虚拟身份伪装的问题在于攻击者可能采用高度专业化的手段，使得其行为难以被识别和防范。这使得电子商务平台需要在用户身份验证和监控系统上投入更多的精力和资源，以应对这一威胁。

3. 技术提升与问题根源

尽管电子技术在不断提高的过程中涌现了加密技术、网络安全协议等创新，但令人担忧的是，这些技术并未完全解决电子商务交易中的安全问题。问题的根源可以追溯到技术的不断进步与网络犯罪分子对新技术的持续适应，这形成了一场复杂的技术博弈。

在技术提升方面，加密技术和网络安全协议的不断更新是显著的进步。加密技术通过对数据进行加密，有效防范了数据在传输过程中被窃取或篡改的风险。网络安全协议的发展则为建立安全的通信渠道提供了框架，提高了电子商务交易的整体安全性。然而，尽管取得了一些成果，安全技术的发展并没有跟上网络犯罪手段的快速演变。

问题的根源在于，随着技术的进步，网络犯罪分子同样在不断适应和改进他们的攻击手段。他们可能利用先进的黑客技术、社会工程学手段，或者通过发掘技术漏洞等手段，绕过目前安全技术的防护。这种技术博弈使得电子商务领域的安全问题变得极为复杂，远非单一技术或方法所能应对的。

此外，新兴技术的不断涌现也为网络犯罪分子提供了新的攻击途径。人工智能、大数据、区块链等技术的广泛应用，虽然为电子商务带来了更高效的运营和更好的用户体验，但同时也增加了新的安全挑战。例如，人工智能可能被用于模拟用户行为，绕过传统的检测手段；区块链技术的匿名性也可能被用于进行非法交易。

（二）法律规范的必要性

1. 法律体系的滞后

随着电子商务的飞速发展，传统的法律体系逐渐显得滞后，未能有效适应和覆盖涉及网络环境的复杂问题。这一滞后性体现在多个方面，其中最为显著的是法律对于新型网络犯罪的定义、刑法责任的追究等方面存在一定的不足。

第一，传统法律对于网络犯罪的定义相对狭窄，未能充分考虑到电子商务环境中出现的新型犯罪形式。随着科技的不断发展，网络犯罪手段呈现多样化和隐蔽化，如网络侵入、数据泄露、虚拟身份伪装等，传统法律对于这些新兴犯罪的认知和界定尚显不足，导致其在司法实践中的适用存在一定困难。

第二，刑法责任的追究也面临挑战。由于电子商务的跨境特性，涉及不同国家和地区的法律体系，刑法责任的界定和追究变得复杂。传统法律未能有效解决电子商务交易中可能涉及的国际法律冲突、法律适用问题，导致在网络犯罪案件中的司法合作存在一定的阻碍，影响了对犯罪分子的追诉。

第三，随着电子商务的不断创新，新业务模式和新型合同形式的出现也给法律体系带来了挑战。传统合同法对于电子合同的规范相对滞后，未能充分考虑电子商务中特有的交易模式和风险，这使得电子合同的效力认定存在一定的法律不确定性，进而影响了电子商务交易的法律安全性。

2. 新问题的出现

电子商务的迅猛发展催生了一系列全新的法律问题，其中包括网络侵权、虚拟财产安全、数据隐私等。这些新问题的出现在很大程度上挑战了传统法律体系的适应能力，因为这些问题涉及电子商务特有的业务模式和信息技术特性，使得传统法律难以完全适应这一新兴领域的发展。

第一，网络侵权问题成为电子商务安全性难题的一个主要方面。在数字化的交易环境中，涉及知识产权、商标、专利等权益的侵害问题显著增加。这可能包括盗版、侵犯商业机密、恶意模仿品牌等行为，而传统法律的适用范围和对这些问题的处罚力度都未能完全覆盖新的网络侵权形式。

第二，虚拟财产安全问题成为电子商务面临的另一个重要挑战。随着虚拟商品、虚拟货币等在电子商务中的广泛应用，对这些虚拟财产的安全保障变得尤为关键。然而，传统法律对于虚拟财产的法律地位、产权保护等问题并没有明确的规范，导致在虚拟经济中发生的争端和犯罪案件的处理相对困难。

第三，数据隐私问题也突显了电子商务中的新法律挑战。随着个人信息在电子商务中的广泛使用，用户的隐私安全问题备受关注。然而，传统法律在面对大规模数据收集、存储和利用方面存在一定的滞后性，未能充分考虑到数字时代用户隐私权的复杂性和敏感性。

3. 法规的科技适应性

法规的制定在电子商务领域尤为重要，然而，其成功的关键在于法规的科技适应性。随着技术的不断发展，电子商务环境中涌现的新型网络犯罪手段不断演变，这使得传统法规在适应这一复杂环境方面显得滞后。因此，确保法规具备足够的科技适应性，能够与技术的发展同步，成为维护电子商务交易安全性的迫切需求。

第一，法规需要紧密跟踪和理解最新的科技趋势，尤其是在网络犯罪领域。

网络犯罪分子利用先进的技术手段进行攻击，而法规如果不能及时了解这些新兴技术，就难以制定相应的法规规范。因此，法规的科技适应性要求制定机构具备对科技发展的前瞻性洞察力，以便及时调整法规内容，确保其能够应对新兴网络犯罪形式。

第二，法规需要具备灵活性，能够随着技术的变革而灵活调整。传统的法规往往较为固定，无法及时适应快速变化的技术环境。在电子商务领域，制定法规的机构应采取更加灵活的制定和修改机制，确保法规随着技术的进步而不断演进，以更好地适应电子商务交易中不断涌现的新安全挑战。

第三，法规的科技适应性还需要注重法律语言的灵活运用。随着技术的更新，出现了一系列新概念和新术语，而传统法规中可能未能涵盖这些新兴概念。因此，法规的制定者应采用广泛开放的法律语言，使得法规更具包容性，能够覆盖未来可能出现的新技术和新场景。

第四，为了确保法规的科技适应性，我们需要建立一个与科技发展同步的法律研究体系。这可以包括专门的法律研究机构或者与科技研究机构的深度合作。通过这种方式，法规的制定者可以更好地了解科技发展的方向和趋势，及时作出相应的法规调整，以维护电子商务交易的安全性。

（三）法律规范的方向

1. 网络安全法的制定与完善

网络安全法的制定与完善是应对电子交易中网络威胁的关键措施之一。随着信息技术的迅猛发展，网络犯罪日益成为威胁社会稳定和经济发展的重要因素。为了规范和保护网络环境，国家需要制定更为完善的网络安全法规，以确保网络空间的稳定和安全。

其一，网络安全法规需要明确网络犯罪的法律责任和刑法处罚。在电子交易中，网络犯罪的形式多种多样，包括网络诈骗、黑客攻击、数据泄露等。因此，法规应该详细规定各种网络犯罪的法律责任，并明确相应的刑法处罚，以形成有效的威慑机制。同时，法规还应考虑对不同性质和程度的网络犯罪制定相应的惩罚力度，确保刑法体系的科学性和合理性。

其二，网络安全法规应规定企业应对网络安全问题的具体措施。随着企业信息化程度的提高，其面临的网络威胁也愈发复杂和严重。因此，法规应要求企业建立健全的网络安全管理制度，包括但不限于信息安全政策、风险评估和应急响应机制等。此外，法规还可以规定企业必须进行网络安全培训，增强员工的网络安全意识，从而共同维护网络空间的安全。

2. 数据隐私法规的制定

为了保护用户个人信息的安全和隐私，制定严格的数据隐私法规是至关重要的。这样的法规应当在多个层面规范个人信息的处理，包括但不限于信息的收集、使用、存储和分享，同时确保对违规行为的法律责任进行明确规定，以维护公众利益和个人权益。

第一，数据隐私法规应明确个人信息的收集原则。法规需要规定在何种情况下可以收集个人信息，明确收集的目的，并确保经过用户明示同意。这有助于避免未经授权的个人信息收集，保障用户隐私权。

第二，法规应规范个人信息的使用和处理。明确规定个人信息只能用于事先明示的目的，不得擅自改变使用范围。同时，我们应要求企业建立健全的信息安全管理制度，采取有效措施保护个人信息的安全，防范信息泄露和滥用。

第三，数据隐私法规需要规定个人信息的存储期限。明确规定企业在完成收集目的后应及时删除或匿名化个人信息，以防止不必要的信息滞留和潜在的安全隐患。

第四，法规还应规范个人信息的分享和转让。确保在明确目的的情况下，只有在法律规定或用户明示同意的情况下才能分享个人信息，且在分享过程中要求接收方同样遵循相应的隐私保护规定。

对于违反隐私法规的行为，法规应当规定明确的法律责任和处罚措施。这包括但不限于罚款、暂停业务、吊销经营许可等，以确保法规的执行力度和威慑力度。

3. 身份认证制度的建立

为了加强电子交易的身份认证，法规的建立是确保身份认证过程的有效性和安全性的基础。法规应当明确定义身份认证的法律标准和程序，同时鼓励采用先进的技术手段，如生物特征识别和多因素身份验证，以确保用户身份的真实性和防范身份欺诈。

其一，法规应明确身份认证的法律标准。这包括确定认证的准确性和可靠性的标准，以及法规下对于不同电子交易情境下所需的认证水平的要求。通过法规的规定，确保身份认证符合法定标准，提高认证的可信度和安全性。

其二，法规需要规定身份认证的程序。明确认证的具体步骤和流程，确保在电子交易中，身份认证程序是规范和可控的。这有助于防范非法身份使用，保护用户的个人信息安全。

在技术层面上，法规可以鼓励采用生物特征识别技术，如指纹识别、面部识别等，以提高身份认证的准确性。同时，鼓励采用多因素身份验证，结合密码、硬件令牌等多个因素，增加身份认证的复杂性和安全性。

其三，法规还应规范身份认证的数据存储和管理。明确规定认证数据的存储期限和安全标准，要求企业建立健全的认证数据管理制度，防范用户信息泄露和滥用。

对于违反身份认证法规的行为，法规应当规定明确的法律责任和处罚措施。这包括但不限于罚款、暂停业务、吊销经营许可等，以确保法规的执行力度和威慑力度。

4. 国际合作与标准制定

电子商务的跨国特性使得相关法规的制定需要充分考虑国际合作，促使各国共同参与电子交易安全标准的制定。通过积极参与国际标准的制定，各国能够推动国际社会对电子交易安全性的共同关注，形成全球性的法律框架，有助于维护全球电子商务的健康发展。

首先，国际合作是电子商务法规制定的必然选择。由于电子商务的本质是跨境的，一个国家单独制定的法规难以覆盖全球电子商务的方方面面。因此，各国需要通过国际渠道分享经验、协调立法，共同制定适用于跨国电子商务的国际标准。

其次，国际标准的制定能够促使国际社会形成共识。在电子商务领域，各国普遍面临的问题包括数据隐私、网络安全等，这些问题的解决需要全球协同努力。通过参与国际标准的制定，各国能够就共同关切的问题形成一致的认知，为电子商务的国际交流提供更为稳定和可靠的法律环境。

在国际合作中，建立全球性的法律框架对于电子商务的发展至关重要。这一框架不仅可以规范各国的电子商务行为，还能够为电商企业提供更加稳定、透明的国际经营环境。在这个框架下，国际合作可以涵盖诸多方面，如知识产权保护、电子支付规范等，为电子商务提供更为全面的法律支持。

二、电子合同的法律问题

（一）电子合同效力认定

在电子商务领域，交易的进行依然离不开合同的订立，而电子合同的效力认定在法律层面上涉及一系列独特的问题。在我国，《中华人民共和国合同法》对于数据电文订立合同的合法性已经做出了明确的规定，然而，对于电子合同的具体操作细节，我们尚需深入研究以确保其在实践中的有效性和可执行性。

第一，合同是自愿订立的、具有法律效力的协议。在电子商务环境下，数据电文作为电子合同的书面表现形式被法律认可，从而确保了电子合同的合法性。这为电子商务提供了更为灵活和高效的合同订立方式，使得各方当事人能够更加便捷地进行交易。

第二，电子合同的效力认定也涉及信息安全和真实性的问题。为了防范虚假交易和信息泄露的风险，《中华人民共和国电子商务法》和《中华人民共和国合同法》对于电子合同的订立过程提出了一系列安全性和真实性的要求。例如，电子签名、身份认证等技术手段的运用，有助于确保电子合同的真实性和合法性。

第三，尽管我国法律已经对电子合同的合法性进行了承认，但电子合同的具体操作细节仍然存在一些需要深入研究的问题。比如，电子合同的证据力如何确保，合同中的条款是否明确等问题，都需要通过进一步的法学和实务研究进行深入探讨。此外，在跨境电子商务中，不同国家的法律制度和文化背景之间的差异也可能影响到电子合同的操作和效力认定，因此国际标准的制定和合作也显得尤为重要。

（二）法律规范的不足

尽管《中华人民共和国合同法》对数据电文合同的合法性进行了规定，但在电子商务交易中，我们仍然面临一些法律规范上的不足。这表明法律仍需更深入地研究，以解决电子合同在实际操作中的具体问题，确保其在电子商务环境中的顺畅运作。

其一，《中华人民共和国合同法》在规定数据电文合同的合法性时较为宽泛，缺乏对电子合同操作细节的明确指导。在电子商务的复杂环境中，合同订立过程中的细节问题涉及电子签名、身份认证、信息安全等多个方面，而现行法规对这些方面的要求较为概括。因此，法律需要更进一步地研究，明确电子合同的具体操作规范，为电子商务提供更为清晰和可操作的法律框架。

其二，电子合同的证据问题是当前法规未能充分考虑的方面。在传统交易中，纸质合同具有明确的物理形态，容易保存和呈现，但电子合同的存证和证据保全则存在一定的难题。法律需要更加深入地研究电子合同的证据力认定，以确保其在法庭上的有效性和可靠性。

其三，跨境电子商务中存在的国际法规差异也是当前法规不足的一点。由于不同国家在电子商务法规方面存在差异，企业在进行跨境交易时可能会面临多重法规的制约，增加了合规的难度。因此，国际合作和标准制定在解决这一问题上具有关键作用，有助于形成更为统一和可行的跨国电子商务法规框架。

（三）法律发展方向

法规的未来发展方向应更详细地规定电子合同的形式、认定标准，以及解除合同的方式等，以更好地适应电子商务的特殊需求。当前的法规虽然承认了数据电文订立合同的合法性，但对电子合同的操作和具体规范尚显不足。因此，未来的法规发展应更深入地研究和规定电子合同的操作流程，明确电子签名、身份认证等细节要求，从而提供更为清晰和可操作的法律指导。

另外，法规需要关注新兴技术在电子合同中的应用，特别是智能合同和区块链技术。智能合同是一种基于代码执行的合同，能够自动执行合同条款，减少中介环节，提高交易效率。法规应适时跟进这一发展趋势，明确智能合同的法律地位、效力认定标准及可能涉及的法律责任等问题。同时，区块链技术的去中心化、不可篡改的特性为电子合同提供了更加安全和可信赖的基础，法规应关注并规范区块链技术在电子合同中的运用，保障其合法性和有效性。

法规在未来的发展中应具备前瞻性，及时关注和解决电子商务领域可能出现的新问题。随着科技的不断进步，电子商务环境也在不断演变，可能涌现出新的挑战和需求。法规需要具备灵活性，以便迅速适应并解决新兴问题，维护电子商务法治环境的稳定性。

三、第三方支付平台的法律问题

（一）支付平台的资金归属问题

第三方支付平台在电子商务交易中扮演着不可或缺的角色，作为买卖双方的中介，其职责不仅仅限于促成资金流转，同时还承担着资金的存储和管理职能。然而，在一段时间内，第三方支付平台会占有大量资金，这引发了资金归属问题，成为电子商务交易中的一项关键问题。在这一背景下，法律体系需要制定相应的法规，以保障资金归属过程的合法性和安全性。

资金归属问题涉及第三方支付平台在交易中所持有的大量资金。在典型的电子商务交易中，买方支付货款给第三方支付平台，而第三方支付平台在买方确认收到货物后再将资金划转给卖方。在这个过程中，第三方支付平台暂时占有了买方支付的资金。资金归属问题的核心在于，在这段时间内，资金到底属于谁，以及如何保障这一过程的合法性。

法律体系需要明确规定第三方支付平台在资金归属问题上的法律责任和义务。首先，应确保在资金暂时由第三方支付平台占有的阶段，资金仍然属于买方所有，不得被第三方支付平台非法占有或挪用。其次，法律规定第三方支付平台应当建立健全的资金管理体系，保障资金的安全性，防范潜在的风险。这包括建立严格的资金监管制度、使用安全的技术手段进行资金存储和传输、保障系统的稳定性等方面。

（二）平台滥用优势地位问题

在电子商务生态中，第三方支付平台作为关键的中介角色，拥有巨大的市场力量。然而，如果这种市场力量得不到有效监管和规范，存在滥用地位的风险，可能导致一系列不当行为，如拖延转付货款、恶意信用评价等，严重损害交易各方的权益。因此，法规应当明确第三方支付平台的义务和责任，以保障电子商务交易的公正、透明和有序进行。

第一，法规应规定第三方支付平台在交易中的基本义务，确保其不得滥用市场地位。这包括明确规定支付平台应当公正、公平地处理交易，不得因为个别商家的规模或其他因素而给予不当优惠或不当歧视。法规还应要求支付平台在资金管理和转付货款等方面，保持高度的透明度，及时准确地向交易各方披露相关信息，以确保公开、公平、诚信的交易环境。

第二，法规需要对支付平台的滥用优势地位行为进行明确的界定，并规定相应的法律责任。例如，对于拖延转付货款的行为，法规可以规定一定的时间限制，要求支付平台在一定期限内完成资金划转，防止不当拖延对交易各方的不利影响。对于恶意信用评价，法规可以要求支付平台建立完善的评价机制，防范虚假评价，确保评价的真实性和公正性。

第三，法规还应强调支付平台的责任，要求其建立有效的纠纷解决机制。在交易纠纷发生时，支付平台应积极主动地介入并及时解决，确保交易各方的权益得到妥善保障。法规可以规定支付平台建立专门的客服团队，提供高效、及时的纠纷解决服务，从而维护电子商务交易的正常进行。

（三）法规的前瞻性

随着支付技术的迅速发展，法规体系需要具备前瞻性，以适应新型支付方式的需求和应对新兴技术的影响。在这一背景下，智能合同、区块链等先进技术的应用成为法规体系关注的焦点，其前瞻性规定对促进支付平台的可持续发展至关重要。

第一，法规需要关注新型支付方式的兴起，如移动支付、无接触支付等。这些支付方式以其便捷、高效的特点逐渐成为主流，因此，法规应该为这些新型支付方式明确相关的规范和标准。例如，法规可以规定支付平台在支持新型支付方式时应当具备一定的安全性标准，确保用户信息和资金的安全。此外，法规还可以规范新型支付方式的合规运营，以防范潜在的风险和问题。

第二，智能合同作为一种基于区块链技术的合同形式，具有自动执行、不可篡改的特点。法规体系需要前瞻性地规定智能合同在支付领域的适用范围和法律效力。这涉及智能合同的合法性认定、纠纷解决机制的建立等方面。通过前瞻性的法规规定，我们可以为支付平台提供法律依据，促进智能合同技术在支付领域的合理应用。

第三，区块链技术的广泛应用也需要法规体系有前瞻性的规定。区块链在支付平台中的应用可以增加交易的透明度和安全性，但也涉及隐私保护、数据管理等法律问题。法规应该明确区块链技术在支付领域的合规要求，保障用户隐私权，规范数据存储和传输，以实现区块链技术与法规体系的良性互动。

四、客户隐私的法律问题

（一）电子商务跨境交易隐私问题

电子商务的快速发展催生了跨境交易的普及，使得一次性交易或未见面交易在日常商业活动中变得更加频繁。然而，这种便利性同时也带来了跨境交易隐私问题的增加，引发了用户隐私权的关切。为有效解决这一问题，法规体系应当着眼于保护用户的隐私权，以确保电子商务跨境交易的顺利与安全进行。

第一，法规应明确规定用户在跨境交易中的隐私权利。这包括明确用户对个人信息的控制权，规定交易平台不得擅自收集、使用、存储用户的个人信息，除非经过用户的明确同意。法规还应规定用户有权随时撤回同意并要求删除其个人信息，以维护用户的隐私权利。

第二，法规应规范交易平台的隐私保护措施。交易平台在进行跨境交易时，应采取一系列合理而有效的措施，确保用户的个人信息不被未经授权的第三方获取或滥用。这包括但不限于加强数据加密、建立安全的数据传输通道、定期进行安全评估等，以保障用户的隐私信息免受恶意侵入和窃取。

第三，法规还应规定跨境交易平台的数据存储和管理要求。这包括明确规定用户的个人信息只能在符合相关国际隐私法规的前提下进行跨境传输和存储，防止信息在境外滥用。法规还可以要求跨境交易平台建立符合隐私保护标准的数据存储体系，确保用户的个人信息在跨境交易中得到妥善保护。

第四，法规体系还应明确跨境交易中用户权益的司法救济机制。在用户的隐私权受到侵害时，法规应确保用户有权通过司法途径寻求救济，并规定相应的法律责任和赔偿机制。这有助于强化对交易平台的监管，使其更加注重用户隐私权的保护。

（二）法规对隐私保护不足

随着电子商务的蓬勃发展，用户对于个人隐私泄露的担忧日益加深，而现有的法规对隐私保护的规定相对较为简单，未能充分适应日新月异的电商环境的复杂性。用户的隐私权是法规体系中一个备受关注的议题，对其加强保护成为当务之急。因此，法规在隐私保护方面需要进行深入研究，以制定更为全面、细致的规定，为用户提供更为强有力的隐私保护。

第一，现有法规在隐私保护方面存在的不足主要表现在对新型技术和新业态的隐私问题缺乏应对机制。随着科技的不断创新，新兴技术如人工智能、大数据分析等在电子商务中的应用逐渐增多，但现有法规对于这些技术背后涉及的隐私问题的规定相对滞后，未能有效应对技术发展带来的新挑战。因此，法规需要不断更新，对新兴技术的隐私风险进行前瞻性研究，并及时进行修订，以保障用户在新技术环境下的隐私权益。

第二，法规在隐私权的定义和范围方面需要更为精细化和明确。当前的法规对于隐私的定义相对模糊，未能明确用户隐私的具体内容和范围。因此，法规需要更为详细地规定用户隐私的具体内容，明确个人信息的范围、隐私权的保护对象等，以便更有效地制定相关的隐私保护措施。

第三，法规在监管和执法机制上也存在一定的不足。随着电子商务的国际化和跨境性质的增强，法规在监管和执法方面面临更为复杂的情况。国际的合作和协调显得尤为重要，以应对涉及不同国家法律体系的跨境隐私问题。法规体系需要加强国际的合作机制，建立更为高效的执法合作平台，以应对日益复杂的跨境隐私问题。

（三）法规的前瞻性和全球视野

随着电子商务的全球化发展，隐私问题已经跨足全球范围，成为一个全球性的挑战。为了应对这一挑战，法规体系在隐私保护方面需要具备前瞻性和全球视野。首先，法规应着眼于未来，关注新兴技术和业务模式对隐私的潜在影响，制定具有前瞻性的隐私保护标准。

在新兴技术方面，如人工智能、大数据分析等的应用逐渐普及，法规需要不断更新，审慎研究这些技术对用户隐私可能带来的风险。通过前瞻性的规定，法规可以在技术创新发生之前就建立相应的法律框架，确保隐私权在新技术环境下得到全面保护。此外，法规还应当关注未来可能出现的业务模式，例如虚拟现实交易、区块链支付等，以确保法规的前瞻性覆盖到新兴业务的隐私保护需求。

其次，隐私问题跨足全球，需要法规体系具备全球视野。由于电子商务的全球性质，用户的数据可能在跨国传输和存储，涉及不同国家的法律体系。因此，法规应在全球范围内加强国际合作，形成全球性的隐私保护体系。这包括促进国际标准的制定，加强各国之间的信息共享和执法协作，共同应对全球范围内的隐私问题。

具体而言，法规可以借鉴一些国际隐私保护标准，如欧洲的《通用数据保护条例》（GDPR），并根据电子商务领域的实际情况，制定更为具体和细致的隐私保护法规。同时，法规体系应当与其他国家和地区建立隐私保护的协作机制，共同努力应对全球范围内隐私问题的挑战。

第三节　数据安全挑战

一、数据泄露的风险及影响

（一）数据泄露对电子商务的威胁

1. 用户个人信息泄露

个人信息的泄露不仅涉及用户的基本身份信息，还包括用户的联系方式、生日、支付信息等敏感数据，一旦落入黑客手中，可能被用于进行各种非法活动，对用户的个人和财务安全构成威胁。

第一，个人信息泄露给用户带来的主要风险之一是身份盗窃。黑客可以利用泄露的个人信息，如姓名、地址、电话号码等，伪装成用户进行各种身份验证，从而获取用户的账户密码、财务信息等敏感数据，进而实施盗刷、虚假交易等欺诈行为。身份盗窃不仅会给用户造成财务损失，还可能给用户的信用记录带来长期影响，甚至影响用户的日常生活和社会地位。

第二，个人信息泄露可能导致用户遭受骚扰和侵犯。泄露的电子邮件地址和电话号码常常会被垃圾邮件发送者和推销电话滥用，给用户带来大量的广告骚扰和垃圾信息干扰，严重影响用户的在线体验和生活品质。此外，个人信息的泄露还可能被不法分子利用进行钓鱼网站、诈骗电话等形式的攻击，诱使用户透露更多敏感信息，从而加剧用户的隐私泄露和财务风险。

第三，个人信息泄露还可能导致用户的隐私权受到侵犯。在互联网时代，个人信息的保护已经成为一项重要的社会议题，而泄露用户的个人信息无疑是对用户隐私权的一种严重侵犯。用户在使用电子商务平台时，往往会提供大量的个人信息，如姓名、地址、电话号码等，以完成注册、交易等操作，而一旦这些信息被泄露，将对用户的隐私造成不可挽回的损害，甚至可能被用于进行个人信息交易、恶意监视等非法活动，严重侵犯用户的个人权利和隐私自由。

2.财务信息泄露

在电子商务平台上，用户通常需要提供信用卡号码、银行账号等敏感财务信息进行支付和交易操作，一旦这些信息被泄露，可能会给用户带来严重的金融欺诈和财务损失风险。首先，财务信息泄露可能导致用户面临金融欺诈的风险。黑客可以利用泄露的信用卡号码和银行账号进行非法交易和盗刷行为，从而直接导致用户的资金被盗用和财务损失。例如，黑客可以利用泄露的信用卡信息在网上购物或进行虚假交易，导致用户遭受不法分子的盗刷和诈骗，给用户的财务安全带来重大威胁。其次，财务信息泄露还可能导致用户面临财务损失的风险。一旦用户的银行账号和密码等敏感财务信息被泄露，黑客可以通过盗取用户的资金、转账等方式直接导致用户的财务损失。例如，黑客可以利用泄露的银行账号信息进行虚假转账或提现操作，使用户的资金遭受不法侵害，给用户的财务安全造成严重损害。此外，财务信息泄露还可能导致用户的信用记录和信用评级受到影响。一旦用户的信用卡信息被泄露并被不法分子利用进行盗刷和虚假交易，可能会导致用户的信用记录受损，信用评级下降，甚至影响用户未来的信贷和借款能力。例如，银行和信用机构可能会将用户的不良信用记录列入个人信用报告，影响用户的信用评级和借款条件，给用户的财务生活带来长期的不利影响。

3.商业机密泄露

在竞争激烈的电子商务市场中，企业往往会拥有各种商业机密，如产品设计、营销策略、供应链信息等，这些机密信息的泄露可能会导致竞争对手获取企业的商业秘密，从而获得市场先机，损害企业的竞争优势和市场地位。首先，商业机密泄露可能导致企业失去产品设计的竞争优势。产品设计是企业的核心竞争力之一，而一旦产品设计方案被泄露，竞争对手可能通过模仿或借鉴企业的设计方案，迅速推出类似或更优秀的产品，从而抢占市场份额，削弱企业的市场竞争力。其次，商业机密泄露还可能导致企业的营销策略失去保密性。营销策略是企业实现市场营销目标的关键手段，而一旦营销策略被泄露，竞争对手可能通过了解企业的市场定位、目标客户、营销渠道等信息，制定针对性的竞争策略，从而挤压企业的市场份额，影响企业的市场地位和品牌形象。另外，商业机密泄露还可能导致企业的供应链信息暴露。供应链信息涉及企业的生产制造、原材料采购、物流配送等关键环节，而一旦供应链信息被泄露，竞争对手可能通过了解企业的供应商、合作伙伴、物流渠道等信息，找到企业的短板和弱点，有针对性地打击企业的供应链体系，影响企业的生产运营和产品质量。

（二）数据泄露的影响

1. 直接财务损失

用户的财务信息一旦被盗用，可能导致用户的财产直接受损，而企业可能需要承担因此产生的赔偿责任，给企业带来直接的财务损失。这种直接财务损失不仅包括用户个人的经济损失，还可能影响到企业的经营利润和财务状况，给企业带来重大的经济压力和损失。

第一，对用户而言，直接财务损失表现为个人财产受损。当用户的信用卡号码、银行账号等财务信息被不法分子盗用后，不法分子可能通过盗刷、虚假交易等手段直接侵害用户的财产，导致用户的账户资金被盗用或转移，给用户带来直接的财务损失。这种财务损失可能包括直接的资金损失，如被盗用的金额，以及间接的损失，如因盗用导致的额外手续费、逾期利息等，给用户的经济状况造成严重影响。

第二，对企业而言，直接财务损失主要表现为赔偿责任和经营损失。一旦用户的财务信息在企业平台上泄露并被不法分子利用，企业可能需要承担用户因此而遭受的经济损失的赔偿责任，包括赔偿用户的直接财产损失和间接经济损失。此外，由于数据泄露可能导致用户流失、信誉受损等问题，企业的业务量和利润可能受到影响，导致直接的经营损失和财务损失。例如，企业可能面临因用户流失导致的销售额减少、市场份额下降等问题，进而影响企业的盈利能力和财务状况。

2. 法律诉讼与监管处罚

数据泄露可能触犯相关的法律法规，给企业带来法律诉讼和监管处罚的风险，从而增加企业的法律风险和经济成本。这种法律诉讼和监管处罚不仅会给企业带来直接的经济损失，还可能影响到企业的声誉和市场地位，给企业的经营活动和发展带来严重影响。

第一，数据泄露可能导致用户发起法律诉讼，给企业带来法律诉讼风险。一旦用户的个人信息或财务信息在企业平台上泄露并被不法分子利用，用户可能因此遭受经济损失和精神痛苦，从而提起民事诉讼要求企业承担赔偿责任。例如，用户可能会以侵犯个人隐私权、泄露个人信息等为由，向法院提起诉讼，要求企业赔偿因数据泄露而导致的经济损失和精神损害。这种法律诉讼不仅可能给企业带来直接的经济损失，还可能影响到企业的声誉和形象，给企业的市场地位和品牌价值带来负面影响。

第二，数据泄露可能导致企业受到监管机构的处罚，增加企业的法律风险和经济成本。在许多国家和地区，个人信息保护法律法规日益完善，监管机构对数据泄露行为的监管力度也日益加强，一旦企业违反相关法律法规，可能面临严重的监管处罚。例如，监管机构可能对企业进行罚款、停业整顿、责令整改等处罚措施，导致企业承担直接的经济损失和法律责任。此外，监管处罚还可能影响到企业的业务运营和发展，限制企业的市场准入和扩张，给企业带来长期的经营困扰和法律风险。

3. 长期影响

数据泄露对企业可能带来长期的影响，不仅在短期内影响企业的经营活动，还可能对企业的长期发展产生负面影响。这种长期影响主要体现在用户信任的丧失、用户流失、市场份额下降等方面，对企业的品牌形象、市场竞争力和经济效益造成长期的影响和损失。

第一，数据泄露可能导致企业失去用户的信任，影响用户忠诚度和用户流失率。用户在选择使用电子商务平台时，通常会考虑平台的安全性和可信度，一旦发生数据泄露事件，用户对企业的信任可能会受到严重影响，导致用户对企业产生疑虑和不信任情绪，进而选择放弃使用该平台或转向竞争对手平台。长期以来，失去用户的信任将导致用户流失率增加，给企业带来持续的市场竞争压力和经济损失，影响企业的长期发展和盈利能力。

第二，数据泄露可能导致企业的市场份额下降，影响企业在市场上的竞争地位和市场地位。在竞争激烈的电子商务市场中，企业的市场份额是企业发展和壮大的关键指标之一，而一旦发生数据泄露事件，将直接影响到企业的市场声誉和品牌形象，降低用户对企业的信任和忠诚度，从而导致企业的市场份额下降。长期以来，市场份额的下降将导致企业在市场竞争中处于劣势地位，难以获得更多的用户和业务，影响企业的长期发展和盈利能力。

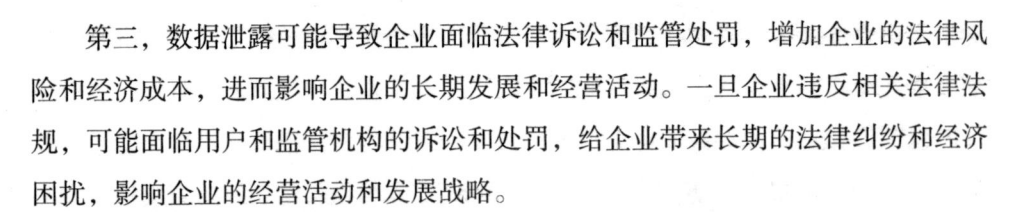

第三，数据泄露可能导致企业面临法律诉讼和监管处罚，增加企业的法律风险和经济成本，进而影响企业的长期发展和经营活动。一旦企业违反相关法律法规，可能面临用户和监管机构的诉讼和处罚，给企业带来长期的法律纠纷和经济困扰，影响企业的经营活动和发展战略。

（三）数据泄露的原因

1. 内部员工疏忽

内部员工作为企业内部的核心人员，直接参与到数据的处理和管理中，其行为举止直接影响着企业数据安全的稳固性和可靠性。而内部员工的疏忽行为，例如未及时更新密码、随意使用便携设备等，可能会给企业带来严重的数据泄露风险，对企业的安全和稳定造成严重威胁。首先，内部员工可能因为安全意识不强而导致数据泄露。在日常工作中，部分员工可能对数据安全意识不足，缺乏对数据安全的重视和认识，容易忽视数据安全风险和潜在威胁。例如，他们可能会在未经授权的情况下使用弱密码，或者将敏感信息存储在不安全的设备或网络上，增加了数据泄露的风险。这种安全意识不强的行为使得企业的数据安全防护体系失去了一道重要的防线，使得企业更容易受到黑客攻击和数据泄露的威胁。其次，内部员工可能因为操作失误而导致数据泄露。在日常工作中，部分员工可能会因为疏忽大意或操作不当而导致数据泄露事件的发生。例如，他们可能会在处理敏感数据时误操作删除或泄露数据，或者在使用便携设备时未采取有效的安全措施，使得敏感数据被非法获取。这种操作失误可能给企业带来严重的数据泄露后果，损害企业的声誉和利益，甚至影响到企业的正常经营活动和发展前景。另外，内部员工可能因为个人行为不当而导致数据泄露。在某些情况下，部分员工可能会因为个人目的或私利而故意泄露企业的敏感数据，给企业带来严重的安全隐患和经济损失。例如，他们可能会将敏感数据出售给竞争对手或黑客组织，以获取个人利益或报复企业。这种内部员工的恶意行为不仅会导致数据泄露，还可能破坏企业的内部团结和信任，对企业的长期发展造成严重影响。

2. 外部黑客攻击

外部黑客攻击是电子商务平台面临的严重安全威胁之一，他们通过各种网络攻击手段，如病毒、恶意软件、网络钓鱼等手段，试图入侵电子商务平台，窃取用户数据，给用户和企业带来严重的安全风险和经济损失。首先，外部黑客可能通过病毒和恶意软件入侵电子商务平台，窃取用户数据。黑客可能利用漏洞或弱点，通过恶意软件和病毒感染用户终端设备，从而获取用户在电子商务平台上的登录凭证和敏感信息。例如，黑客可能通过发送恶意链接或附件的方式，诱导用户点击，使恶意软件感染用户设备，并窃取用户在电子商务平台上的账号密码、信用卡信息等敏感数据，进而实施盗用或金融欺诈行为。其次，外部黑客可能通过网络钓鱼等手段针对电子商务平台进行针对性攻击，窃取用户数据。网络钓鱼是一种常见的网络诈骗手段，黑客通过伪装成合法的电子商务平台或相关机构，向用户发送虚假的网站链接或电子邮件，诱导用户输入个人信息或敏感数据。例如，黑客可能伪装成电子商务平台的客服人员，向用户发送虚假的密码重置邮件，引诱用户点击恶意链接并输入账号密码，从而窃取用户的登录凭证和个人信息。另外，外部黑客还可能通过网络攻击手段直接攻击电子商务平台的服务器，获取大量用户数据。黑客可能利用漏洞或弱点，对电子商务平台的服务器进行攻击，获取服务器的访问权限，并窃取存储在服务器上的用户数据。例如，黑客可能通过分布式拒绝服务攻击手段，使电子商务平台的服务器瘫痪，然后利用混乱之机，窃取用户数据，给用户和企业带来严重的安全威胁和经济损失。

3. 供应链环节漏洞

供应链环节的漏洞指的是在整个供应链过程中出现的安全薄弱点，可能导致数据泄露或其他安全问题。一个常见的漏洞是第三方服务提供商的安全问题。许多电子商务企业依赖于第三方服务提供商来处理支付、物流、客服等关键业务，然而，这些第三方服务提供商可能存在安全隐患，如未及时更新软件补丁、缺乏有效的安全控制措施等，使得黑客有机可乘，通过攻击这些第三方服务提供商，获取企业和用户的敏感数据。

另一个可能的漏洞是供应商未采取有效的安全措施。在供应链中，企业可能与众多供应商合作，这些供应商可能包括原材料供应商、生产厂商、物流服务提供商等。然而，部分供应商可能没有足够的安全意识，未能采取有效的安全措施来保护其系统和数据。例如，他们可能未对系统进行及时的更新和维护，或者未对员工进行安全培训和意识教育，导致容易遇到黑客攻击或内部泄露的风险。一旦供应商的系统被攻击或数据被泄露，将给整个供应链带来严重的安全隐患，对企业和用户的数据安全造成威胁。

为有效应对供应链环节的漏洞，电子商务企业需要采取一系列措施加强供应链安全管理。首先，企业应该对供应链中的所有合作伙伴进行严格的安全审查和评估，确保他们有足够的安全控制措施和合规性。其次，企业应该与供应商建立起紧密的合作关系，加强沟通和协作，共同制定并执行安全管理策略，确保供应链的整体安全和稳定。此外，企业还应该建立健全的监控和应急响应机制，及时发现和应对安全威胁，最大限度地减少数据泄露和其他安全问题对企业和用户造成的损失。通过加强供应链安全管理，电子商务企业能够有效降低数据泄露的风险，保障企业和用户的数据安全，维护企业的声誉和市场地位。

二、黑客攻击与网络诈骗的挑战

（一）黑客攻击类型

1. 网络钓鱼攻击

网络钓鱼攻击是一种利用虚假的网站或电子邮件欺骗用户提供个人信息的常见攻击方式。在这种攻击中，黑客通常会伪造合法的电子商务平台页面或邮件，以迷惑用户，诱导他们输入个人敏感信息，如用户名、密码、信用卡号等，从而获取用户的私密数据。这类攻击通常利用社会工程学的原理，通过欺骗、伪装和诱导等手段，让用户误认为他们正在与正规的、合法的实体进行交流或交易。

在网络钓鱼攻击中，黑客通常会以电子邮件的形式发送虚假信息，声称来自用户熟悉的电子商务平台、银行或其他机构。邮件内容往往会包含欺骗性质的文字和链接，诱导用户点击链接进入虚假网站，或者直接在邮件中提供伪装的登录页面，要求用户输入个人信息。这些虚假网站和页面往往会与正规网站非常相似，很难从外观上加以区分，使得用户很容易上当受骗。

网络钓鱼攻击对电子商务平台和用户都造成了严重的安全威胁。对于电子商务平台而言，这种攻击可能会损害其声誉和信任度，使得用户不愿再次购买或使用该平台服务。同时，平台可能面临法律责任和监管处罚，因为未能保护用户的个人信息安全。对于用户而言，如果个人信息被窃取，可能会导致财务损失、身份盗窃等问题，给个人和家庭带来严重的影响和困扰。

为了防范网络钓鱼攻击，电子商务平台和用户都需要采取有效的防范措施。电子商务平台可以通过加强安全认证机制、实施数据加密技术、提供安全培训等方式，提升平台的安全性和可信度，减少用户受到网络钓鱼攻击的风险。而用户则应保持警惕,提高安全意识,不轻信来历不明的邮件和链接,谨慎对待网上交易和个人信息的输入,以免成为网络钓鱼攻击的受害者。通过共同努力,我们可以有效应对网络钓鱼攻击,保障电子商务系统和用户的安全。

2. 恶意软件攻击

恶意软件是一种恶意程序,被设计用于潜在地窃取用户的个人信息、破坏系统功能或控制用户设备,为黑客进行非法活动提供技术支持。恶意软件的种类繁多,包括病毒、蠕虫、间谍软件、勒索软件等,它们的攻击手段和危害程度各不相同,但都对电子商务系统的安全性构成潜在威胁。

恶意软件攻击的主要目的之一是窃取用户的个人信息。黑客通过恶意软件感染用户设备,如计算机、智能手机等,悄无声息地搜集用户的个人信息,如用户名、密码、信用卡号等,然后将这些信息发送给黑客,用于进行身份盗窃、金融欺诈等非法活动。另外,恶意软件还可能被用于破坏系统功能,例如篡改系统文件、删除重要数据等,给用户和企业带来严重的损失和困扰。更甚者,某些恶意软件还具有控制用户设备的能力,黑客可以利用这些软件操纵用户设备进行网络攻击、发送垃圾邮件等非法活动,从而进一步加剧安全威胁的程度。

为了应对恶意软件攻击的威胁,电子商务平台和用户都需要采取一系列有效的防范措施。首先,电子商务平台应加强网络安全防护,及时更新系统补丁、安装防病毒软件、设置防火墙等,提升系统的安全性和稳定性,防止恶意软件的感染和传播。其次,用户应保持警惕,不轻信未知来源的软件和文件,不随意下载和安装未经验证的应用程序,定期检查设备的安全状态,确保个人信息的安全和隐私。此外,电子商务平台和用户还可以通过加强安全意识培训、建立健全的安全管理制度等方式,提高对恶意软件攻击的识别和应对能力,共同维护电子商务系统的安全和稳定。

3. 拒绝服务攻击(DDoS)

拒绝服务攻击(DDoS)是一种常见的网络安全攻击手段,其核心原理是通过向目标服务器发送大量的请求,超出服务器处理能力范围,使得服务器无法正常处理合法用户的请求,从而导致服务不可用或严重延迟。这种攻击方式旨在使目标系统、服务或网络资源无法正常运行,从而使其瘫痪或造成严重影响。在电子商务领域,DDoS 攻击可能会针对电子商务平台的服务器发起,其目的通常是为了影响用户的访问体验，甚至造成数据丢失或泄露，给电子商务平台和用户带来严重的损失和困扰。

DDoS攻击的实施过程通常涉及大规模的网络流量洪水攻击。黑客利用多个攻击源（通常是被感染的僵尸计算机或恶意软件控制的机器）向目标服务器发送大量的数据包，使得服务器的带宽、处理器或内存资源耗尽，无法正常处理合法用户的请求。这种攻击通常具有突发性和短暂性，攻击持续时间可能从几分钟到数小时不等，但足以造成严重的影响。

对于电子商务平台而言，DDoS攻击可能导致服务器瘫痪，使得用户无法访问网站或进行交易，给企业带来巨大的经济损失和声誉损害。此外，DDoS攻击还可能导致数据丢失或泄露，给用户的个人信息安全和隐私造成威胁，进而引发用户的信任危机，降低用户对电子商务平台的信任度和忠诚度。

为了应对DDoS攻击的威胁，电子商务平台需要采取一系列有效的防御措施。首先，平台可以通过部署专业的DDoS防御设备或服务，实时监测和过滤异常流量，及时应对DDoS攻击，确保服务器的正常运行。其次，平台可以采用分布式服务器架构或云计算技术，提高系统的可扩展性和弹性，减轻DDoS攻击的影响。此外，平台还可以制订应急响应计划，建立完善的数据备份和恢复机制，以应对可能发生的数据丢失或泄露事件。

（二）网络诈骗形式

1.虚假销售

虚假销售是一种常见的网络诈骗行为，黑客利用电子商务平台发布虚假商品信息或销售假冒伪劣产品，以欺骗消费者购买，从而非法获取消费者的钱财。在这种诈骗行为中，黑客通常会通过各种手段伪装成正规商家或个人，发布虚假的商品信息，并在电子商务平台上进行宣传和销售。这些虚假商品可能是不存在的、质量低劣的假冒伪劣产品，或者与实际描述不符的次品、仿冒品等。消费者在受到虚假销售信息的诱导下，可能会被误导购买这些商品，最终导致经济损失和信任危机。

虚假销售行为对消费者和电子商务平台都造成了严重的影响。首先，对于消费者而言，他们可能因为购买了虚假商品而遭受经济损失，甚至可能因为购买到次品或假冒伪劣产品而导致安全隐患。其次，消费者的信任度和满意度也会受到影响，一旦遭遇虚假销售事件，消费者可能会对电子商务平台产生负面印象，降低其再次购买的意愿，从而影响平台的业绩和声誉。

对于电子商务平台而言，虚假销售行为也会对其造成严重的损失和风险。首先，平台可能因为容忍虚假销售行为而受到法律诉讼和监管处罚，损害平台的合法性和形象。其次，虚假销售行为可能会降低平台的商业信誉和用户满意度，导致用户流失和市场份额下降，从而影响平台的长期发展和竞争力。再次，平台还需要承担处理投诉、退款等额外成本，增加平台的运营压力和管理成本。

为了防范虚假销售行为，电子商务平台和消费者都需要采取一系列有效的防范措施。电子商务平台应加强商品信息审核和品质监管，建立完善的商品评价和投诉处理机制，提高虚假销售行为的识别和处理能力。消费者则应提高警惕，理性消费，避免轻信低价诱惑，选择正规渠道购买商品，保护个人信息和财产安全。

2. 虚假广告

虚假广告是黑客利用网络广告平台发布的虚假宣传信息，旨在吸引用户点击，进而诱导用户访问虚假网站或下载恶意软件，从而实施网络诈骗活动。这种诈骗手段通常通过虚构的商品或服务信息，夸大其优势或价值，以吸引用户点击广告链接或浏览网页，从而达到欺骗用户的目的。虚假广告可能出现在各类网络广告平台上，包括搜索引擎、社交媒体、手机应用程序等，其形式多样，包括虚假宣传、虚假奖励、虚假优惠等。

虚假广告通常具有以下特点：一是诱导性强，通过吸引人眼球的标题和图片，引起用户的兴趣和好奇心，诱使其点击广告链接或查看详情；二是信息虚假，虚构商品或服务的优势和性能，夸大其效果或功效，以迷惑用户的判断和决策；三是陷阱多，常常伴随着隐藏的风险和条件，如点击链接后需填写个人信息、下载软件等，从而损害用户的利益和安全。

虚假广告给用户和网络安全带来了严重的危害和威胁。首先，用户可能因为轻信虚假广告而受到经济损失，购买到低质量或假冒伪劣的商品，或者被诱导进入网络诈骗陷阱，导致个人信息泄露或金融损失；其次，虚假广告还可能导致用户设备感染恶意软件，破坏设备安全和稳定性，进而影响用户的正常生活和工作。

为了应对虚假广告的威胁，用户和网络平台都需要采取一系列有效的防范措施。用户应提高警惕，辨别广告的真实性和合法性，避免轻信过度诱人的广告内

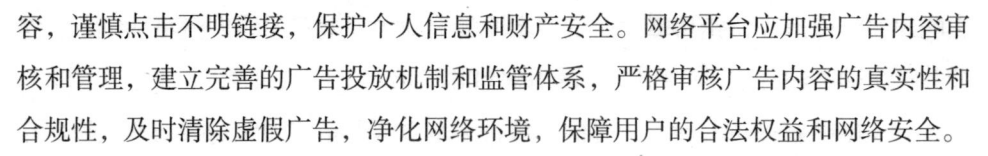

容，谨慎点击不明链接，保护个人信息和财产安全。网络平台应加强广告内容审核和管理，建立完善的广告投放机制和监管体系，严格审核广告内容的真实性和合规性，及时清除虚假广告，净化网络环境，保障用户的合法权益和网络安全。

3. 虚假客服

虚假客服是一种常见的网络诈骗手段，黑客利用冒充电子商务平台的客服人员身份，通过电子邮件、即时通信工具或电话等方式，向用户发送虚假信息或进行虚假沟通，以诱导用户提供个人信息或进行交易，从而实施网络诈骗行为。这种诈骗手段通常借助社交工程技术，通过伪装成正规平台的客服人员，利用用户对客服的信任和依赖，迅速建立起与用户的联系和沟通，从而获取用户的信任和个人信息。

虚假客服诈骗往往具有以下特点：一是冒充真实性，黑客通常会使用与电子商务平台真实客服相似的名称、头像或联系方式，使用户难以分辨真伪；二是信息欺诈，虚假客服可能向用户发送虚假的订单信息、优惠活动或交易提醒，以诱导用户点击链接或提供个人信息，从而达到诈骗目的；三是态度热情，虚假客服通常会采用友好、热情的语言和态度，使用户感到亲近和信任，从而更容易上当受骗。

虚假客服诈骗对用户和电子商务平台都造成了严重的危害和损失。首先，用户可能因为轻信虚假客服的欺骗而泄露个人敏感信息，如账号密码、身份证号码、银行卡信息等，导致个人隐私被侵犯和金融损失；其次，用户可能会因为误信虚假客服的欺骗而陷入交易陷阱，购买到假冒伪劣产品或遭受经济损失；再次，电子商务平台也可能因为容忍虚假客服而受到用户投诉和法律责任，损害平台的声誉和信誉，影响平台的长期发展和竞争力。

为了有效防范虚假客服诈骗，用户和电子商务平台都需要采取一系列有效的防范措施。用户应提高警惕，谨慎对待未经证实的客服信息，注意核实客服的身份和真实性，避免随意提供个人信息或进行交易。

（三）防范黑客攻击与网络诈骗

1. 加强网络安全防护

电子商务平台应建立完善的网络安全防护体系，采用多层次的防御措施，包括防火墙、入侵检测系统、安全认证等。这些措施旨在及时发现和阻止潜在的黑客攻击行为，保护平台的数据和用户的个人信息不受损害。首先，防火墙是保护电子商务平台免受未经授权访问和恶意攻击的重要组成部分。配置防火墙规则，可以对进出平台的网络流量进行过滤和监控，防止恶意流量的进入，有效保护平台的网络安全。其次，入侵检测系统（IDS）和入侵防御系统（IPS）能够及时检测和阻止黑客攻击行为。IDS通过监控网络流量和系统日志，识别异常行为和攻击迹象，及时发出警报并采取相应措施，防止黑客入侵。而IPS则能够在检测到恶意攻击时自动响应，阻止攻击者对系统进行进一步的破坏，有效保护系统的安全性和稳定性。再次，安全认证是保障用户身份和数据安全的重要手段。电子商务平台可以通过多种方式对用户进行身份验证，如密码、多因素认证、生物识别技术等，确保只有合法用户才能访问和操作系统，防止黑客利用盗用或猜测密码等方式进行非法入侵。

2. 建立完善的身份验证和交易安全机制

电子商务平台应采用多种安全技术，包括多因素身份验证、加密传输等，以确保用户身份和交易数据的安全可靠，有效防止黑客窃取用户信息和资金。首先，多因素身份验证是一种常用的安全技术，通过结合用户的多个身份验证因素，如密码、手机短信验证码、指纹识别等，提高用户身份验证的安全性和可靠性。这种方式不仅能够防止密码被猜测或盗用，还能够有效防止黑客通过单一验证因素进行非法访问和操作。其次，加密传输技术是保障交易数据安全的重要手段。电子商务平台应采用安全套接层（SSL）协议等加密技术，对用户和服务器之间的数据传输进行加密处理，确保用户在提交个人信息、进行支付等敏感操作时，数据能够安全地传输和存储，防止被黑客窃取和篡改。再次，电子商务平台还应建立完善的交易安全机制，包括交易风险评估、实时监测和异常处理等环节。通过对用户交易行为的监控和分析，我们及时发现和应对异常交易行为，如异常登录、大额交易等，有效预防交易风险和资金安全问题的发生，保障用户的交易安全和权益。

3. 加强用户教育与意识培养

电子商务平台应该积极开展用户安全意识教育，通过各种途径向用户传达网络安全知识和防范网络诈骗的技巧，提高用户识别网络诈骗的能力，从而有效预防网络诈骗行为的发生。首先，电子商务平台可以通过在线教育平台、官方网站、社交媒体等渠道，向用户提供相关的网络安全知识和防范技巧。这些内容可以涵盖网络诈骗的常见手段和特征、如何识别虚假信息、如何保护个人信息等内容，帮助用户建立正确的安全意识和防范意识。其次，电子商务平台可以开展针对性的安全教育活动，如举办网络安全讲座、组织网络安全知识竞赛等，吸引用户参与并学习相关知识。互动式的学习方式，使用户更加深入地了解网络安全的重要性，提高他们对网络诈骗的警惕性和辨别能力。再次，电子商务平台还可以利用各种平台资源，定期发布网络安全警示和防范提示，提醒用户注意网络安全问题，避免上当受骗。例如，及时发布最新的网络诈骗案例和防范措施，分享用户安全经验和技巧，增强用户对网络安全的重视和警惕。

第四节　新兴技术应用挑战

一、人工智能在电子商务中的挑战与应对

（一）个性化推荐系统的挑战

1.隐私泄露问题

个性化推荐系统的核心功能是根据用户的历史行为和偏好，向其推荐相关内容，从而提升用户体验和满意度。然而，为了实现这一目标，系统需要收集大量用户数据，包括浏览历史、点击行为、购买记录等，用于分析和预测用户的喜好和行为模式。

随着用户对个人数据隐私保护意识的提高，个性化推荐系统在数据采集和使用过程中面临着诸多挑战。用户担心其个人信息被滥用或泄露，可能导致用户对系统失去信任。这种不信任感可能会影响用户的使用意愿，甚至选择退出使用该系统，从而影响到电子商务平台的经营和发展。

为了解决隐私泄露问题，个性化推荐系统需要采取一系列措施来确保用户数据的隐私安全。首先，系统应该明确告知用户数据收集的目的和使用范围，并且在用户注册或使用过程中征得用户的明确同意。其次，个性化推荐系统应该采用加密传输和存储技术，确保用户数据在传输和存储过程中的安全性。此外，系统还应该建立严格的权限控制机制，只允许经过授权的人员访问和使用用户数据，并且及时删除或匿名处理过期数据，避免数据滞留和泄露的风险。

除了技术手段外，个性化推荐系统还应该加强用户教育和沟通，提高用户对数据隐私保护的意识，通过向用户解释数据收集和使用的目的，以及系统采取的隐私保护措施，增强用户的信任感和满意度。此外，系统还应该建立投诉和反馈机制，及时回应用户的隐私保护需求和意见建议，不断改进系统的隐私保护机制，保障用户的权益和数据安全。

2. 信息过度过滤

个性化推荐系统通过分析用户的历史行为和偏好，向其推荐相关的商品或内容，以提升用户的购物体验和满意度。然而，如果个性化推荐系统过度依赖于用户过去的行为数据，可能会导致信息过滤过度的问题。

首先，个性化推荐系统可能会陷入所谓的"信息茧房"现象，即用户只会看到与其过去行为相关的推荐内容，而忽略了其他可能感兴趣的内容。例如，如果用户曾经购买过某一类别的商品，系统可能会过度推荐同类商品，而忽略了其他潜在的兴趣领域。这种信息过滤现象限制了用户接触到多样化的内容，导致用户的视野变得狭窄，错失了发现新内容的机会。

其次，信息过度过滤也可能导致用户对平台的黏性和满意度降低。当用户感觉到个性化推荐系统只是反复推荐相似的内容，而无法满足其多样化的需求时，用户可能会对平台失去兴趣，转而寻找其他更具多样性的购物平台。这种情况下，平台的用户流失率可能会增加，用户忠诚度和满意度也会下降，对平台的长期发展造成负面影响。

为解决信息过度过滤问题，个性化推荐系统可以采取一系列策略。首先，系统可以引入多样性推荐算法，不仅考虑用户的历史行为，还考虑用户的兴趣多样性，从而推荐更加丰富和多样化的内容。其次，系统可以引入新颖性推荐算法，推荐用户可能感兴趣但尚未接触过的内容，以扩展用户的兴趣领域。此外，系统还可以引入用户兴趣演化模型，及时更新用户的兴趣偏好，以适应用户兴趣的变化和演化。

除了算法层面的改进，个性化推荐系统还可以通过用户反馈和互动来调整推荐策略。例如，系统可以收集用户对推荐内容的反馈信息，根据用户的喜好和偏好调整推荐策略，提升用户满意度和体验质量。综上所述，个性化推荐系统应该在平衡个性化推荐和信息多样性之间找到合适的平衡点，从而提升用户体验，增强用户对平台的黏性和满意度，促进电子商务平台的可持续发展。

（二）智能客服的挑战

1.技术成熟度不足

智能客服系统的技术成熟度尚未达到理想水平，这一现状在电子商务领域中引发了一系列挑战和问题。首先，智能客服系统在处理复杂问题方面存在限制。尽管现代技术已经取得了长足的进步，但智能客服系统仍然面临着对复杂问题的理解和处理能力不足的挑战。特别是涉及专业知识或涉及多个领域的问题，智能客服往往无法提供准确或满意的答复，需要人工干预或转接至人工客服，这不仅增加了用户等待时间，也降低了服务效率。其次，智能客服系统对于某些特定语境或用户表达方式的理解能力有限。语言是复杂的，人们常常使用各种变体、隐喻和口语，这给智能客服系统带来了挑战。系统可能会误解用户的意图，导致错误的回答或无法理解用户的真实需求。这种局限性影响了智能客服系统在实际应用中的准确性和可靠性，降低了用户的满意度和体验质量。另外，智能客服系统在处理涉及情感和情绪的对话时表现不佳。与人工客服相比，智能客服系统缺乏人情味和情感交流的能力，往往无法很好地理解用户的情感状态和情绪变化，也难以灵活地应对用户的情绪化表达。这可能导致用户感觉冷漠或不被理解，从而影响用户的体验和满意度。

2.用户体验和满意度

智能客服系统在电子商务中的应用日益普及，其服务质量直接关系到用户的体验和满意度，对于企业的竞争力和发展至关重要。然而，当前智能客服系统仍然存在一系列挑战，需要不断优化和改进以提升用户体验和满意度。首先，智能客服系统的准确性是影响用户体验的关键因素之一。用户期望得到准确、及时的解答和帮助，但智能客服系统在理解用户问题和提供正确答案方面存在一定的局限性。尤其是面对复杂或模糊的问题，系统往往无法给出满意的答复，导致用户不满和失望。因此，提升智能客服系统的准确性是当前亟待解决的问题之一。其次，智能客服系统的响应速度直接影响用户的满意度。用户希望能够快速得到解答或帮助，而智能客服系统的响应速度往往受到系统性能和处理能力的限制。如果系统响应缓慢或存在卡顿现象，用户可能会感到不耐烦或失去信心，从而降低对系统的满意度。因此，提升系统的响应速度是提升用户体验的重要途径之一。另外，智能客服系统的用户界面设计和交互方式也对用户体验产生重要影响。一个简洁清晰、易于操作的界面可以提高用户的使用便捷性和满意度，而复杂混乱的界面则会使用户感到困惑和不便，降低其对系统的好感度。因此，优化用户界面设计和改进交互方式是提升用户体验的重要策略之一。

二、区块链技术在电子商务中的应用挑战与前景

（一）数据安全与隐私保护

1. 数据存储量大

（1）数据存储量大

区块链是一种分布式账本技术，其基本单位是区块。每个区块都包含了一定数量的交易数据，而且这些区块按照链式结构连接在一起。由于区块链的特性决定了每个节点都需要保存完整的区块链数据，因此随着时间的推移，区块链网络的数据量呈现出指数增长的趋势。尤其是在处理大规模交易时，比特币和以太坊等公共区块链网络每天都会产生大量的交易记录，这进一步加剧了数据存储量的增长。

对于电子商务平台而言，这种大规模的数据存储需求可能是一个巨大的挑战。首先，需要大量的存储空间来容纳不断增长的交易记录和相关数据。其次，随着数据量的增加，需要更多的计算资源和带宽来维护和同步区块链网络，这将带来更高的运营成本。此外，对于小型或新兴的电子商务企业来说，建立和维护一个足够大的区块链节点可能是一项不小的投资，这可能限制了他们采用区块链技术的能力。

（2）成本高昂

随着区块链技术的广泛应用，越来越多的数据需要被保存在区块链网络中，这对于企业而言是一项巨大的挑战。首先，数据存储的增加意味着企业需要投入更多的资金来购买存储设备和扩展网络带宽，以满足数据存储的需求。这不仅包括硬件成本，还包括设备的维护和更新成本，以及对网络基础设施的改造和升级成本。特别是对于大型电子商务平台而言，数据存储需求量巨大，相应的投入也会相当庞大。其次，区块链网络的运行和维护也需要大量的人力资源。企业需要拥有专业的技术团队来管理和维护区块链网络，确保其正常运行和安全性。这包括区块链节点的设置和维护、交易的验证和记录、网络的监控和维护等工作。由

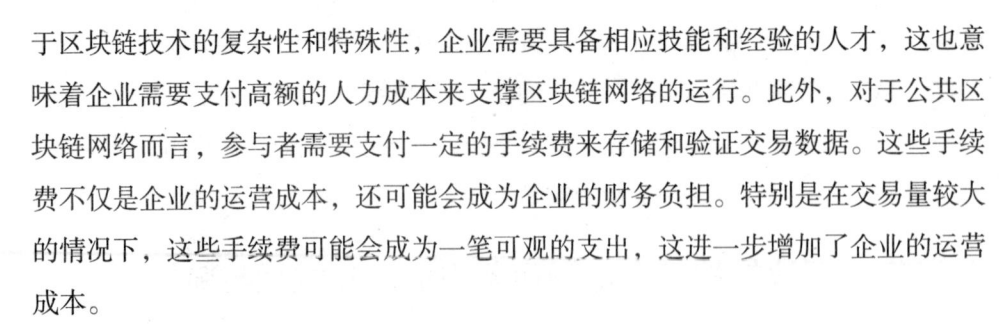

于区块链技术的复杂性和特殊性，企业需要具备相应技能和经验的人才，这也意味着企业需要支付高额的人力成本来支撑区块链网络的运行。此外，对于公共区块链网络而言，参与者需要支付一定的手续费来存储和验证交易数据。这些手续费不仅是企业的运营成本，还可能会成为企业的财务负担。特别是在交易量较大的情况下，这些手续费可能会成为一笔可观的支出，这进一步增加了企业的运营成本。

（3）性能瓶颈

性能瓶颈是区块链技术在电子商务领域面临的又一重要挑战。这种挑战源于区块链的共识机制和交易确认方式，其导致了交易处理速度的相对缓慢和实时性的不足。

首先，区块链网络中的每个交易都需要经过复杂的共识算法和网络广播，以确保所有节点的数据一致性。这种共识过程可能会消耗大量的时间和计算资源，导致交易处理速度相对较慢。例如，比特币区块链网络每个区块的生成时间约为10分钟，而以太坊网络也需要大约15秒来确认一个交易。这种相对较慢的交易确认速度可能会影响电子商务平台的实时性，尤其是在处理大规模交易时，可能会出现交易拥堵和延迟的情况，影响用户的交易体验。

其次，区块链网络的性能瓶颈还表现在交易吞吐量的限制上。由于每个交易都需要经过网络中的所有节点验证和广播，区块链网络的交易吞吐量相对较低。这意味着在单位时间内能够处理的交易数量有限，尤其是在面对高并发交易时，可能会出现交易堵塞和处理延迟的情况。例如，当有大量用户同时进行交易时，区块链网络可能无法及时处理所有的交易请求，导致部分交易被延迟确认甚至失败。

这种性能瓶颈可能会直接影响电子商务平台的用户体验和竞争力。用户可能会因为交易延迟或失败而感到不满，从而选择其他更快速、更可靠的支付方式或交易平台。此外，区块链网络的低吞吐量也可能限制了电子商务平台的业务扩展和发展，尤其是在面对高频交易和大规模用户时，可能会影响平台的发展前景。

2.性能低下

（1）交易处理速度慢

区块链技术的交易处理速度慢是一个广泛关注的问题，尤其是在需要高并发处理的电子商务环境中。这种慢速主要由以下几个方面的因素造成：首先，区块链网络的共识机制是导致交易处理速度慢的主要原因之一。在区块链中，为了确保网络的安全性和一致性，每个交易都需要经过网络中多个节点的验证，并且需要达成共识以确认交易的有效性。这个过程涉及复杂的数学算法和网络通信，因此需要一定的时间来完成。例如，比特币网络采用的工作量证明共识机制会消耗大量的计算资源和时间来确认一个区块的有效性，从而导致交易处理速度相对较慢。其次，区块链网络的设计限制也是造成交易处理速度慢的原因之一。区块链中每个区块的大小和产生时间都是固定的，这意味着每个区块中可以容纳的交易数量是有限的。当网络中的交易量增加时，可能会导致交易堵塞和延迟，进而影响到整个网络的交易处理速度。例如，以太坊网络在网络拥堵时曾出现过交易延迟和高昂的交易手续费问题，这直接影响到了用户的交易体验和平台的可用性。此外，区块链网络的扩容问题也是导致交易处理速度慢的一个重要因素。随着区块链网络的用户和交易量不断增加，网络的吞吐能力可能会达到极限，导致交易处理速度进一步降低。目前，区块链领域对于扩容技术的研究和实践正在不断进行，但是尚未找到完全解决这个问题的方案。

（2）实时性受限

区块链网络的交易处理速度慢给电子商务平台的实时性带来了挑战，这在某些情况下可能会限制用户的交易体验和平台的竞争力。首先，区块链网络的实时性受限会影响到特定场景下的交易执行。例如，在秒杀活动中，用户需要快速下单以抢购到心仪的商品。然而，由于区块链网络的交易处理速度慢，用户可能需要等待较长的时间才能确认其交易是否成功，这就增加了用户错失交易机会的风险。在这种情况下，实时性受限可能会导致用户对平台的不满和流失。其次，实时性受限也会影响到电子商务平台的支付体验。在一些电子商务场景中，用户需要在交易完成后立即收到支付确认，以便及时享受所购商品或服务。然而，由于区块链网络的交易处理速度慢，支付确认时间可能会延长，导致用户在支付完成后仍需等待较长时间才能收到确认信息。这可能会降低用户对平台的信任度，影响其对平台的忠诚度。此外，实时性受限还会影响到电子商务平台的服务承诺和用户期望。一些平台可能承诺提供即时的交易确认和服务响应，以吸引用户并提升竞争力。然而，由于区块链网络的交易处理速度慢，这些承诺可能无法实现，从而导致用户对平台的失望和不满。长期以来，这种失望和不满可能会影响用户对平台的口碑和品牌形象，进而影响到平台的长期发展。

（3）交易吞吐量限制

交易吞吐量的限制是区块链技术在电子商务领域所面临的一个重要挑战，这一挑战可能会影响到电子商务平台的业务规模和用户体验。首先，交易吞吐量限制可能导致交易堵塞和延迟。在一个典型的区块链网络中，每个交易都需要经过复杂的共识算法验证和网络广播，以确保网络中的所有节点达成一致的交易状态。由于网络的整体交易处理能力受到限制，尤其是在处理大规模交易时，区块链网络可能无法满足高并发交易的需求。这可能会导致交易堵塞和延迟，影响用户的交易体验。其次，交易吞吐量限制可能会影响到电子商务平台的业务规模和发展。在一个高度竞争的电子商务市场中，用户体验和交易效率是吸引用户和提升竞争力的关键因素之一。然而，由于区块链网络的交易吞吐量有限，电子商务平台可能无法处理大规模用户同时进行的交易，这可能会限制平台的业务规模和发展潜力。特别是在特定促销活动或重要销售节点时，如果平台无法应对高峰时段的交易压力，可能会导致交易失败或用户流失。再次，交易吞吐量限制也可能会影响到区块链应用的普及和采用。在一些场景下，用户可能对交易的实时性和效率有较高的要求，而区块链网络的交易吞吐量限制可能无法满足这些要求。因此，一些潜在的用户可能会选择放弃使用基于区块链技术的电子商务平台，转而选择传统的中心化平台，这可能会限制区块链技术在电子商务领域的应用和发展。

（二）法律法规与监管的不确定性

1.法律法规尚不完善

（1）法律法规的滞后性

首先，传统的法律框架往往无法及时适应区块链技术的变革。区块链技术的特点包括去中心化、匿名性、不可篡改等，这些特性与传统的中心化金融体系和合同法律体系存在差异。例如，在数字资产领域，现行的金融法律体系可能无法有效适用于区块链数字资产的交易和管理，导致法律规定与实际操作存在差距。类似地，在智能合约领域，现行的合同法律可能无法完全适用于智能合约的执行过程中出现的争议和纠纷，因为智能合约的执行方式与传统合同存在一定的差异。其次，法律法规的滞后性可能会给电子商务平台带来法律风险和不确定性。在法律法规尚未完善或跟不上技术发展的情况下，电子商务平台在使用区块链技术时可能面临法律合规方面的挑战。例如，在数字资产交易方面，由于法律法规的滞后性，电子商务平台可能无法清晰了解数字资产的法律地位和交易规则，增加了合规风险。另外，在智能合约执行方面，法律法规的不完善可能导致智能合约的效力和责任认定存在争议，增加了法律风险和诉讼成本。再次，解决法律法规滞后性问题需要法律体系和监管机构的更新迭代和技术创新的结合。一方面，法律体系需要不断更新和完善，以适应新兴技术的发展和应用。例如，监管机构可以加强对区块链技术的监管，推出专门的法律法规或政策，明确数字资产的法律地位和交易规则，为电子商务平台提供更清晰的法律指导。另一方面，电子商务平台也需要加强自身的合规管理和风险控制，积极主动地与监管机构合作，遵循法律法规，保护用户的合法权益。

（2）数据隐私保护的法律漏洞

当前的法律法规在应对区块链技术带来的数据隐私保护挑战时存在一定的漏洞，这主要表现在法律体系对于区块链去中心化特性的理解和应对不足，以及对于个人数据删除权的规定与区块链技术实现之间存在的矛盾。

第一，传统的数据隐私保护法律往往基于中心化数据管理的前提，强调用户对于个人数据的控制权和删除权。然而，在区块链技术中，数据被永久记录在区块链上，且由网络中的所有节点共同维护，不存在单一的中心化管理机构。这种去中心化的特性导致个人数据无法被完全删除，与传统法律规定存在矛盾。例如，《通用数据保护条例》（GDPR）规定了用户对于个人数据的删除权，但这一规定在面对区块链技术时可能无法得到有效执行，因为一旦数据被写入区块链，就无法修改或删除，这可能导致法律规定与技术实现之间的冲突。

第二，区块链技术的开放性和透明性也为数据隐私保护带来了挑战。区块链上的交易和数据可以被所有节点永久记录和查看，这可能泄露用户的隐私信息。尽管区块链上的交易数据通常是匿名的，但一旦用户的身份与其钱包地址相关联，就可能被追踪到其交易记录，从而泄露个人隐私。这种开放性和透明性使得用户对于数据隐私的保护更加困难，也增加了法律法规制定者面临的挑战。

针对这些问题，电子商务平台在利用区块链技术时需要采取有效的措施来保护用户的数据隐私权益。一方面，我们可以通过加密技术和隐私保护方案来确保用户数据在区块链上的安全性和隐私性。例如，零知识证明（Zero-Knowledge Proofs）等技术可以实现在不泄露用户隐私信息的情况下进行交易验证。另一方面，我们可以借鉴传统数据隐私保护法律的理念，结合区块链技术的特点，制定更加灵活和适应性强的法律法规，以解决法律与技术之间的矛盾。

（3）监管政策的模糊性

首先，区块链技术的跨境性和边界性使得其在全球范围内具有高度的流动性和互联性。电子商务平台在应用区块链技术时，往往涉及跨境交易和跨国合作，而不同国家和地区对于区块链技术的认知和立法进展存在差异。例如，一些国家可能对数字资产交易采取严格的监管政策，而另一些国家可能更加开放，这导致了监管政策的不确定性和模糊性。在这种情况下，电子商务平台需要同时面对来自不同国家监管部门的监管要求和政策变化，增加了合规风险和不确定性。其次，区块链技术的去中心化特性也增加了监管的复杂性。传统的监管模式通常依赖于中心化的管理机构和监管部门，而区块链技术的去中心化特性意味着没有单一的管理机构可以对其进行有效监管。这给监管部门带来了挑战，他们需要制定适应区块链技术特点的监管政策，以确保市场秩序和用户权益的保护。然而，目前许多国家的监管政策还没有跟上区块链技术的发展，导致监管政策的模糊性和不确定性。

针对这些问题，电子商务平台需要采取一系列措施来应对监管政策的模糊性和不确定性。首先，平台需要加强对不同国家和地区监管政策的了解和分析，及时调整策略和合规措施，以确保自身在全球范围内的合法经营。其次，平台可以积极与监管部门沟通合作，参与监管政策的制定和修订，推动监管政策与技术发展的协调与统一。

2.监管政策模糊

（1）监管政策的认知滞后

监管政策的认知滞后是电子商务平台在应用区块链技术时所面临的一个显著挑战。这种滞后主要表现在监管部门对区块链技术的认知和理解相对滞后于技术的发展和应用。首先，区块链技术的复杂性和新颖性使得监管部门往往难以及时跟进和了解其具体应用场景及风险。区块链技术作为一种去中心化、不可篡改的分布式账本技术，其应用领域涵盖数字货币、智能合约、供应链管理等诸多方面。

然而，这种技术的新颖性意味着监管部门需要花费更多的时间和精力去理解其工作原理、应用场景及潜在风险。由于监管部门的专业知识和技术水平有限，他们往往无法迅速掌握区块链技术的复杂性，导致在制定相关政策时存在一定的滞后性。其次，监管部门在制定相关政策时可能存在一定的盲点，无法全面考虑到区块链技术的各种可能性和潜在风险。由于区块链技术的应用场景多样且不断发展，监管部门往往无法准确预测其发展方向和影响。这可能导致监管政策的制定过程中存在一定的片面性和不完备性，无法有效应对新兴技术所带来的挑战和风险。例如，在数字资产交易领域，监管部门可能会针对数字货币的洗钱和欺诈风险采取严格的监管政策，但却忽视了区块链技术本身所具有的去中心化和匿名性特点，可能会造成监管政策的失衡和不适用。

（2）立法进展缓慢

立法进展缓慢是当前电子商务平台在应用区块链技术时所面临的一个显著挑战。这种缓慢主要表现在监管部门对新兴技术特别是区块链技术的认知和立法进程上的滞后。

第一，区块链技术的迅速发展和应用场景的不断拓展使得现有的法律法规无法及时覆盖到新兴技术的方方面面。区块链技术作为一种革命性的分布式账本技术，其应用领域涵盖数字货币、智能合约、供应链管理等多个领域。然而，这种技术的新颖性和复杂性意味着监管部门需要投入大量时间和精力来研究其特点和应用场景，以便相应地进行法律法规的制定和调整。但是，立法程序往往非常烦琐，包括公开征求意见、立法讨论、修订审议等环节，需要花费大量的时间和人力资源，导致监管政策的制定进程相对缓慢。

第二，监管部门在制定相关政策时需要考虑到各方利益的平衡和协调，这也是导致立法进展缓慢的一个重要原因。区块链技术的应用涉及多个利益相关方，包括政府部门、企业机构、个人用户等，而这些利益相关方往往对于区块链技术的认知和理解程度存在差异，对于监管政策的内容和方向也可能存在分歧。因此，监管部门需要在各方意见协调一致的情况下才能推进相关立法进程，这无疑会增加立法进展的难度和时间成本。

（3）监管标准不统一

监管标准的不统一是当前电子商务平台在应用区块链技术时所面临的一项重

要挑战。这种不一致性主要体现在不同国家和地区对区块链技术的监管态度、政策制定和执行水平上的差异。首先，不同国家和地区对区块链技术的态度存在较大差异。一些国家鼓励创新和发展，持开放态度对待区块链技术的应用和发展，认为其具有潜力推动经济增长和产业升级。这些国家可能会采取较为宽松的监管政策，为区块链技术的应用提供更为宽松的环境和政策支持。而另一些国家则持保守态度，担心区块链技术可能带来的风险和挑战，可能会采取更为严格的监管政策，限制或者禁止区块链技术的应用和发展。其次，不同国家和地区的监管政策制定和执行水平存在差异。即使在对区块链技术持相对开放态度的国家，监管政策的具体制定和执行也可能存在差异。有些国家可能在监管政策的制定方面更为灵活和及时，能够根据技术发展和市场需求进行及时调整和优化。而在另一些国家，监管政策可能相对滞后或者执行力度不足，导致监管标准的不统一和监管措施的不完善。再次，这种监管标准的不统一给电子商务平台带来了跨境业务的风险和不确定性。由于不同国家和地区对区块链技术的监管标准存在差异，电子商务平台在开展跨境业务时需要面对不同的监管要求和规定，增加了运营的复杂性和成本。同时，监管标准的不统一也可能导致在某些国家或地区的市场准入难度增加，限制了电子商务平台的国际化发展和扩张。

第八章 跨境电子商务与国际化创新

第一节 全球市场趋势

一、全球电子商务市场的发展现状

（一）市场规模与增长趋势

全球电子商务市场在信息技术飞速发展的背景下呈现出强劲的增长势头。最新的数据显示，全球电子商务市场规模逐年扩大，已成为全球经济增长的重要引擎。这一趋势的背后得益于互联网和移动设备的广泛普及，为电子商务提供了广阔的发展基础。

随着互联网的普及，全球范围内越来越多的国家纷纷加入电商领域的发展浪潮。互联网的便捷性和全球化特征使得电商可以跨足国界，拓展市场范围。各国政府和企业意识到电子商务的潜力，纷纷投入资源推动数字经济的发展，从而进一步推动了全球电子商务市场的规模扩大。

移动设备的广泛普及也为电子商务的蓬勃发展提供了有力支持。智能手机等移动设备的普及使得消费者可以随时随地进行在线购物，不再受到时间和空间的限制。这进一步推动了电子商务市场的扩张，使得更多的消费者参与到全球电子商务的生态系统中。

全球电子商务市场的增长势头还受到新兴技术的推动。人工智能、大数据分析、物联网等技术的不断创新，使得电商平台能够更好地理解消费者的需求，提供个性化、精准的推荐服务，从而提升用户体验，促使消费者更加愿意在电子商务平台进行购物。

（二）跨境电商交易的兴起

全球市场趋势在跨境电子商务交易方面呈现显著的发展势头。随着国际贸易壁垒的逐步降低和物流体系的不断完善，各国企业正在积极拓展国际市场，推动着跨境购物的需求不断攀升。这一趋势的显著表现是消费者通过电商平台轻松地在全球范围内购买各类商品，从而催生了全球电商市场的国际化进程。

国际贸易壁垒的降低是全球跨境电子商务兴起的关键驱动因素之一。多个国家和地区对贸易限制进行了放宽，降低了关税和其他贸易壁垒，这使得商品更加便利地跨越国界。这种趋势为企业提供了更大的市场准入空间，同时也为消费者提供了更多元化的购物选择。

与此同时，全球物流体系的完善也为跨境电商交易提供了坚实的基础。现代化的物流网络使得商品能够更快速、更便捷地从生产地点运送到消费者手中。物流的高效运作为跨境电商提供了可行性和竞争力，也使得跨境交易的成本和时间得以降低，促使了更多企业和消费者参与到国际贸易中。

跨境电子商务的兴起进一步推动了全球电商市场的国际化进程。通过电商平台，消费者可以随时随地浏览和购买来自世界各地的商品，而企业也能够更灵活地将产品推向全球市场。这种国际化趋势不仅拓展了企业的发展空间，也满足了消费者对于独特商品和多元选择的需求。

（三）企业国际市场拓展的趋势

全球各国企业在当前时代纷纷加大对国际市场的拓展力度，通过采取多种策略，如建立全球供应链和开设跨境电商平台等方式，企业能够更加灵活地满足不同国家和地区的需求。这一国际市场拓展的趋势为电子商务的国际化发展提供了广阔的发展空间。

首先，企业通过建立全球供应链来实现国际市场的拓展。随着全球化的推进，企业逐渐意识到在国际市场上取得竞争优势的重要性。通过建立全球供应链，企业可以更有效地整合全球资源，降低生产成本，提高产品质量，并更灵活地应对不同市场的需求变化。全球供应链的建立使得企业能够更加顺利地进入不同国家和地区的市场，实现国际市场的拓展。

其次，开设跨境电商平台成为企业国际市场拓展的重要途径。随着互联网的普及和全球电商市场的崛起，企业通过开设跨境电商平台可以更直接地触达全球消费者。这种方式不仅为企业提供了一个全球性的销售渠道，还能够通过电子商务平台更精准地了解各国市场的需求，灵活调整产品和服务，提高企业在国际市场上的竞争力。

这种国际市场拓展的趋势对电子商务的国际化发展具有积极的影响。企业通过建立全球供应链和开设跨境电商平台，能够更好地利用全球资源，满足不同国家和地区的需求，加强国际市场的竞争力。同时，这也为消费者提供了更多元化的购物选择，促进了全球电子商务市场的繁荣和发展。

二、新兴技术对全球电商格局的影响

（一）人工智能的应用

新兴技术，尤其是人工智能（AI），对全球电子商务格局产生了深远的影响。人工智能算法的广泛应用在电商领域为全球电商市场带来了革命性的变化。通过运用人工智能算法，电商平台能够更为准确地了解用户的需求，为用户提供个性化的商品推荐服务。这一技术的应用不仅提高了用户的购物体验，而且极大地促使了企业在全球范围内的市场份额的提升。

人工智能算法在电子商务中的应用主要体现在以下几个方面：

第一，个性化推荐服务成为人工智能在电商中的一大亮点。通过分析用户的历史购买记录、浏览行为、喜好等数据，人工智能算法能够生成准确的用户画像，并基于此为用户推荐个性化的商品。这种个性化推荐不仅提高了用户的购物满意度，还增加了用户对电商平台的黏性，促进了用户的持续消费。

第二，人工智能的客服机器人在电商领域得到了广泛应用。这些机器人能够 24/7 全天候提供客户服务，回答用户咨询，处理订单问题，提高了客户服务的效率和及时性。通过自然语言处理和深度学习等技术，客服机器人能够更好地理解用户提出的问题，并给予相应的解答，从而提供更优质的服务体验。

第三，人工智能在供应链管理中的应用也带来了效益的提升。通过预测销售趋势、优化库存管理、实现智能物流等方式，人工智能有助于提高供应链的效率，降低成本，缩短交货周期，使企业更好地适应全球市场的变化。

人工智能的应用使得电子商务在全球范围内更具竞争力。个性化推荐服务、客服机器人、供应链管理等方面的创新应用，不仅提升了用户体验，也使企业更加智能化和高效化。

（二）区块链技术的安全性提升

区块链技术正在电子商务领域迅速发展，为跨境交易的安全性提供了创新解决方案。区块链以其去中心化和不可篡改的特性，为电商交易带来了更高的安全性和信任度。以下是区块链技术在提升跨境交易安全性方面的关键影响：

首先，区块链的去中心化特性消除了传统中介机构的需求。在传统电子商务中，交易通常需要通过银行或其他中介机构完成，这增加了交易的复杂性和成本。通过区块链，交易直接在去中心化网络中完成，减少了中间环节，提高了交易的效率。去中心化还意味着没有单一的控制点容易受到攻击，从而提升了交易的安全性。

其次，区块链的不可篡改性确保了交易数据的安全性。每个交易都被记录在一个区块中，并与前一个区块链接在一起，形成一个不断增长的链条。一旦信息被存储在区块链上，就几乎不可能被篡改。这确保了交易历史的透明度和可追溯性，降低了信息篡改和欺诈的可能性，为用户提供更加安全的交易环境。

再次，区块链技术提供了智能合约的功能。智能合约是预先编码的自动化合约，根据事先设定的条件自动执行。通过智能合约，电子商务交易可以在不需要第三方介入的情况下进行，从而减少了欺诈的可能性。智能合约还可以为交易提供更多的灵活性和定制化选项，满足不同国家和地区的法规要求。

最后，区块链技术增强了全球电商格局的信任基础。由于区块链的透明性和安全性，参与者可以更加信任交易过程。这对于跨境交易尤为重要，因为不同国家和地区之间的法规差异和文化差异使得建立信任变得更加复杂。区块链提供一个安全、透明和去中心化的交易环境，有助于构建全球电商市场的信任基础。

（三）物联网的融合

物联网技术的广泛应用为全球电商注入了智能和高效的元素。物联网设备的互联互通使得整个电商生态系统更加紧密而高效。

第一，物联网技术的应用在产品的生产、物流和销售等环节中发挥了关键作用。通过物联网设备的部署，生产过程实现了更高水平的自动化和数字化，不仅提高了生产效率，还降低了成本。在物流方面，物联网设备的实时监控使得供应链管理更加精准，全球各地的供应链得以实时监控和管理，从而提高了物流的可靠性和效率。在销售环节，物联网技术为电商提供了更全面的数据分析和用户行为跟踪，有助于更精准地满足用户需求，提升用户体验。

第二，物联网技术的融合为国际化电商提供了可靠且高效的运营基础。全球各地的电商企业通过物联网技术实现了跨地域的实时信息共享和协同工作。这种全球性的互联互通不仅提高了运营的灵活性，也使得企业能够更好地应对全球市场的变化。国际物流得以优化，订单处理速度显著提升，从而缩短了用户等待时间，增强了用户满意度。此外，物联网技术的应用还为跨境电商提供了更强大的风险管理和安全控制手段，有效应对了跨境交易中的各种潜在风险。

三、全球数字支付的普及与挑战

（一）数字支付的全球化趋势

全球数字支付的兴起标志着电商交易方式的深刻变革。数字支付在全球范围内取得广泛应用，成为电商交易的主要支付方式之一。随着移动支付、电子钱包等数字支付工具的不断创新，用户享受到了更为便捷、快速的支付体验，从而推动了全球电商市场的蓬勃发展。

数字支付的全球化趋势极大地促进了跨境电商交易的便捷性。用户无须受限于传统货币形式，可以更加灵活地进行国际支付。这种便捷性为消费者提供了更多选择，也为企业拓展全球市场提供了更广泛的机遇。数字支付的全球普及不仅改变了人们的消费习惯，也催生了更多全球性的电商平台，推动了全球经济的互联互通。

数字支付的普及使得支付过程更加透明和便捷，降低了支付交易的时间成本。全球数字支付在推动电商行业的同时，也加速了传统金融体系向数字化和智能化转型的步伐。这一趋势不仅提升了用户的支付体验，同时也促进了金融科技的创新和发展。

（二）支付体系的差异与挑战

全球数字支付体系的不同标准和法规形成了跨境支付的一大挑战。各国家和地区拥有独立的支付标准和法规，导致支付环境的复杂性和不确定性。国际化电商企业需要在全球范围内进行业务拓展，同时面对不同国家支付体系的差异，从而需要灵活制定支付策略以适应复杂多变的全球支付环境。

支付体系的差异也在一定程度上加大了支付风险。汇率波动、支付安全性等问题成为企业在全球范围内经营时需要认真考虑的因素。为了规避这些风险，企业需要建立完善的支付风险管理机制，包括对外汇风险的敏感度分析、支付安全体系的建设等方面的工作。

企业在全球范围内的支付活动也需要强化合规性建设。由于不同国家和地区的监管要求不同，企业需要深入了解和遵守各地的支付法规，以确保其交易的合法性和稳定性。建立健全的合规性框架，对企业来说是维护声誉、降低法律风险的关键一环。

第二节　国际化策略与挑战

一、国际化策略的多样性

（一）跨境平台销售策略

在全球市场竞争激烈的背景下，电子商务企业通过跨境平台进行直接销售成为一种备受采用的国际化策略。该策略的显著优势在于企业能够充分利用跨境电商平台的资源和庞大的用户基础，从而有效降低市场进入门槛。通过在这些平台上开设店铺，企业得以快速触达全球范围的消费者，实现销售规模的迅猛增长。

这一国际化策略的核心优势之一是平台资源的最大化利用。跨境电商平台往往具备强大的技术基础、先进的支付系统、高效的物流网络等丰富的资源。企业可以通过与平台紧密合作，借助平台的技术支持和市场推广，迅速进入新的国际市场，缩短开拓期，实现高效的业务拓展。然而，这也带来了企业与平台运营商之间紧密关系的难题。企业必须在平衡与平台的合作关系中找到度，以确保在合作中获益最大化的同时保持一定的独立性。

此外，跨境平台销售策略也面临着在激烈竞争中脱颖而出的挑战。随着越来越多的企业选择在跨境电商平台上开设店铺，市场竞争变得异常激烈。在众多卖家中脱颖而出，吸引消费者的关注，成为他们首选的购物源，需要企业在产品品质、品牌形象、售后服务等方面有更为突出的表现。因此，企业不仅需要在产品本身上做出差异化，更需要通过巧妙的市场定位和精准的营销策略来赢得消费者的信任与忠诚。

在实施跨境平台销售策略时，企业还需注意国际化经营的法律法规合规问题。由于不同国家电子商务领域的法规存在较大差异，企业需要建立专业的法律团队，及时了解并遵守各国相关法规，以确保在国际市场的准入过程中保持合规性。同时，企业还需要灵活应对不同国家的贸易政策变化，规避潜在的贸易风险，确保跨境电商的稳健运营。

（二）自有品牌和销售渠道策略

1. 品牌建设与差异化竞争

在全球市场竞争激烈的背景下，一些电子商务企业选择采用建立自有品牌和销售渠道的策略，将品牌塑造和客户关系管理置于国际化的核心。通过打造独特的品牌形象，企业追求在国际市场上树立差异化竞争优势，并通过提高产品溢价空间来实现更有利可图的销售。这种策略的本质在于追求长期价值的积累，着眼于在全球范围内建立起稳定的客户基础。

品牌建设成为该战略中的关键要素。通过精心规划和执行品牌战略，企业能够在国际市场上赢得消费者的认可和信任。这不仅仅是在产品上贴上企业的标识，更是要通过独特的品牌故事、核心价值观及符合当地文化的营销活动，构建起一种深入人心的品牌形象。良好的品牌形象能够帮助企业在激烈竞争中脱颖而出，使消费者对其产生积极的认知和情感连接。

与建立品牌形象相辅相成的是对差异化竞争优势的追求。企业需要在产品设计、质量控制、创新能力等方面寻找独特之处，使其产品在市场中与竞争对手产生明显的差异。这种差异化不仅仅是产品本身的差异，还包括服务、购物体验等多个方面。通过这种差异化，企业能够更好地满足消费者的个性化需求，从而提高产品的附加值，实现更高的溢价。

差异化竞争策略注重的是对市场的深度理解和长期耕耘。企业需要投入大量的精力和资源，通过市场调研、消费者反馈等手段，不断优化品牌形象和产品特性，以适应快速变化的市场需求。这也意味着企业在实施这一策略时需要有足够的耐心和战略定力，不被短期的市场波动所左右。

在差异化竞争策略中，客户关系管理显得尤为关键。建立起稳定的客户基础不仅需要品牌形象和产品的吸引力，还需要在售前、售中和售后全过程提供优质的服务。通过建立个性化的客户关系，企业能够更好地了解客户的需求，提供更贴合其期望的产品和服务，从而增强客户的忠诚度。

2. 成本与市场推广挑战

在面对陌生市场时，电子商务企业在建立销售渠道上面临着严峻的挑战。这一过程不仅需要耗费大量的时间，更需要充足的资源投入。为了在陌生市场中取得销售突破，企业必须通过建立全球性的供应链网络来提高生产和销售效率，以降低整体运营成本。

建立全球性的供应链网络是陌生市场开拓的关键一步。通过在不同国家或地区建立稳固的供应链合作关系，企业能够更加灵活地调配资源，降低采购成本，并确保产品的及时交付。这种全球性的供应链网络需要综合考虑各国家的法规、文化差异及物流条件，以确保整个供应链的协同运作。同时，企业还需要关注全球性的供应链风险，制订相应的风险管理计划，以规避可能对运营造成影响的因素，如自然灾害、政治动荡等。

生产和销售效率的提高是企业降低整体运营成本的重要途径。通过引入先进的生产技术、优化生产流程，企业能够降低生产成本，提高生产效率。在销售方面，企业需要通过市场调研和数据分析，制定精准的市场推广策略，以最小的成本获取最大的市场份额。在陌生市场推广过程中，与当地企业和平台的合作也是提高销售效率的关键，通过借助当地的资源和渠道，企业能够更迅速地适应市场需求，提升销售速度。

然而，要在陌生市场取得成功，企业需要充分认识到这一过程的时间和资源投入。在建立销售渠道的过程中，企业可能面临着一系列的试错与调整，而这需要相应的人力、财力和时间支持。因此，企业在战略规划中需明确考虑这些挑战，并制订长期的市场开拓计划，以确保在陌生市场中的可持续发展。

（三）战略管理和资源配置挑战

1. 多元化战略的协同与整合

在全球市场竞争激烈的背景下，电子商务企业为满足不同市场需求采取多元化的国际化策略。然而，这种多元化策略带来了战略管理和资源配置的挑战，要求企业在实施不同战略时确保协同与整合，以避免战略上的冲突，确保整体业务的协调一致。

协同与整合的关键在于建立高效的战略管理团队和明晰的组织结构。战略管理团队需要具备国际业务的战略敏感性和跨文化的管理能力，以便更好地理解和适应不同国家和地区的市场特点。这个团队负责协调各项国际化战略的制定和执行，确保它们相互配合，形成整体的业务战略。

同时，企业需要建立灵活而有效的组织结构，以适应多元化战略的需求。这可能包括设立专门的国际业务部门、战略执行团队等机构，以确保各个战略在实施过程中得到充分关注和支持。组织结构的灵活性还需要反映在人员配置、决策流程等方面，以应对不同国家和地区的业务差异，确保企业能够在全球范围内实现战略的协同和整合。

另外，信息技术的应用也是实现战略协同与整合的重要手段。企业可以借助先进的信息系统和数据分析工具，实现对全球业务的实时监控和数据分析。通过建立统一的信息平台，企业可以更好地了解各国市场的变化和趋势，及时调整战略，保持敏捷性。

战略协同与整合的过程还需要强调跨部门和跨团队的协作。不同国家和地区的市场可能涉及不同的业务流程、产品定位和市场营销策略，因此，各个部门之间需要紧密合作，确保各项战略在执行中没有矛盾和冲突。跨部门的沟通渠道和信息共享机制的建立对于确保战略协同与整合至关重要。

2. 人力与财力资源的灵活配置

在实施多元化的国际化战略过程中，人力和财力资源的灵活配置是确保战略有效执行的关键因素。企业需要根据各项国际化战略的需求，精确规划和灵活配置人才队伍，并保障财务资源的充足。这涉及人力资源管理和财务规划等方面的专业知识和技能，对企业整体竞争力具有重要影响。

人力资源的灵活配置涉及招聘、培训、绩效管理等多个方面。首先，企业需要根据国际市场的特点和需求，招聘具备跨文化沟通能力、国际业务经验的人才，以更好地适应多元化的国际业务环境。其次，在人才培训方面，企业应注重为员工提供跨国业务和国际市场营销等方面的培训，以提升他们的全球业务素养。最后，绩效管理则需要根据国际业务的特性进行调整，确保员工的绩效评估与国际化战略的目标一致。

财力资源的灵活配置涉及财务规划、预算控制和投资决策等方面。企业在制定国际化战略时需要合理评估所需财务资源，确保在执行战略过程中有足够的经费支持。同时，财务规划需要具备前瞻性，考虑到国际市场的不确定性，制定相应的应急预案。预算控制则需要严格执行，确保财务资源的有效利用。在投资决策方面，企业需要权衡风险与回报，谨慎选择投资项目，确保投资的长期盈利性。

人力和财力资源的灵活配置需要建立高效的管理机制。在人力资源管理方面，企业可以采用弹性的用工模式，例如雇用临时员工、借调外部专业人才等，以适应不同国家和地区市场的需求波动。在财务管理方面，企业需要建立灵活的资金流动机制，确保能够迅速调整资金分配，以应对突发的市场变化。

此外，信息技术的应用也对人力和财力资源的灵活配置起到了积极的作用。先进的信息系统可以帮助企业更好地进行人力资源管理和财务监控，实现全球范围内资源的实时监测和调配。通过建立统一的数字化平台，企业可以更灵活地应对国际市场的需求和变化，提高资源利用效率。

二、文化差异与国际化管理

（一）文化背景的多元性

1. 文化差异对国际化的影响

文化差异是企业在国际化过程中所面临的一项重大挑战。在全球化的背景下，各国家和地区拥有独特而多元的文化背景、消费习惯和法规体系，这种多元性极大地影响了企业在国际市场上的表现。因此，深刻理解并主动适应当地文化成为确保企业产品、服务和市场营销策略成功的关键要素。

文化差异在国际化过程中表现为多个方面。其一，语言和沟通方式的不同可能导致误解和沟通障碍。企业在国际市场上需要考虑多语言的使用，以确保与当地消费者、合作伙伴和员工的有效交流。同时，理解当地的商业礼仪和沟通习惯也是建立良好商业关系的重要因素。

其二，消费习惯和价值观的差异直接影响产品和服务的市场适应性。企业需要了解当地人们的购物习惯、消费心理和产品偏好，以调整产品设计、包装和定价策略。在服务方面，考虑到当地人们对服务质量和售后支持的期望也是至关重要的。

其三，法规体系的差异也是文化差异的一部分，对企业在国际化过程中的经营产生深远影响。不同国家和地区存在不同的法律法规和商业惯例，企业需要建立全面的法律团队，及时了解和遵守各国相关法规，以确保国际市场准入的合规性。这可能涉及合同法、知识产权法、劳动法等多个方面的法规遵守。

2. 文化融合与产品定位

在面对文化差异的挑战时，企业应当采取灵活的市场营销策略和产品定位，以更好地适应和融入当地市场。文化融合在产品定位中起到了关键的作用，通过融合本土文化元素，企业能够提高产品在当地市场的接受度，建立与当地消费者更紧密的联系。这一战略包括定制化产品、地方化宣传等方面，有助于企业在国际市场取得竞争优势。

一种有效的文化融合策略是通过产品定制化满足当地消费者的需求。企业可以根据不同文化背景和市场特点，调整产品的设计、功能或包装，使其更符合当地消费者的口味和偏好。这种个性化定制不仅提高了产品的市场适应性，还能够拉近企业与当地消费者的距离，增强品牌在当地市场的认可度。

另外，地方化宣传也是文化融合的重要手段之一。企业可以通过在广告、促销活动中融入当地的文化元素、语言和习惯，以增强品牌在当地市场的亲和力。这不仅能够提高广告的吸引力，更能够赢得当地消费者的认同感。例如，将产品的广告内容本地化，使用当地的名人或文化符号，能够更好地引起当地消费者的共鸣。

此外，企业还可以通过与当地企业或文化机构的合作，获取更深层次的文化理解，并将这些元素融入产品设计和市场营销中。这种合作不仅有助于企业更好地理解当地文化，还能够获得当地合作伙伴的支持，加强企业在当地市场的影响力。

（二）市场营销策略的灵活调整

1. 针对性广告与宣传活动

为了适应多元化的国际市场需求，企业在市场营销策略中采用了灵活的调整措施。其中，针对性广告和宣传活动成为实现国际化战略的重要手段。通过深入了解当地文化和消费者心理，企业能够设计更具吸引力的广告内容，从而提高品牌知名度，促进销售增长。

针对性广告的关键在于对目标市场的深度洞察。企业需要投入时间和资源，了解不同国家和地区的文化特点、消费习惯、社会价值观等方面的信息。只有通过深入的市场研究，企业才能更准确地把握当地消费者的需求和喜好，制定具有针对性的广告策略。

在进行针对性广告时,语言的选择是一个重要考虑因素。不同国家和地区使用不同的语言,而语言的表达方式和文化内涵也存在很大的差异。因此,企业需要确保广告语言的准确性和文化适应性,避免出现语言上的误解或文化上的冲突。有时,甚至需要进行广告语言的翻译和调整,以确保信息的传达更加精准。

此外,广告内容的设计也需要考虑当地文化的情境。不同文化有不同的审美标准、幽默观念和情感表达方式。企业在设计广告时,应当避免使用可能被误解或冒犯当地消费者的元素,确保广告内容与当地文化背景相契合。一种常见的做法是通过使用当地的符号、名人或传统元素,增加广告的本土感,提升当地消费者的亲和力。

针对性宣传活动也是在国际化市场中实现品牌知名度的重要手段。企业可以通过举办当地文化主题的活动、赞助本土体育赛事等方式,深度融入当地社会,提高品牌的社会影响力。这种宣传活动不仅仅是产品的推广,更是品牌与当地社区建立关系的过程,有助于树立积极的品牌形象。

2. 多渠道营销与推广

多渠道营销是企业在适应多元化国际市场需求时采取的一种有效调整策略。通过利用不同的销售渠道,如社交媒体、线上线下结合等,企业能够更全面地覆盖目标消费者群体,提高品牌曝光度,促进销售增长。这一策略的实施需要企业具备灵活性和创新性,以更好地适应和利用不同市场的特点和机会。

社交媒体是多渠道营销中不可或缺的一部分。随着全球社交媒体的普及,企业可以通过平台如 Facebook、Instagram、Twitter 等在全球范围内建立品牌形象。社交媒体的互动性和分享性使得企业能够更直接地与消费者进行沟通,了解他们的需求和反馈。通过发布吸引人的内容、进行线上促销和参与有关当地文化的话题,企业能够有效吸引和保持目标消费者的关注,推动品牌在社交媒体上的传播。

除了社交媒体,线上线下结合也是多渠道营销的重要手段。线上销售渠道可以通过建立自有电商平台或在第三方电商平台上销售产品,实现全球范围内的线上推广和销售。同时,线下渠道,如实体店铺、展览会等,能够直接面对当地消费者,提供实体体验,增强品牌的可感知性。通过将线上和线下销售渠道有机结合,企业能够更好地满足不同消费者的购物习惯和偏好。

多渠道营销的实施需要企业具备跨渠道的整合能力。企业需要建立高效的供应链和物流系统，确保产品能够迅速、准确地达到消费者手中。此外，企业还需要在不同渠道上进行品牌形象和信息的一致性管理，避免在多渠道推广中出现混乱和矛盾。通过建立统一的品牌定位和信息传递，企业能够在不同渠道上形成统一的品牌形象，提高品牌的可信度和稳定性。

多渠道营销的优势在于可以更全面、灵活地满足不同市场和消费者的需求，增加品牌在全球范围内的曝光度。然而，企业在执行多渠道营销策略时需要综合考虑不同渠道的管理和运营成本，确保整体营销效益的提升。通过精细化的数据分析和市场调研，企业能够更科学地制定多渠道营销策略，实现全球市场的可持续增长。

3.跨文化团队建设

在国际化管理中，跨文化团队建设是企业成功开拓国际市场的至关重要的一环。企业需要构建一个具有跨文化沟通能力的团队，使其能够理解和应对不同文化背景下的工作方式和沟通方式。跨文化团队的建设不仅需要注重员工的跨文化培训，还需要培养他们的跨文化敏感性，以促进团队协同效能，更好地适应多元化的国际市场。

首先，跨文化团队建设的第一步是确保团队成员具备足够的跨文化沟通能力。这包括语言能力、跨文化交际技巧和文化理解能力。语言是沟通的基础，团队成员需要能够流利地使用共同语言或采取有效的翻译手段。同时，了解并尊重不同文化的交际规则和礼仪也是确保跨文化团队协同工作的重要因素。

其次，跨文化培训成为团队建设的核心。企业需要为团队成员提供关于不同文化背景的培训，帮助他们更好地理解和适应在国际环境中的工作。培训内容可以涉及文化差异、跨文化沟通技巧、国际商务礼仪等方面，以增强团队成员的跨文化意识和能力。

除了培训，企业还可以通过组建跨文化交流小组或引入跨文化导师制度来促进团队成员之间的相互了解。小组成员可以分享自己的文化特点、工作风格和价值观，以建立更为紧密的团队关系。跨文化导师则可以为团队成员提供实用的建议和指导，帮助他们更好地适应和融入多元文化环境。

跨文化敏感性的培养也是跨文化团队建设的重要一环。团队成员需要学会尊重和理解不同文化的差异,避免对他人的文化误解和刻板印象。企业可以通过开展文化教育活动、促进团队成员之间的跨文化合作项目等方式,培养他们的跨文化敏感性,提高团队的整体适应力。

(三)客户关系管理的挑战

1. 文化差异对消费者决策的影响

在国际化过程中,文化差异对跨境电子商务中消费者的购买决策和对服务的期望产生深远的影响。不同文化下的消费者在面对商品或服务时,其决策过程和对服务的期望呈现出较大的差异。因此,企业在跨境电子商务中需要制定差异化的客户关系管理策略,以更好地满足跨文化消费者的需求,提升用户体验。

首先,文化差异影响着消费者的购买决策过程。在不同文化背景下,消费者对产品或服务的需求、偏好和价值观存在显著的差异,这直接影响了他们的购物决策。例如,一些文化注重产品的品质和性能,而另一些文化可能更注重产品的品牌形象和社会地位。因此,企业需要通过深入了解目标市场的文化特征,调整商品定位、市场推广和销售策略,以更精准地满足不同文化消费者的需求,促使其做出更符合本地文化的购买决策。

其次,文化差异也影响着消费者对服务的期望。不同文化下的消费者对服务的期望有所不同,包括售前咨询、售后服务、物流配送等方面。一些文化可能更注重人际关系和服务的人性化,而另一些文化可能更注重高效、迅速地服务。因此,企业在跨境电子商务中需要定制化的服务策略,根据目标市场的文化特点,提供符合消费者期望的个性化服务。这可能包括多语言客服、本地化的售后服务流程及符合当地文化礼仪的沟通方式等。

在客户关系管理方面,企业还需要注意文化差异对沟通和互动方式的影响。不同文化的消费者在与企业进行沟通时,语言表达、沟通风格、沟通频率等方面有着不同的习惯。企业需要根据目标市场的文化特征调整沟通策略,确保与消费者之间的沟通更为顺畅和有效。

2. 客户服务团队的跨文化培训

在跨境电子商务中,建立高效的客户服务团队对于保持良好的客户关系至关重要。为了应对不同文化背景下客户的习惯和期望,企业需要对客服团队进行跨文化培训,以确保其具备足够的文化敏感性和全球化服务能力。通过这样的培训,客服团队能够更好地理解和尊重不同文化的客户需求，提供更加定制化、周到的服务，从而增强企业在国际市场的声誉和客户忠诚度。

第一，跨文化培训需要包括对不同文化背景的理解。客服团队成员应该学会认识并尊重不同国家和地区的文化差异，包括但不限于语言、宗教、习俗、价值观等方面。这有助于避免由于文化误解而引起的沟通问题，提高客服团队处理国际客户问题的能力。

第二，培训内容还应该涵盖国际礼仪和沟通方式的差异。不同文化对于礼貌、沟通方式、表达感情等方面有着各自独特的规范，客服团队需要了解并适应这些差异。例如，一些文化可能更注重正式而有礼貌的表达方式，而另一些文化则更注重直接、简洁的沟通风格。通过培训，客服团队能够更好地应对不同文化客户的沟通期望，提供更贴近他们文化习惯的服务。

第三，跨文化培训还应强调国际商务潜在的文化敏感点。了解不同文化对于商务谈判、问题解决、投诉处理等方面的期望，可以帮助客服团队更有效地处理国际客户的各类问题。同时，团队成员需要学会在处理问题时保持冷静、客观，避免因文化差异引起的误解或冲突。

第四，培训应该强调客服团队的全球化服务意识。这包括对全球市场趋势的了解、对国际电商法规的熟悉及对国际客户服务最佳实践的把握。客服团队需要具备跨国思维，能够随时适应不同国家和地区的市场需求和变化，为客户提供更全面、专业的服务。

三、法规合规与国际市场准入

（一）法规合规问题的重要性

1. 国际化经营中法规合规的挑战

在国际化经营中，法规合规问题成为电子商务企业面临的重要挑战。不同国家对电子商务领域的法规要求存在较大差异，这使得企业在全球范围内经营时需要面对复杂而多变的法律环境。有效的法规合规管理对于保障企业在国际市场的顺利运营至关重要，而忽视法规合规可能导致国际市场准入障碍，甚至受到法律制裁。

第一，不同国家和地区制定了各自独特的电子商务法规，涉及数据隐私保护、网络支付、电子合同、知识产权保护等方面。这些法规的差异性可能导致企业在国际化经营中需要同时遵守多个不同的法规体系，这对企业的运营提出了严峻的法律合规挑战。例如，一些国家可能对个人隐私保护有着严格的法规，而另一些国家则对电子商务平台的责任承担提出更为具体的要求。

第二，法规的频繁变化和更新也给企业带来了挑战。在国际化经营中，企业需要及时了解并适应不同国家和地区的法规变化，以确保其业务始终符合最新的法规要求。这需要企业建立全面的法律团队，拥有对全球法律环境的深刻了解，并能够及时调整经营策略以满足法规的要求。忽视法规的更新可能导致企业在某些国家面临法律责任，并可能受到罚款等严重后果。

第三，电子商务跨境经营中的国际贸易政策也是一项需要高度关注的法规因素。各国的进出口政策、关税规定、贸易限制等都对电子商务的国际化经营产生直接影响。企业需要密切关注国际贸易协定的变化，灵活应对贸易政策的变化，以规避潜在的贸易风险。

2. 全球性法规趋势的跟踪

企业在国际化经营中需要密切关注全球性法规趋势，因为这对于维护合规性、调整经营策略及确保企业在不同国家和地区的顺利运营至关重要。在全球化的背景下，涉及数据隐私保护、知识产权保护等方面的法规变化可能对企业的国际化经营产生深远的影响。因此，建立敏感的法规监测系统，对法规变化保持高度警觉，成为企业应对全球性法规趋势的关键。

其一，全球性法规趋势中一个显著的方向是数据隐私保护。随着数字化时代的到来，各国对个人数据的保护提出了越来越严格的法规要求。例如，《通用数据保护条例》（GDPR）规定了对于在欧盟境内处理个人数据的相关规范，而加拿大、澳大利亚等国家也陆续颁布了相关的数据隐私法规。企业需要关注这些法规的变化，合规处理用户数据、建立隐私政策成为保障企业在全球范围内合法运营的基础。

其二，知识产权保护也是全球性法规趋势中的一个关键领域。各国对于知识产权的法规要求不断升级，包括专利、商标、著作权等方面。企业需要时刻关注各国知识产权法律的变化，确保在全球范围内的产品和服务都能够得到充分的法律保护。同时，防范知识产权的侵权风险，积极采取保护措施也成为企业的法规合规策略之一。

针对全球性法规趋势的跟踪，企业可以建立法规监测系统，通过监控各国政府、国际组织发布的法规变化，及时获取最新信息。这需要法务团队具备国际法律知识，深入了解各国法规体系，并能够迅速做出应对策略。同时，企业可以通过与专业法律顾问建立合作关系，获取及时的法律咨询和建议，以更好地应对全球性法规趋势的挑战。

在全球化的商业环境中，对全球性法规趋势的跟踪是企业合规管理的重要组成部分。通过建立敏感的法规监测系统，企业能够更好地应对法规的动态变化，降低合规风险，确保国际化经营的可持续发展。

（二）贸易政策的灵活应对

1. 国际贸易政策的动态变化

跨境电子商务企业在国际市场中面临着不断变化的国际贸易政策，这受到政治、经济等多方面因素的影响。为了保持合规性、规避潜在的贸易风险，企业需要灵活应对这些政策的动态变化。全球贸易政策的不确定性和变动性使得企业必须建立敏感的贸易政策监测机制，以便及时调整进出口策略，确保国际市场准入的合规性。

其一，政治因素对国际贸易政策的动态变化产生着深远影响。国际关系的变动、贸易协定的调整及领导层的变更都可能导致国家对外贸易政策的调整。企业需要密切关注各国政治动态，预测可能的贸易政策变化，并制定相应的调整策略。这需要企业建立政治风险评估体系，及时获取并分析相关信息，以应对政治因素对国际贸易政策的潜在影响。

其二，经济因素也是影响国际贸易政策变化的重要因素。全球经济形势的波动、国家经济政策的调整都可能引发贸易政策的调整。企业需要密切关注全球宏观经济走势，了解各国货币政策、贸易平衡等情况，以便及时调整供应链、市场定位等方面的策略，降低经济因素对贸易政策的冲击。

其三，全球性问题如环境保护、劳工权益等也在一定程度上影响着国际贸易政策的变化。一些国家可能出台环保法规，对进口产品提出更高的环保要求；或者强化对劳工权益的保护，对违反相关规定的企业实施制裁。企业需要关注这些全球性问题的发展趋势，制定相应的战略，以确保产品和服务在国际市场上的合规性。

在应对国际贸易政策的动态变化时,企业的贸易政策监测机制应包括政治、经济、全球性问题等多个方面的信息收集和分析。建立专业的团队,与政府机构、行业协会等建立紧密合作关系,获取及时、准确的信息。同时,企业需要灵活调整战略,保持敏捷性和应变能力,以适应国际贸易政策的变化,确保企业在不断变化的环境中保持竞争优势。

2. 贸易风险管理与预案制定

跨境电子商务中,贸易风险管理及应对措施是企业在国际市场中成功运营的关键之一。企业需要采取一系列措施来降低贸易风险,并制定灵活的应急预案以应对国际贸易环境的不确定性。这涉及对供应链的合规性检查、库存管理的灵活调整等方面的综合计划。通过制订全面的贸易风险管理计划,企业能够更好地应对国际市场的不确定性和波动。

首先,对供应链的合规性检查是贸易风险管理的重要一环。企业需要确保其供应链体系符合各国家和地区的法规要求,包括但不限于关税、进出口许可、产品标准等。通过建立全面的供应链合规性检查机制,企业可以及时发现和纠正潜在的合规问题,降低因供应链合规性不足而带来的贸易风险。

其次,库存管理的灵活调整对于应对市场波动和贸易不确定性至关重要。企业需要建立敏感的库存管理系统,通过实时监控市场需求、采购成本、供应链状况等因素,灵活调整库存水平。这有助于避免库存积压、降低滞销风险,提高企业对市场变化的快速应变能力。

在制定应急预案时,企业还需考虑到国际贸易政策的变化。由于各国在贸易政策上存在不确定性,企业需要建立一个具备应对政策变化的机制。这包括但不限于对关税、进出口规定、贸易条款等方面的变化进行实时跟踪,并及时调整供应链、市场定位等方面的策略。

四、供应链管理的全球优化

(一)供应链管理的关键作用

1. 供应链对企业竞争力的决定性影响

在企业国际化过程中,供应链管理的优化成为决定竞争力的关键因素。一流的供应链管理不仅可以降低采购成本,提高物流效率,还能够为企业在国际市场中创造持续的竞争优势。

首先，供应链的优化对于降低采购成本至关重要。通过与供应商建立紧密的合作关系，企业可以实现更好的采购条件，包括价格谈判、批量优惠等。同时，优化供应链还能够降低库存持有成本，通过实时的库存管理系统，企业可以减少库存积压，避免产品过时滞销，从而降低了整体采购成本。

其次，物流效率的提升是供应链管理优化的重要目标之一。在国际化经营中，跨境物流涉及复杂的运输、清关、分销等环节，而这些环节的高效协同对于提高物流效率至关重要。通过建立全球性的物流网络、采用先进的信息技术，企业可以实现物流流程的优化，减少运输时间和成本，提高交付的及时性。

再次，供应链的优化也涉及风险管理。在国际市场中，供应链可能面临各种不确定性和风险，例如自然灾害、政治动荡、供应商破产等。通过建立风险评估机制、多元化的供应商网络及制订应急计划，企业可以更好地应对潜在的供应链风险，确保供应链的稳健运营。

2. 全球化供应链趋势

随着全球化的不断深入，企业在国际市场上取得竞争优势的关键之一是密切关注全球范围内供应链的变化趋势。这些趋势涵盖了供应链数字化、智能物流系统的应用及可持续发展的实践，对企业在全球市场中的表现产生深远的影响。

其一，供应链数字化是全球化供应链的重要趋势之一。通过采用先进的信息技术和数字化工具，企业能够实现对供应链各个环节的实时监控和数据分析，提高供应链的透明度和效率。数字化还能够带来更精准的需求预测和库存管理，降低企业库存成本，提高库存周转率。这使得企业能够更灵活地应对市场需求的波动，提高对市场变化的敏感性。

其二，智能物流系统的应用是全球化供应链的另一大趋势。通过利用物联网、大数据分析和人工智能等技术，企业可以实现对物流过程的智能化管理。智能物流系统能够优化运输路线、提高运输效率，同时提供实时跟踪和监测服务，确保产品在全球范围内的安全、快速运输。这对于提升供应链的可靠性和快速响应市场变化具有重要意义。

其三，可持续发展的实践也成为全球化供应链的重要方向。企业在国际市场中越来越受到环保法规和社会责任的关注，可持续发展已经成为企业经营的不可或缺的一部分。在供应链中，可持续发展意味着更加环保的生产方式、更加可持续的资源利用，以及更加关注员工福利和社会责任的企业文化。这不仅有助于企业在全球市场中建立良好的形象，还能够吸引越来越关注可持续性的国际消费者。

（二）全球范围内的供应链优化

1.采购成本降低的关键手段

企业在全球范围内降低采购成本的关键手段之一是通过优化供应链，整合全球资源，以建立高效而竞争力强大的采购体系。在这一过程中，与全球供应商建立紧密的合作关系、采用有效的采购策略等成为至关重要的步骤，以确保企业能够获取高质量且具有竞争力的原材料和零部件，从而实现成本的有效控制。

第一，建立紧密的合作关系是采购成本降低的核心。通过与供应商建立战略性的伙伴关系，企业可以实现更为深入的合作，包括共同研发、共享信息和资源等。这种伙伴关系不仅能够提高供应链的稳定性，还能够在采购中实现规模效应，从而降低采购成本。通过与供应商的紧密协作，企业能够更好地应对市场波动，提高对供应链的掌控力。

第二，采用有效的采购策略也是关键。这包括采用竞争性招标、多元化供应商来源、灵活的采购合同等策略。竞争性招标可以帮助企业获取最有竞争力的报价，多元化供应商来源可以降低对单一供应商的依赖，灵活的采购合同则有助于在市场变动时进行灵活调整。通过精心设计的采购策略，企业可以更好地平衡成本、质量和可靠性的关系，实现采购成本的最小化。

第三，积极利用信息技术也是采购成本降低的有效手段。采用先进的采购管理系统、数据分析工具等，能够帮助企业实时了解市场动态、优化库存管理、进行精准的需求预测等。通过信息技术的支持，企业可以更加灵活地调整采购计划，降低库存持有成本，提高供应链的敏捷性。

2.信息技术在供应链中的应用

信息技术在供应链中的应用是全球供应链优化不可或缺的重要因素。通过采用先进的技术工具，企业能够实现对供应链的全面管理和优化，从而提升整体效能。

其一，物联网（IoT）的应用是信息技术在供应链中的一个关键方面。通过在物流和生产环节中嵌入传感器和智能设备，企业可以实时监控物流运输过程、仓储环境及生产设备的状态。这种实时监控有助于提高供应链的透明度，使企业能够更精确地了解产品流向和库存状况,从而更灵活地调整生产和配送计划。

其二,大数据分析在供应链管理中的应用也是至关重要的。通过收集和分析大量的供应链数据,企业可以从中发现潜在的趋势、优化运营流程、预测市场需求等。大数据分析的结果可以为企业提供更准确的预测和决策支持,有助于降低库存水平,减少滞销风险,提高物流效率。

其三,信息技术的应用还支持跨国企业建立全球性的协同工作平台。通过云计算和协同软件,企业可以实现全球范围内各个环节之间的高效沟通与协同。这种协同工作平台使得不同国家和地区的团队能够实时共享信息、协调工作,提高整个供应链的协同效能。

第三节　跨文化营销策略

一、文化分析与定位

(一)文化分析的重要性

文化分析是跨文化营销中至关重要的一环,它涉及对目标市场文化特点的深入了解和分析。这不仅仅是为了满足当地消费者的需求,更是为了确保产品或服务在目标市场中能够得到认可和接受。以下是文化分析的重要性所在:

1.深入了解目标市场

文化分析使企业能够深入了解目标市场的文化特点,这是跨文化营销中至关重要的一环。了解目标市场的文化特点有助于企业更好地把握当地消费者的需求和偏好,从而制定更符合市场需求的营销策略。

在文化分析过程中,企业可以通过多种途径获取目标市场的文化信息。市场调研是其中一种常用的方法,通过收集市场数据和消费者反馈,企业可以了解到目标市场的消费习惯、文化偏好等信息。此外,文化研究和专家咨询也是获取文化信息的重要渠道,通过对目标市场文化背景的深入研究和专家意见的咨询,企业可以更全面地了解目标市场的文化特点。

2.定位产品或服务

文化分析有助于企业确定产品或服务在目标市场中的定位。在了解了目标市场的文化特点之后,企业可以根据这些文化特点调整产品设计、包装、定价等方面，以使产品更符合当地消费者的口味和期待。

例如，某企业准备进入亚洲市场，经过文化分析发现，当地消费者更注重产品的功能性和实用性，对产品的外观设计和品质要求较高。因此，企业可以针对这一特点调整产品设计，提高产品的实用性和品质水平，以更好地满足当地消费者的需求。

3. 塑造品牌形象

文化分析有助于企业塑造在目标市场中的品牌形象。通过在品牌宣传和营销活动中体现当地的文化元素和价值观念，企业可以增强与当地消费者的情感共鸣，提升品牌的认可度和影响力。

例如，一家国际化的餐饮连锁企业在进入新的市场时，会根据目标市场的文化特点调整店面装修风格、菜品口味和服务方式，以使品牌更加贴近当地消费者的生活方式和文化习惯，从而塑造出与当地文化相契合的品牌形象。

4. 提升营销效果

准确的文化分析可以帮助企业制定更有效的营销策略，从而提升营销效果。针对不同文化背景的消费者制定个性化的营销方案，能够更好地吸引目标受众，提升销售业绩。

例如，某企业通过对目标市场的文化特点进行深入分析，发现当地消费者更注重产品的品质和服务体验。因此，企业可以调整营销策略，强调产品的品质和服务优势，从而更好地吸引目标受众，提升销售业绩。

（二）文化分析的实施方法

在进行文化分析时，企业可以采用多种方法和途径，以获取关于目标市场文化的深入了解。以下是一些常用的文化分析方法：

1. 市场调研

通过市场调研，企业可以系统地了解目标市场的消费者行为、购买习惯、偏好等方面的数据，为文化分析提供了实际的依据和参考。市场调研可以采用多种方法，包括定性和定量的方式，以全面了解目标市场的文化特点。首先，市场调研能够收集到消费者的行为数据，这包括他们的购买行为、消费习惯及对不同产品的偏好。通过分析这些数据，企业可以了解到目标市场的消费趋势和消费者行为的规律，从而有针对性地制定营销策略。其次，市场调研还能够帮助企业了解目标市场的文化需求。消费者的文化需求对产品或服务的设计、宣传语言、品牌形象等方面都有重要影响。通过市场调研，企业可以深入了解消费者对于文化元素的认同和期待，以确保产品或服务能够与当地文化相契合。此外，市场调研还能够探究目标市场的社会价值观念。不同的文化背景和社会环境会影响消费者对于品牌的态度和看法。通过了解目标市场的社会价值观念，企业可以更好地把握消费者的心理需求，从而更好地进行品牌定位和营销策略的制定。市场调研可以采用多种方式进行，包括在线调查、实地走访、市场报告等。通过对调研结果的分析和总结，企业可以更准确地了解目标市场的文化特点，为后续的营销活动提供指导和支持。

2. 文化研究

文化研究是企业深入了解目标市场文化特点的重要手段。通过文化研究，企业可以系统地了解目标市场的语言、宗教、节日、传统习俗等方面的内容，为跨文化营销提供更深入的理解和支持。文化研究可以采用多种方法和途径，包括：

（1）文献研究

文献研究是通过收集相关的书籍、论文、报告等资料，深入了解目标市场的历史、文化传统和社会背景的方法。通过阅读和分析相关文献资料，企业可以获取到丰富的信息和深入的理解。这些文献资料可以包括历史书籍、民俗学专著、社会学研究报告等，通过对这些资料的系统梳理和分析，企业可以更全面地把握目标市场的文化脉络和特点。

（2）实地考察

实地考察是企业前往目标市场进行实地调研和观察的方法。通过亲身体验目标市场的生活环境、文化氛围和社会风貌，企业可以更直观地了解当地人的生活方式、文化习俗、价值观念等。实地考察可以包括参观当地的历史遗迹、文化景点，观察当地人的日常生活，甚至参与当地的传统节日和庆典活动，以获取更深入的文化体验和理解。

（3）文化交流

文化交流是通过与当地居民进行交流和互动，了解他们的文化认同和生活态度的方法。企业可以与当地居民进行深入的对话和交流，了解他们对于文化、价值观念、社会习俗等方面的看法和态度。这种直接的沟通和互动可以帮助企业更贴近当地人民，更全面地了解目标市场的文化背景和特点，为后续的营销策略和品牌定位提供参考和支持。

3. 专家咨询

与文化专家或当地顾问进行沟通和咨询是获取目标市场文化信息的有效途径之一。专家咨询可以帮助企业更准确地理解目标市场的文化背景和特点，为文化分析提供专业见解和建议。企业可以通过以下方式与专家进行咨询：

（1）雇佣文化专家

企业可以选择雇佣具有跨文化背景和经验的专家，为企业提供文化分析和建议。这些文化专家通常具有深厚的学术背景和丰富的实践经验，能够为企业提供系统的文化分析和定制化的解决方案。他们可以通过对目标市场的深入研究和分析，为企业提供针对性的文化建议，帮助企业更好地理解目标市场的文化特点，制定相应的营销策略和品牌定位。

（2）向当地顾问咨询

企业可以与当地的顾问或咨询公司合作，获取关于目标市场文化的专业意见和建议。当地顾问通常具有对目标市场文化的深入了解和熟悉，能够为企业提供当地文化的实时动态和最新趋势。通过与当地顾问的合作，企业可以更快地获取到准确的文化信息和建议，为跨文化营销策略的制定和实施提供有效支持。

4. 参与当地活动

参与当地活动是了解目标市场文化的一种有效途径。企业可以通过参与当地的文化活动和社区活动，与当地居民进行互动和交流，深入了解当地文化的传统和价值观念，从而更好地把握目标市场的文化特点。企业可以参与的当地活动包括：

（1）文化节日

参加当地的传统节日庆祝活动是了解目标市场文化的重要途径之一。在节日庆祝活动中，企业可以观察当地人的传统习俗、庆祝方式和文化活动，感受当地的节日氛围和文化气息。通过参与节日庆祝活动，企业可以更深入地了解目标市场的文化特点和消费者需求。

（2）社区活动

参与当地社区组织的志愿者活动或公益活动是了解目标市场文化的另一种途

径。通过参与社区活动，企业可以与当地居民进行互动和交流，了解他们的生活态度、社会价值观念和文化认同。企业可以通过志愿者活动或公益活动与当地社区建立联系，促进品牌与社区的互动与融合，提升品牌在当地的知名度和美誉度。

（3）文化展览

参观当地的文化艺术展览和博物馆是了解目标市场文化的另一种途径。通过参观文化艺术展览和博物馆，企业可以了解当地的艺术品、手工艺品、历史文物等文化产品，感受当地的文化氛围和精神内涵。企业可以通过参观文化展览来获取关于目标市场文化的直观感受和深入理解，为跨文化营销策略的制定和实施提供参考和支持。

二、语言和内容适配

（一）语言翻译

1.语言翻译的重要性

语言翻译在跨文化营销中具有至关重要的地位。它不仅仅是简单的文字转换，更是信息传达和文化沟通的桥梁。首先，语言翻译能够确保品牌信息和产品描述的准确传达。在进入新的市场时，消费者需要了解产品的特点、功能和优势，以及品牌的核心价值和理念。如果信息没有经过准确的翻译，可能会导致误解或混淆，影响消费者对产品的理解和接受。其次，语言翻译有助于提升品牌形象和声誉。准确的翻译可以传达企业的专业性和可信度，增强消费者对品牌的信任感。消费者更愿意购买那些能够准确传达信息并与他们语言习惯相契合的产品，因此，语言翻译直接影响到品牌在目标市场的认知和接受程度。此外，语言翻译还能够提升市场竞争力和销售业绩。在全球化的今天，市场竞争日益激烈，企业需要通过有效的跨文化营销策略来吸引和留住消费者。准确的语言翻译可以帮助企业更好地吸引目标受众，提升产品在市场上的竞争力，从而增加销售额和市场份额。再次，语言翻译有助于促进文化交流和理解。在跨文化营销中，语言不仅仅是信息传达的工具，更是文化之间交流和沟通的桥梁。通过语言翻译，消费者可以更好地了解其他国家和地区的文化和价值观，促进不同文化之间的相互理解和尊重。

2.语言翻译的复杂性

语言翻译的复杂性远远超出了简单的文字转换。它涉及多个层面的考量，包括语言习惯、文化背景、表达方式等方面的综合因素。首先，不同语言之间存在着词汇、语法和语义等方面的差异。一个词在不同语言中可能有不同的含义或语境，因此，翻译人员需要具备良好的语言功底和语言感知能力，以确保准确地传达原文的意思。其次，语言翻译还受到文化背景和价值观念的影响。不同文化之间存在着不同的思维模式、行为习惯和社会规范，这些因素会直接影响到翻译的准确性和适应性。因此，在进行翻译时，我们必须充分考虑目标受众的文化背景，避免因文化差异而导致误解或不适当的表达。此外，表达方式也是语言翻译中的一个重要因素。不同语言有着不同的表达方式和修辞手法，有些表达方式在另一种语言中可能无法完全对应或保持原文的效果。因此，翻译人员需要具备灵活的语言运用能力，以便在保持原文意思的基础上，找到最合适的表达方式。

3. 多语种翻译的需求

随着全球化的不断深入，企业在全球范围内开展业务已成为常态。在这种背景下，面对不同国家和地区的消费者，企业需要面对多语种翻译的挑战。不同的目标市场使用不同的语言，因此，企业必须具备应对多语种翻译的能力和资源，以满足不同消费者群体的语言需求，从而提升产品在全球市场的竞争力。首先，多语种翻译的需求源自消费者多样化的语言需求。随着全球市场的开放和互联网的普及，消费者不再局限于本地市场，他们可能来自不同国家和地区，使用不同的语言进行交流和沟通。为了更好地与这些消费者进行沟通和交流，企业需要将产品信息、广告宣传等内容翻译成多种语言，以满足消费者的语言需求。其次，多语种翻译能够拓展企业的市场覆盖范围。通过将产品信息翻译成多种语言，企业可以进入更多的国家和地区市场，拓展业务范围，实现全球化布局。这不仅可以增加企业的销售额和利润，还可以降低企业的市场风险，提升企业在全球市场的竞争力。另外，多语种翻译也有助于提升品牌形象和声誉。通过提供多语种服务，企业可以展现其国际化的形象，体现对全球消费者的尊重和关注。消费者更倾向于选择那些能够提供本地化服务的企业，因此，多语种翻译可以帮助企业树立良好的品牌形象，增强消费者的信任和认可度。

（二）本地化调整

1. 本地化调整的意义

本地化调整在跨文化营销中具有重要的意义，它能够帮助企业更好地适应目标市场的文化和消费习惯，从而提升产品的市场竞争力和销售业绩。首先，本地化调整有助于提高产品的接受度和认可度。不同国家和地区有着不同的文化传统、价值观念和消费习惯,消费者对产品的需求和偏好也存在差异。通过进行本地化调整,企业可以使产品更符合当地消费者的口味和文化背景,提高产品在目标市场的接受度和认可度。其次,本地化调整可以增强品牌与消费者之间的情感联系。消费者更倾向于选择能够与自己产生情感共鸣的品牌,而本地化调整正是帮助企业实现与消费者情感连接的重要途径。通过在产品设计、广告宣传等方面融入当地文化元素和符号,企业可以增强与消费者之间的情感联系,提升品牌的认知度和影响力。另外,本地化调整有助于提升营销活动的效果和效率。针对不同文化背景和消费习惯的消费者,企业需要制定相应的营销策略和方案。通过本地化调整,企业可以更准确地把握目标市场的需求和偏好,制定个性化的营销策略,从而提高营销活动的效果和效率,降低市场推广成本。再次,本地化调整还有助于降低市场风险和经营风险。了解和尊重当地的文化和消费习惯,可以减少因文化差异而产生的误解和冲突,降低企业在目标市场的经营风险,增加市场竞争优势。

2.本地化调整的内容

本地化调整在跨文化营销中是一项复杂而重要的工作,涉及多个方面的内容调整,以确保产品和营销活动能够与当地文化相契合,提升消费者的认同感和购买欲望。首先,产品外观和功能的调整是本地化调整的重要方面之一。不同文化背景的消费者对产品的外观和功能有着不同的偏好和需求。因此,企业可能需要根据目标市场的文化特点和消费习惯,对产品的颜色、形状、尺寸等外观特征进行调整,以适应当地的审美观念和使用习惯。此外,企业还可能需要对产品的功能进行调整,以满足当地消费者的实际需求和生活方式。其次,广告宣传内容的调整也是本地化调整的重要内容之一。广告是企业与消费者之间沟通的桥梁,其内容必须能够引起目标受众的共鸣和认同。因此,在进行广告宣传时,企业需要根据目标市场的文化特点和社会习俗进行调整,选择合适的表达方式和情感诉求,确保广告内容能够与当地消费者产生共鸣,并有效地传达产品的核心价值和品牌理念。另外,价格策略的调整也是本地化调整的重要内容之一。不同国家和地区的消费者对价格敏感度和消费能力有所不同,因此,企业可能需要根据目标市场的消费习惯和市场竞争情况,调整产品的定价策略,以确保产品的价格具有竞争力,并能够吸引目标消费者的购买欲望。同时,企业还需要考虑当地的货币政策和汇率波动等因素，制定合理的定价策略，降低价格风险和经营风险。

3. 本地化调整的挑战

本地化调整在跨文化营销中是一项关键性工作，旨在确保产品和营销活动能够与当地文化相契合，提升消费者的认同感和购买欲望。然而，尽管本地化调整具有重要意义，但其在实践中却面临着一些挑战。首先，跨文化的理解和沟通可能存在障碍，这是本地化调整面临的主要挑战之一。不同文化背景之间存在着语言、价值观念、社会习俗等方面的差异，这些差异可能导致企业在本地化调整过程中的误解或不适应。例如，某些文化符号在不同地区可能具有不同的含义，如果企业没有深入了解当地文化，可能会出现误解或不当使用，影响营销效果和品牌形象。其次，不同市场之间的差异性和多样性也增加了本地化调整的复杂度和成本。不同国家和地区之间存在着政治、经济、文化等方面的差异，因此，企业需要针对每个目标市场进行个性化的调整，以满足当地消费者的需求和偏好。这意味着企业需要投入更多的人力、物力和财力资源，进行市场调研、文化分析和产品定制，这增加了企业的经营成本和风险。此外，全球化进程的加速也给本地化调整带来了新的挑战。随着信息技术的发展和国际交流的增加，消费者对产品和品牌的认知和期待也变得更加多样化和个性化。因此，企业需要不断更新和调整本地化策略，以应对不断变化的市场环境和消费者需求，保持竞争力和持续发展。

（三）文化符号的合理运用

1. 文化符号的作用

在跨文化营销中，运用当地的文化符号可以帮助企业更好地与目标受众进行情感连接，增强品牌形象和广告效果，从而提升产品在目标市场的认可度和影响力。首先，文化符号具有情感共鸣的作用。许多文化符号与人们的情感经历和价值观念密切相关，能够触发人们的情感共鸣和认同感。通过运用当地的文化符号，企业可以与目标受众建立起情感联系，增强消费者对品牌的信任和忠诚度。其次，文化符号具有信息传递的作用。文化符号往往承载着丰富的文化内涵和象征意义，能够传递特定的信息和价值观念。通过巧妙地运用当地的文化符号，企业可以有效地传达品牌理念、产品特点及企业文化，吸引目标受众的注意力，提升广告效果和品牌认知度。此外，文化符号还具有文化认同和身份认同的作用。人们通常会将自己与所属文化的符号联系在一起,作为自己文化认同和身份认同的一部分。因此,当企业运用当地的文化符号时,能够引起目标受众的认同感,增强品牌与消费者之间的情感联系,促进消费者对产品的购买和使用。

2. 文化符号的选择

在进行广告宣传和品牌推广时,选择合适的文化符号至关重要,因为它们可以有效地触动目标市场消费者的情感和认知,从而增强品牌与消费者之间的情感联系,提升品牌认知度和忠诚度。文化符号的选择应该充分考虑目标市场的文化特点和消费者偏好,以确保广告宣传的有效性和成功度。首先,文化符号应该与目标市场的传统文化相关。这些文化符号可能包括特定的节日、传统习俗、重要历史事件等,它们在当地具有深厚的文化意义和象征性,能够引起消费者的共鸣和情感共鸣。例如,在中国市场,春节红包和龙舟节等传统节日都是具有强烈文化象征意义的符号,可以被巧妙地运用在广告宣传中,引起消费者的关注和共鸣。其次,文化符号应该是当地消费者熟悉并认同的。选择与目标市场消费者熟悉度高的文化符号,可以更容易地吸引他们的注意力,并使他们产生情感认同和好感。例如,一些特定的动物、建筑物、食物等可能是当地消费者非常熟悉和喜爱的文化符号,可以被用作广告宣传的重要元素,增强品牌与消费者之间的情感联系。此外,文化符号的选择还应考虑目标市场的文化敏感度和接受度。一些文化符号可能在不同文化之间具有不同的解读和理解,因此,企业在选择文化符号时需要慎重考虑,避免引起消费者的误解或不适。在选择文化符号时,企业可以进行市场调研和消费者反馈,以确保选择的符号能够得到目标市场消费者的认可和喜爱。

三、社交媒体和网络营销

(一)选择合适的社交媒体平台

1. 市场调研

在进行跨文化营销时,选择适合的社交媒体平台至关重要。这需要企业进行深入的市场调研,以了解目标市场的社交媒体使用情况、偏好和趋势。不同国家和地区的消费者对于社交媒体的偏好存在显著差异,因此,了解并把握目标市场的社交媒体格局是制定有效营销策略的关键。

在中国,微信和微博是两个备受欢迎的社交媒体平台。微信作为一款多功能的社交通信工具,拥有庞大的用户群体,包括个人用户和企业用户。微信提供了朋友圈、公众号、小程序等多种功能，企业可以通过发布朋友圈动态、开设公众号进行内容营销，或者开发小程序实现线上销售和服务。微博则是一个类似于Twitter的微博客平台，用户可以通过发布短文、图片、视频等形式进行内容分享和互动，是企业展示品牌形象和传播信息的重要平台。

相比之下，在美国，Facebook和Instagram是最受欢迎的社交媒体平台之一。Facebook作为全球最大的社交媒体平台之一，拥有庞大的用户群体，覆盖了各个年龄段和社会群体。企业可以通过创建Facebook页面、发布内容、参与社群互动等方式，与消费者建立联系，推广产品和服务。Instagram则是一个以图片和视频为主的社交媒体平台，尤其受到年轻人和时尚人士的青睐。企业可以通过发布精美的图片和视频内容，展示产品特色和品牌形象，吸引用户关注和互动。

在选择社交媒体平台时，企业还需要考虑目标受众的特点和偏好。例如，在一些发展中国家，由于互联网普及程度较低，手机普及率较高，社交媒体用户更倾向于使用WhatsApp等即时通信应用。因此，企业需要根据目标市场的特点和消费者群体的喜好，选择适合的社交媒体平台，制定针对性的营销策略，以提升品牌曝光度和影响力，实现营销目标的最大化。

2. 目标受众分析

目标受众的详细分析对于跨文化营销策略的制定至关重要。在进行目标受众分析时，企业需要考虑多个方面的特征，包括年龄、性别、地理位置、兴趣爱好等。这些信息可以帮助企业更好地了解目标受众群体，从而选择适合的社交媒体平台，并制定针对性的营销策略，以确保营销活动能够精准地触达目标受众。首先，年龄是一个重要的目标受众特征。不同年龄段的人群可能对于产品或服务有着不同的需求和偏好。例如，年轻一代可能更倾向于使用新兴的社交媒体平台，而中老年人则更可能使用传统的社交媒体平台。因此，对于年龄分布广泛的目标受众群体，企业需要选择多个社交媒体平台，并制定相应的营销内容，以满足不同年龄段受众的需求。其次，性别也是一个需要考虑的重要因素。不同性别的消费者可能对于产品或服务有着不同的认知和偏好。例如，美妆产品可能更受女性受众的青睐，而汽车产品可能更受男性受众的关注。因此，在选择社交媒体平台和制定营销内容时，企业需要考虑目标受众的性别构成，以确保营销活动能够精准地触达目标受众群体。此外，地理位置也是一个重要的目标受众特征。不同地区的消费者可能具有不同的文化背景、消费习惯和购买能力。因此，企业需要根据目标市场的地理位置选择适合的社交媒体平台，并制定针对性的营销策略，以确保营销活动能够有效地覆盖目标地区的受众群体。最后，兴趣爱好也是影响目标受众行为的重要因素。通过了解目标受众的兴趣爱好，企业可以更好地把握其消费需求和行为习惯，从而选择适合的社交媒体平台，并制定具有吸引力的营销内容。例如，对于喜爱户外运动的受众群体，企业可以选择在户外运动类社交媒体平台上进行营销推广，以吸引目标受众的注意力。

3. 平台特点评估

评估不同社交媒体平台的特点和功能，选择与企业品牌形象和营销目标相匹配的平台，考虑平台的用户规模、用户活跃度、内容传播方式等因素，以确定最适合的营销渠道。

（二）灵活运用当地的社交媒体营销策略

1. 文化符号的运用

在进行跨文化营销时，选择合适的社交媒体平台至关重要。不同的社交媒体平台具有不同的特点和功能，因此企业需要对它们进行综合评估，以确定与企业品牌形象和营销目标相匹配的平台。首先，企业需要考虑平台的用户规模和用户活跃度。社交媒体平台的用户规模直接影响到营销活动的受众覆盖面，用户活跃度则影响到营销内容的传播效果。其次，企业需要考虑平台的内容传播方式和互动性。一些社交媒体平台更注重视觉内容的传播，适合产品或服务具有视觉吸引力的企业进行营销推广。而一些平台则更注重用户间的互动和沟通，如微信，适合开展与用户互动频繁、内容更新快速的营销活动。此外，企业还需考虑平台的广告投放方式和定位能力。一些社交媒体平台提供了多样化的广告投放形式，可以帮助企业更精准地触达目标受众群体。因此，企业需要根据自身的品牌定位和营销目标，选择具有适合的广告投放方式和定位能力的社交媒体平台。

2. 网络影响者合作

与当地的社交媒体网红或意见领袖合作是跨文化营销中一种有效的策略。这些网络影响者通常在社交媒体上拥有大量的粉丝和高度的影响力，能够迅速吸引目标受众的注意力，帮助企业快速建立品牌形象，提升产品在目标市场的曝光度和影响力。首先，通过与网络影响者合作，企业可以借助他们在社交媒体上积累的粉丝基础和影响力，将品牌信息传播给更多的目标受众。这些网络影响者通常拥有大量的粉丝，其发布的内容能够迅速在社交媒体上传播，帮助品牌快速扩大曝光范围，吸引更多的关注和注意。其次，与网络影响者合作可以提升品牌的认知度和好感度。由于网络影响者在社交媒体上拥有一定的权威性和信任度，他们所推荐或代言的产品往往会受到粉丝的高度关注和认可。因此，企业通过与网络影响者合作，可以借助他们的影响力和号召力，提升品牌在目标市场的认知度和好感度，增强消费者对品牌的信任和忠诚度。

四、品牌形象与文化融合

在全球化的背景下，品牌需要考虑目标市场的文化因素，以确保其形象在当地具有吸引力和认可度。品牌名称、标识、形象、色彩等元素都是构成品牌形象的重要组成部分，它们需要与当地文化相融合，体现出品牌与目标市场的契合度，从而更好地吸引和留住当地消费者。

（一）品牌名称的选择至关重要

1. 易于发音与记忆

选择一个易于发音和记忆的品牌名称对于品牌的传播至关重要。易于发音的品牌名称可以帮助消费者更容易地口头传播品牌信息，增加品牌在口碑传播中的覆盖范围。此外，易于记忆的品牌名称可以在消费者心中留下深刻的印象，使其更容易在购物时回想起品牌名称。因此，企业在选择品牌名称时应该考虑到名称的简洁性、流畅性和音韵美，以确保消费者能够轻松地发音和记忆品牌名称。

2. 避免负面含义

品牌名称在目标市场必须避免带有负面含义或令人误解的词汇，否则可能会对品牌形象造成损害。消费者对品牌名称的第一印象往往决定了他们对品牌的态度，因此品牌名称中不应该包含可能引起消极情绪或反感的词汇。企业在选择品牌名称时必须进行深入的文化和语言调查，确保名称在目标市场不会被误解或产生负面联想。

3. 文化误解的风险

文化误解可能导致品牌形象受损，甚至引发社会争议，因此企业在选择品牌名称时必须非常谨慎。文化误解可能源自不同文化对于词汇、符号和象征的理解不同，因此企业必须深入了解目标市场的文化背景和价值观念，以避免选择与当地文化不符的品牌名称。通过与当地文化专家和顾问紧密合作，企业可以降低文化误解的风险，确保品牌名称能够在目标市场取得成功。

（二）品牌标识和形象也需要与目标市场的文化相融合

1.Logo 设计与文化符号

在品牌标识的设计过程中，考虑目标市场的文化符号和象征是至关重要的。品牌的 Logo 不仅是品牌形象的核心标识，也是品牌文化的重要体现之一。因此，品牌标识的设计需要与目标市场的文化相融合，以确保品牌形象在当地具有辨识度和吸引力。例如，一些国际品牌在进入中国市场时，会将中国传统文化元素融入其 Logo 设计中，如中国的龙、凤凰等，这样的设计不仅能够吸引中国消费者的注意，还能够赋予品牌一种与当地文化相关联的形象，增强品牌的地域性认同感和亲和力。

2.形象代言人的选择

在选择品牌形象的代言人时，企业需要考虑到目标市场的文化特点和消费者的喜好。选择当地知名人士或代言人作为品牌形象的代表，可以增强品牌与当地文化的联系，提升品牌的认知度和好感度。通过与当地明星、艺人或体育偶像的合作，品牌可以更好地赢得目标市场消费者的信任和认可。例如，一些国际奢侈品牌会选择与当地知名的艺人或模特合作，在广告宣传中展示其产品，并借助他们的社交影响力来提升品牌的知名度和美誉度。

3.增强品牌认知度

通过与当地知名人士或代言人的合作，品牌可以借助他们的影响力和粉丝基础，快速提升品牌在目标市场的认知度和影响力。当消费者看到自己喜爱的明星或偶像代言的品牌时，会更容易产生共鸣，并愿意尝试购买该品牌的产品。因此，与当地知名人士或代言人的合作不仅可以提升品牌的曝光度，还可以增强品牌形象的塑造和传播，进而实现品牌在目标市场的市场份额和竞争优势的提升。

（三）品牌的色彩选择也需要考虑到目标市场的文化习惯和心理偏好

1.颜色的文化含义

不同文化对颜色的理解和含义存在显著差异，这一点在跨文化营销中至关重要。一些颜色在某些文化中可能被视为积极的象征，而在其他文化中可能具有负面含义。因此，在选择品牌的主要色彩时，企业必须深入了解目标市场的文化习惯和心理偏好。例如，白色在西方文化中通常象征纯洁和清洁，但在东方文化中却常被用于葬礼和哀悼的场合。因此，品牌在选择色彩时需要注意避免可能引起误解或不适的情况。

2.避免文化敏感点

品牌选择色彩时，必须避免触碰到当地文化的敏感点，以免造成消费者的反感，引发争议，从而损害品牌形象。这需要对目标市场的文化进行深入的了解和分析，确保所选择的色彩能够与当地文化相契合，产生积极的情感共鸣。例如，在某些中东国家，绿色被视为伊斯兰教的象征，而紫色可能被视为皇家权力的象征，企业在选择色彩时必须慎重考虑其文化含义。

3.红色在中国市场的运用

在中国文化中，红色象征着喜庆、吉祥和热情，被广泛应用于节庆和庆典活动中。因此，很多品牌选择在中国市场使用红色作为主要的品牌色彩，以增强品牌与中国文化的联系，赢得消费者的好感和信任。例如，中国的春节期间，商家常常会使用红色装饰店铺，并推出红色主题的促销活动，吸引消费者的注意力和购买欲望。在这种情况下，红色不仅代表了品牌的热情和喜庆，还能够与当地文化传统产生共鸣，增强品牌形象的亲和力和认同感。

第四节　跨境支付与结算问题

跨境支付与结算是跨境电子商务面临的重要挑战之一。在不同国家和地区之间进行跨境交易时，涉及不同的货币、支付体系和结算规则，这可能会引发一系列的支付问题。以下是关于跨境支付与结算问题的深入讨论：

一、汇率风险管理

（一）汇率波动对盈利能力的影响

1.汇率波动引发的风险

跨境支付涉及不同货币之间的兑换，因此企业面临着汇率波动带来的风险。这种风险主要源于汇率的不确定性，即货币价值相对于其他货币的变动，可能导致企业在进行跨境支付时出现成本增加或收入减少的情况。汇率波动对企业的影响主要体现在以下几个方面。

第一，汇率波动可能导致企业成本增加。当企业需要进行跨境支付时，必须将本国货币兑换成目标国家的货币，而汇率的波动会影响到兑换的成本。如果本国货币贬值或目标国家货币升值，企业在兑换货币时需要支付更多的本国货币，从而增加了支付成本。这种情况下，企业可能需要调整产品价格或采取其他措施来应对成本增加的压力。

第二，汇率波动也可能导致企业收入减少。对于出口型企业来说，如果目标市场的货币贬值或本国货币升值，那么企业在将外汇收入兑换成本国货币时，实际收到的货币数量会减少，导致收入减少。这种情况下，企业可能需要调整市场定价策略或寻找其他市场来平衡收入的减少。

第三，汇率波动也会影响企业的盈利能力和竞争力。如果汇率波动导致企业成本增加或收入减少，那么企业的利润率可能会受到影响，进而影响到企业的盈利能力。同时，如果竞争对手采取了有效的汇率风险管理策略，成功规避了汇率波动带来的风险，他们可能会在市场上获得更大的竞争优势，从而影响到企业的市场份额和竞争地位。

2. 影响盈利能力的因素

汇率波动对企业盈利能力的影响是一个复杂的问题，受到多种因素的综合影响。首先，汇率波动可能导致企业在跨境贸易中面临成本上升或价格下跌的风险。当本国货币贬值或目标国货币升值时，企业在将本国货币兑换成目标国货币时需要支付更多的本国货币，从而增加了成本。这可能会导致企业在目标市场的产品价格上涨，从而影响产品的竞争性和市场份额。相反，如果本国货币升值或目标国货币贬值，企业的成本可能会下降，但同时也可能导致产品在目标市场的价格下跌，降低了盈利能力。其次，企业若持有外币资产或负债，汇率波动也会影响其资产负债表的价值。当本国货币贬值时，企业持有的外币资产价值可能会上涨，但同时持有的外币负债价值也会增加，导致资产负债表的价值波动。这种波动可能会影响企业的财务状况和盈利能力，特别是在财务报告和财务指标方面。此外，汇率波动还可能影响企业在国际市场上的竞争力。因为汇率变动会直接影响到产品价格的竞争性。如果本国货币升值，企业在国际市场上的产品价格可能会上涨，导致产品竞争性下降，影响市场份额和销售额。相反，如果本国货币贬值，企业的产品价格可能会下降，提升了产品的竞争性，但同时也可能影响到利润率和盈利能力。

（二）有效的汇率风险管理策略

1. 外汇衍生品的使用

为了降低因汇率波动而引起的损失，企业可以采用各种有效的汇率风险管理策略。在这些策略中，使用外汇衍生品进行套期保值是一种常见且有效的做法。外汇衍生品是一类金融工具，其价值依赖于或者衍生自一个或多个货币的变动情况。这些衍生品的主要功能之一就是帮助企业锁定未来一段时间内的汇率，从而规避汇率波动带来的风险。

外汇衍生品的种类多种多样，其中包括期货合约、远期外汇合约和货币期权等工具。期货合约允许企业以事先确定的价格在未来某个时间购买或出售一定数量的外汇。通过期货合约，企业可以锁定未来的汇率，避免受到汇率波动的影响。远期外汇合约也是一种常见的外汇衍生品，允许企业在未来的某个确定日期以事先约定的汇率购买或出售一定数量的外汇。货币期权则赋予企业在未来某个时间以特定汇率购买或出售一定数量的外汇的权利，但不是义务。这些工具的共同目标是为企业提供一种方法，可以在未来的特定时间点以确定的价格锁定外汇，从而规避因汇率波动而导致的风险。

使用外汇衍生品进行套期保值的好处不仅在于规避汇率波动风险，还可以帮助企业预测和管理未来的资金流动，提高财务计划的可靠性和准确性。然而，企业在使用外汇衍生品时也需要考虑到相关的成本、合约条款和市场条件等因素，并确保与其风险承受能力和财务战略相一致。

2. 套期保值的优势

套期保值作为一种有效的汇率风险管理工具，具有多方面的优势，可以帮助企业降低在汇率波动中面临的风险，并提升盈利稳定性和市场竞争力。首先，套期保值可以有效地规避汇率波动带来的不确定性。通过与外汇市场进行交易，企业可以以固定的价格锁定未来一定数量的外汇，无论汇率如何变化，都能够按照约定的价格进行交割，从而降低了企业在货币兑换过程中所面临的风险。其次，套期保值可以帮助企业锁定未来资金流入或流出的金额。通过在期货市场或远期外汇市场上进行交易，企业可以预先确定未来需要购买或出售的外汇金额和价格，从而有效地规划和管理资金流动,降低了财务计划的不确定性。此外,套期保值还可以减少企业由汇率波动引起的盈利波动。企业在套期保值交易中锁定了未来的汇率,即使市场汇率发生剧烈波动,企业也能够按照事先约定的价格进行交割,从而保持盈利稳定性,避免因汇率波动而导致的盈利损失。

二、支付安全与合规

(一)支付安全的重要性

在跨境支付领域,保障消费者支付信息的安全至关重要。随着数字化支付方式的普及,消费者的个人身份信息、银行账号和信用卡信息等敏感数据在支付过程中频繁传输和存储。然而,这种便利也伴随着潜在的风险,一旦这些信息被不法分子窃取或篡改,将会导致严重的财务损失和信用风险。首先,个人身份信息的泄露可能导致身份盗窃和欺诈活动,使得消费者陷入经济困境和信用危机。其次,银行账号和信用卡信息被泄露后,不法分子可用于违法犯罪活动,例如非法转账和虚假交易,给消费者带来无法挽回的经济损失。此外,支付信息的篡改也可能导致交易的不可逆转性,使得消费者无法追溯和修复错误的支付行为,增加了消费者的不确定性和风险感。因此,企业在跨境支付过程中必须采取有效的措施来保护消费者的支付信息。这包括但不限于加密技术的应用、多重身份验证机制的建立及安全漏洞的及时修补。同时,建立完善的风险管理体系和应急预案也至关重要,以应对可能发生的支付安全事件,保障支付系统的安全和稳定。

(二)支付安全措施

1. 加密技术的应用

企业可以通过采用各种加密技术,特别是 SSL(安全套接层)等加密协议,来保护支付信息在传输过程中的安全性。SSL 是一种在计算机网络上为数据通信提供安全及数据完整性的通信协议,其广泛应用于互联网上的网页浏览和其他信息传输场景,具有较高的安全性和可靠性。首先,SSL 通过使用公钥加密技术实现了数据传输的加密。在 SSL 通信过程中,服务器端和客户端各自拥有一对公钥和私钥。公钥用于加密数据,在传输过程中,只有对应的私钥才能解密。这种非对称加密技术确保了支付信息在传输过程中的机密性,即使被黑客截获,其也无法解密其中的内容,有效防止了信息泄露的风险。其次,SSL 还使用了数字证书来验证通信双方的身份。数字证书是由可信任的证书颁发机构（CA）颁发的，包含了网站信息及其公钥。客户端在与服务器建立 SSL 连接时，会验证服务器提供的数字证书是否有效和可信。这种基于数字证书的身份验证机制能够有效防止中间人攻击等安全威胁，确保了通信双方的身份合法性，增强了支付信息传输的可信度和安全性。此外，SSL 还提供了数据完整性保护机制，通过在数据传输过程中使用消息摘要算法生成数据摘要，然后将摘要与数据一起加密传输。在数据到达目的地后，接收方会对接收到的数据进行解密和摘要计算，然后与原摘要进行比对，以验证数据是否被篡改。这种数据完整性检查机制有效防止了数据被篡改的风险，保障了支付信息传输的完整性和可靠性。

2. 安全支付通道的选择

选择安全可靠的支付通道对于保障支付安全至关重要，企业在此过程中需要考虑多个方面。首先，选择受信任的支付服务提供商是确保支付通道安全的首要步骤。企业应当对潜在的支付服务提供商进行充分的调查和评估，包括其在支付行业的信誉、服务质量、安全性能等方面的表现。信誉良好且经过认证的支付服务提供商通常会对支付安全有着更高的保障，因此企业应优先选择这类服务提供商。其次，支付通道所采用的数据传输协议和支付安全标准也是评估其安全性的重要因素。安全的数据传输协议如 SSL（安全套接层）等能够加密支付信息，在传输过程中有效防止信息被窃取或篡改。此外，支付安全标准如 PCI DSS(Payment Card Industry Data Security Standard)等是一系列针对支付信息安全的规范和要求，企业应确保所选支付通道符合相关的支付安全标准，以保障支付信息的安全性和合规性。另外，定期评估支付通道的安全性也是确保支付安全的重要环节。由于网络安全威胁的不断演变和升级，支付通道可能存在安全漏洞或风险，因此企业需要定期进行安全性评估和漏洞扫描，发现并及时解决潜在的安全问题。此外，企业还应与支付服务提供商保持密切合作，及时了解支付通道的最新安全更新和修补措施，确保支付系统和软件始终处于最新的安全状态。

3. 建立完善的支付安全体系

为了有效地应对支付安全的挑战，企业需要建立一个完善的支付安全体系，以多层次、多维度的方式保障支付系统的安全和稳定。首先，建立身份验证机制是确保支付者身份真实性和合法性的关键步骤。企业可以通过多因素身份验证、生物特征识别等技术手段来验证支付者的身份,确保只有合法的用户才能进行支付操作。这种身份验证机制能够有效防止支付欺诈和身份盗窃等安全风险,提升支付系统的安全性和可信度。其次,建立交易监控系统是保障支付安全的重要措施之一。企业可以利用数据分析和人工智能技术建立实时的交易监控系统,对支付行为进行全面监控和分析。通过监测支付模式、交易频率、交易金额等指标,及时发现异常交易行为,并采取相应的安全措施,如拦截可疑交易、强制身份验证等,防止支付风险事件的发生。这种交易监控系统能够帮助企业及时识别和应对潜在的支付安全威胁,保障支付系统的安全和稳定运行。此外,建立异常处理机制也是确保支付安全的重要环节。企业应当建立完善的异常处理流程和机制,包括事前预警、事中应对和事后处理等环节。一旦发现异常支付行为,企业应迅速采取相应的应对措施,如暂停支付、联系用户确认等,防止异常交易继续造成损失。同时,企业还应当建立安全事件报告和应急响应机制,及时向相关监管机构和用户披露安全事件,减少安全事件对企业信誉和用户利益的影响,维护支付系统的安全和稳定。

三、支付结算速度优化

(一)跨境支付结算速度的挑战

1. 结算周期长

跨境支付的结算周期之所以较长,是由多种复杂因素共同作用的结果。首先,跨境支付涉及不同国家和地区的金融机构和支付系统,其间存在着不同的结算规则、技术标准和法律法规,因此需要通过多个中间银行和清算系统来完成资金的清算和结算。这种多层次的结算体系导致了支付过程的复杂性和不确定性,使得结算周期相对较长。其次,跨境支付涉及不同货币的兑换和汇款,其间存在着汇率波动、外汇管制等因素,这会影响到支付的结算速度和成本。由于汇率波动的不确定性,银行可能需要进行额外的风险管理和资金调拨,从而增加了结算周期。同时,一些国家和地区实行的外汇管制政策也会限制资金的自由流动,导致支付结算的延迟和困难。此外,跨境支付还面临着支付网络的拓展和技术连接的挑战。不同国家和地区的支付系统之间可能存在着技术标准和接口的差异,这使得支付网络的搭建和连接变得复杂和耗时。同时,支付系统的稳定性和安全性也是跨境支付所面临的重要问题,任何一个环节的故障或安全漏洞都可能导致支付结算的延迟和风险。最后，跨境支付还受到国际间的政治、经济和地缘政治等因素的影响。国际间的贸易摩擦、制裁政策和地缘政治冲突都可能影响到跨境支付的正常进行，导致支付结算的不确定性和延迟。

2.影响企业经营效率

长时间的结算周期对企业的经营效率造成了明显的影响，主要体现在资金利用效率、流动性风险和资金成本等方面。首先，长时间的结算周期导致企业资金在结算过程中被闲置，无法及时用于生产和运营活动，从而降低了资金的利用效率。资金闲置会使企业失去了资金运作的机会成本，影响了企业的盈利能力和竞争力。特别是对于跨境贸易等需要大量资金支持的行业来说，长时间的结算周期更加显得不利，因为资金的滞留会导致企业无法及时支付供应商或采购原材料，进而影响到整个生产链的正常运转。其次，长时间的结算周期也会增加企业的流动性风险。由于资金在结算过程中被束缚，企业可能面临着资金周转不灵、难以支付员工工资和供应商款项等问题，进而影响到企业的日常经营活动。尤其是对于中小企业来说，长时间的结算周期可能导致企业面临资金链断裂的风险，甚至可能引发经营危机和倒闭。最后，长时间的结算周期还会增加企业的资金成本。资金在结算过程中无法进行投资或获取利息收入，而且可能需要支付额外的逾期费用或利息支出，这进一步加重了企业的财务负担。尤其是对于那些需要通过短期贷款来填补资金缺口的企业来说，长时间的结算周期意味着他们需要承担更多的利息支出，增加了企业的财务成本，影响了企业的盈利能力和竞争力。

（二）采用新兴支付技术提升结算速度

1.区块链技术的应用

传统的跨境支付往往需要通过多个中间银行和清算系统进行资金的转移和结算，导致结算周期较长，成本较高，效率较低。而区块链技术的应用可以在很大程度上改变这种状况。首先，区块链技术实现了跨境支付的去中心化。传统的跨境支付通常依赖于中央机构或中间银行来进行资金清算和结算，这使得支付过程复杂且容易受到单点故障的影响。而区块链技术通过分布式账本和智能合约的机制，实现了跨境支付的去中心化，支付交易可以直接在区块链网络中完成，无须经过中间银行或清算系统的介入，从而大大简化了支付结算流程，提高了支付效率。其次，区块链技术保证了跨境支付的不可篡改性。区块链采用了分布式存储和加密算法等技术手段，确保了每一笔支付交易都经过多个节点的确认和验证，且一旦被确认写入区块链，就无法被篡改或撤销。这意味着支付交易的安全性和可信度得到了有效保障，消除了支付过程中可能存在的欺诈和纠纷风险，为参与方提供了更加安全可靠的支付环境。

最重要的是，区块链技术实现了跨境支付的实时结算。由于区块链网络的高度实时性和透明性，支付交易可以在网络中实时传输和确认，无须等待中间银行和清算系统的处理，从而大大缩短了支付结算周期，提高了结算速度。这使得企业可以更快速地获取资金，加速资金周转，提高资金利用效率，从而增强了企业的竞争力和创新能力。

2.即时支付系统的建立

即时支付系统是一种基于实时支付技术的结算平台，其主要特点是能够在支付交易完成的同时进行资金的清算和结算，实现资金的即时到账，从而缩短支付结算周期，提高结算速度，为企业和个人用户提供更加便捷、高效的支付服务。首先，即时支付系统实现了跨境支付的即时结算。传统的跨境支付通常需要通过多个中间银行和清算系统来完成资金的转移和结算，导致支付结算周期较长。而通过即时支付系统，支付交易可以直接在系统内实时传输和确认，无须等待中间银行和清算系统的处理，从而实现了跨境支付的即时结算，大大提高了支付的效率和便捷性。其次，即时支付系统提供了高度安全的支付环境。为了保障支付交易的安全性和可信度，即时支付系统采用了多种安全技术手段，包括数据加密、身份验证、风险监测等，确保每一笔支付交易都经过严格的验证和确认，防止欺诈和纠纷风险的发生，为用户提供安全可靠的支付体验。另外，即时支付系统还具备高度的灵活性和可扩展性。由于其基于先进的支付技术和分布式系统架构，即时支付系统可以根据用户需求进行灵活的定制和扩展，支持多种支付方式和货币类型，满足不同用户群体的支付需求。同时，即时支付系统还能够与其他金融机构和支付服务提供商进行接口对接，实现支付生态系统的互联互通，为全球跨境支付的互联互通提供了技术支持和基础设施保障。

3.利用数字化支付网络

利用数字化支付网络如SWIFT等，是企业实现跨境支付快速结算、提高资金流动性和利用效率的重要途径。这些数字化支付网络不断发展和优化，为企业提供了更快速、更安全的跨境支付服务，成为全球支付领域的重要基础设施和支撑平台。首先，数字化支付网络的发展使得跨境支付的处理速度大幅提升。SWIFT是全球银行之间进行跨境支付和通信的主要平台，其网络覆盖了全球超过200个国家和地区，每天处理数以百万计的交易。借助SWIFT等数字化支付网络，企业可以实现快速的跨境支付结算，缩短资金的结算周期，提高支付的效率和便捷性。其次，数字化支付网络提供了高度安全的支付环境。SWIFT等数字化支付网络采用了先进的加密和身份验证技术，保障了支付交易的安全性和可信度。每一笔交易都经过严格的验证和确认，防止了支付过程中可能存在的欺诈和纠纷风险，为企业提供了安全可靠的支付服务。另外，数字化支付网络还具备高度的可扩展性和互联互通性。SWIFT等数字化支付网络不仅可以支持各种支付方式和货币类型，还能够与其他支付系统和金融机构进行接口对接，实现支付生态系统的互联互通。企业可以通过数字化支付网络与全球范围内的合作伙伴和供应商进行跨境支付，促进贸易往来和业务合作，拓展市场空间，提高国际竞争力。

四、合作伙伴选择与风险评估

（一）合作伙伴选择的重要性

1. 支付安全与稳定性

合作伙伴的选择直接影响到支付系统的安全性和稳定性，对企业的财务安全和经营效率具有重要影响。首先，合作伙伴应具备先进的支付技术和安全防护措施。这包括支付系统的加密技术、身份验证机制、安全认证等方面的技术水平。合作伙伴应当采用最新的安全技术，确保支付信息在传输和存储过程中得到有效保护，避免发生数据泄露、盗窃等安全风险。此外，合作伙伴还应建立完善的安全管理体系，制定相关的安全政策和流程，加强对支付系统的监控和管理，及时发现并应对潜在的安全威胁。其次，合作伙伴的支付系统应具备良好的稳定性。稳定的支付系统能够保证支付过程的顺利进行，避免出现因系统故障或中断而导致的支付延迟或失败。因此，企业在选择合作伙伴时应对其支付系统的稳定性进行评估，包括系统的可靠性、可用性、容错性等方面的指标。合作伙伴应具备强大的技术支持团队和完善的灾备方案，能够及时响应和解决支付系统可能出现的各种问题，保障支付过程的稳定运行。另外，合作伙伴的信誉和声誉也是选择的重要考量因素。信誉良好的合作伙伴通常会更加重视支付安全和稳定性，具备更高的责任意识和服务质量，能够为企业提供更加可靠的支付服务。企业可以通过调查合作伙伴的行业声誉、客户评价等方式，评估其在支付安全和稳定性方面的表现，选择最合适的合作伙伴。

2.服务可靠性与质量

一个优秀的合作伙伴应当具备多方面的能力，包括高效的客户服务团队、稳定可靠的支付服务，以及对支付过程的准确性和及时性的保障。首先，高效的客户服务团队是一个优秀合作伙伴的重要组成部分。这个团队应该能够及时解决用户在支付过程中出现的问题和疑问，提供专业的咨询和支持服务，确保用户在支付过程中能够得到及时的帮助和指导。一个优秀的客户服务团队应该具备良好的沟通能力、快速的响应速度和高效的问题解决能力，以满足用户在支付过程中的各种需求，提升用户的支付体验和满意度。其次，合作伙伴应该能够提供稳定可靠的支付服务。这包括支付系统的稳定性、可用性和安全性等方面的保障。合作伙伴的支付系统应该能够保证24/7的稳定运行，避免出现系统故障或中断导致的支付延迟或失败。同时，支付系统应该具备高度安全的防护措施，保障支付信息的安全传输和存储，避免发生数据泄露、盗窃等安全风险，为用户提供安全可靠的支付环境。另外，合作伙伴应该对支付过程的准确性和及时性进行严格保障。支付系统应该能够准确地处理用户的支付请求，确保支付操作的准确性和完整性。同时，支付系统应该能够及时地完成支付交易，并及时更新支付状态和账务信息，避免出现支付丢失或错误等问题，保障用户的资金安全和权益。

（二）严格的风险评估

1.支付系统的安全性评估

支付系统的安全性评估涉及多个方面，包括支付平台的加密技术、数据保护措施、网络安全防护措施等方面。首先，企业需要评估合作伙伴支付平台的加密技术。支付平台应采用先进的加密算法对支付信息进行加密，确保在传输和存储过程中信息得到有效保护。常用的加密算法包括 AES、RSA 等，企业可以要求合作伙伴提供其采用的加密算法和加密强度等信息，以评估其加密技术的安全性。其次，企业需要评估合作伙伴的数据保护措施。支付系统涉及大量的敏感支付信息，如用户的银行账号、信用卡信息等，因此必须采取有效的数据保护措施来防止数据泄露和盗窃。合作伙伴应该建立完善的数据保护政策和流程，包括数据加密、访问控制、数据备份与恢复等措施，以保障支付信息的安全性和完整性。再次，企业还需要评估合作伙伴的网络安全防护措施。支付系统往往面临来自网络攻击的威胁，如 DDoS 攻击、SQL 注入攻击等，因此必须采取有效的网络安全防护措施来防范网络安全风险。合作伙伴应该建立健全的网络安全管理体系，包括网络监控、入侵检测、漏洞修补等措施，以及建立应急响应机制，及时应对网络安全事件，确保支付系统的稳定运行和安全性。此外，企业还可以考虑对合作伙伴进行安全认证和第三方审计，以验证其支付系统的安全性和合规性。安全认证和第三方审计机构通常会对支付系统的安全性进行全面评估和检查，包括对系统架构、代码安全性、安全策略和流程、安全漏洞等方面进行检查，为企业提供权威的安全评估报告，帮助企业更好地了解合作伙伴支付系统的安全状况。

2. 支付系统的稳定性评估

支付系统的稳定性直接影响到支付过程的顺利进行和用户体验，因此需要从多个方面对其进行评估，包括系统架构、服务器容量、网络带宽等方面。首先，企业需要评估合作伙伴的系统架构。一个稳定的支付系统应该具备合理的系统架构，包括分布式架构、集群架构等，能够有效地分担交易压力，避免单点故障导致的系统崩溃。企业可以要求合作伙伴提供其系统架构设计方案和技术架构图，对其系统的可扩展性和容错性进行评估，确保其能够满足高并发的支付交易需求。其次，企业需要评估合作伙伴的服务器容量。支付系统的稳定性受到服务器性能的直接影响，因此合作伙伴应该具备充足的服务器容量，能够支撑高峰时段的交易压力。企业可以要求合作伙伴提供其服务器配置信息和容量规划方案，评估其是否满足支付交易的需求，避免因服务器负载过高而导致的系统性能下降或崩溃。另外，企业还需要评估合作伙伴的网络带宽。网络带宽是保障支付系统正常运行的关键因素之一，合作伙伴应该具备足够的网络带宽，确保支付信息能够及时传输和处理。企业可以要求合作伙伴提供其网络带宽情况和网络拓扑图，评估其网络是否具备足够的带宽容量和稳定性，避免因网络拥堵或断网而导致的支付延迟或失败。

3. 合规性评估

合作伙伴必须符合国际支付相关的合规规定和标准，以确保支付操作的合法性、透明度和可靠性。企业需要从多个方面对合作伙伴的合规性进行评估，包括支付牌照、法律法规遵从等方面。首先，企业需要评估合作伙伴是否获得相关的支付牌照或认证。支付行业的合规性要求日益严格，合作伙伴必须获得相应的支付牌照或认证才能从事支付业务。企业可以要求合作伙伴提供其所在国家或地区的支付牌照或认证信息，并对其有效性进行核实。此外，企业还可以了解合作伙伴是否通过了国际知名的支付认证机构的认证，如 PCI DSS 认证等，以评估其支付业务的合规性和可信度。其次，企业需要评估合作伙伴是否遵守相关的反洗钱、反欺诈等法律法规。支付行业涉及大量的资金流动和交易活动，因此合作伙伴必须严格遵守相关的反洗钱、反欺诈等法律法规，确保支付操作的合法性和透明度。企业可以要求合作伙伴提供其合规政策和流程，了解其反洗钱、反欺诈等方面的具体措施和执行情况，以评估其合规性和风险管理能力。另外，企业还可以通过了解合作伙伴的历史记录和业务实践情况，评估其在支付行业的信誉和声誉。信誉良好的合作伙伴通常会更加重视合规性和法律法规的遵守，能够为企业提供更加可靠的支付服务。企业可以通过调查合作伙伴的客户评价、行业口碑等方式，了解其在支付行业的表现和信誉情况，从而更加全面地评估其合规性和可信度。

参考文献

[1] 陈延斌,殷冠文,王少慧.山东省电子商务发展水平的地域特征及影响因素 [J].经济地理,2022,42（1）：135-143.

[2] 叶爱山,邓洋阳,龚利.南通打造苏中跨境电子商务核心区路径研究 [J].北方经贸,2022（2）：26-31.

[3] 浩飞龙,关皓明,王士君.我国城市电子商务发展水平空间分布特征及影响因素 [J].经济地理,2016,36（2）：1-10.

[4] 幸怡,邱志萍.我国电子商务发展的时空演化格局研究 [J].企业经济,2022,41（9）：137-144.

[5] 王嘉丽,宋林,张夏恒.数字经济、产业集聚与区域电子商务创新效率 [J].经济问题探索,2021（9）：156-165.

[6] 刘敏,陈正.电子商务发展测度指标体系研究 [J].统计与信息论坛,2008（7）：20-28.

[7] 刘跃,王文庆.区域电子商务发展指数的重构及实证分析 [J].科学学与科学技术管理,2009,30（7）：144-147.

[8] 贺盛瑜,马会杰,滕喜华.基于因子分析和聚类分析的我国电子商务发展水平研究 [J].经济体制改革,2017（2）：196-200.

[9] 姚慧丽.区域电子商务发展水平测度与分析 [J].统计与决策,2019,35(14)：105-108.

[10] 林孔团,于婧.电子商务对省域经济增长影响的实证分析 [J].福建师范大学学报（哲学社会科学版）,2017（3）：23-31,168.

[11] 吴芝新.简析O2O电子商务模式 [J].重庆科技学院学报（社会科学版）,2012（13）：73-74.

[12] 戴国良.C2B电子商务的概念、商业模型与演进路径 [J].商业时代,2013（17）：53-54.

[13] 刘娜. 社区电子商务发展现状、问题及对策研究 [J]. 商业经济, 2014 (22): 68-70.

[14] 李蓓蓓. 电子商务 C2M 模式的发展现状、阻碍及突破 [J]. 商业经济研究, 2018 (12): 100-102.

[15] 万钦. 浅谈旅游类 APP 的用户体验设计 [J]. 营销界, 2021 (21): 56-57.

[16] 罗欣, 周橙旻, 詹先旭. 智能橱柜交互界面用户体验设计原则与策略 [J]. 家具, 2021, 42 (2): 22-27.

[17] 卢纯福, 肖子皓, 傅晓云. 基于 Kano 模型的家用集成灶用户体验设计 [J]. 包装工程, 2020, 41 (20): 91-96.

[18] 方静. 义乌购: 持续深耕十年助力市场转型 [N]. 金华日报, 2021-09-06 (A09).

[19] 季煜东. 浙江市场经济的发展与研究——以义乌小商品城为例 [J]. 商场现代化, 2021 (11): 99-101.

[20] 沈璐. 皮革制品个性化电商网站的设计研究 [J]. 中国皮革, 2022, 51 (1): 141-144.

[21] 王妍, 陈怡桉. 探究电商网站的视觉交互设计 [J]. 全国流通经济, 2021 (29): 26-28.

[22] 钱婕. 深度分析电商网站产品页设计 [J]. 电子商务, 2020 (7): 52-53.

[23] 王池美慧. "互联网+"时代电商网页界面的视觉传达设计探究 [J]. 就业与保障, 2021 (4): 106-107.

附 录

附录一　在线问卷调查模板

尊敬的用户,感谢您参与我们的在线问卷调查。您的宝贵意见对于我们改进产品和服务至关重要。请您认真填写以下问题,以便我们更好地了解您的需求和期望。

1.您对我们电商平台的整体满意度如何?

非常满意(　)

满意(　)

一般(　)

不满意(　)

非常不满意(　)

2.您在使用我们电商平台的过程中遇到过哪些问题或困扰?请具体描述。

_____

3.您认为我们电商平台相较于其他电商平台的优势在哪里?

_____

在购物过程中,您更注重哪些方面的体验?(可多选)

产品的质量(　)

价格的合理性(　)

物流速度(　)

客户服务质量(　)

促销和优惠活动(　)

4.您希望我们电商平台增加或改进哪些服务或功能?

5.您对个性化推荐系统的满意度如何？是否觉得推荐的商品符合您的兴趣和需求？

_____

感谢您的参与，您的反馈对我们提升服务质量具有重要意义。如有其他意见或建议，请在下方横线上填写。

_____

_____

附录二　深度访谈指南

尊敬的用户，感谢您愿意参与我们的深度访谈，帮助我们更好地了解您的购物体验和需求。以下是一些问题，您可以根据个人感受进行回答，也欢迎您分享更多相关信息。

1.您选择在我们电商平台购物的原因是什么？有没有特定的产品或服务吸引了您？

_____

_____

2.在使用我们的电商平台的过程中，您最喜欢的功能或体验是什么？为什么？

_____

_____

3.您在购物过程中遇到过哪些挑战或问题？我们的服务是否对解决这些问题起到了作用？

_____

_____

4. 对于个性化推荐系统，您觉得它对您的购物体验有何影响？您认为推荐的商品是否符合您的兴趣和需求？

_____
_____

5. 在整个购物过程中，您对客户服务的满意度如何？是否有过与客服人员互动的经历？

_____
_____

6. 您对促销和优惠活动的看法如何？这些活动是否影响了您的购物决策？

_____
_____

7. 如果您有任何关于我们平台改进的建议或期望，我们将非常乐意听取。

_____
_____

8. 您对电商平台的未来发展有什么期待或希望？

_____
_____

感谢您的耐心回答，您的意见对我们非常重要，将有助于提升我们的服务质量。如有其他想分享的信息，请随时告诉我们。